U0029608

LYING FOR MONEY

**How Legendary Frauds
Reveal the Workings
of Our World**

丹・戴維斯———著
DAN DAVIES
陳榮彬———譯

獻給泰絲（Tess）

目　錄

▶▶「波亞斯國總督」／「加拿大悖論」／LIBOR醜聞／信任與濫用信任
／白領詐欺案的四種基本類型／本書看點

商業詐欺可說是現代經濟體系的邪惡雙胞胎。了解詐欺，有助於我們
更深入探掘經濟體制。在這趟以貪腐現象為終點的探索之旅中，你得
以更加了解詐欺的運作機制，甚至幫自己的公司或老闆降低詐欺風
險；你也可以好好觀察，什麼是正當誠實的商業體系運作方式。市場
經濟跟人腦一樣，也是一種訊息處理系統。人腦只有生病了，被剖開
後，我們才能充分了解它的運作方式：經濟體系也是，只有它崩潰失
靈了，我們才有機會看見它背後的種種機制。

▶▶付款條件與賒帳交易／信用管制／破產／從「金髮女老千」奇案
看抵押物問題／「分期付款詐騙」與「保險詐騙」／罪無罰

為什麼賒帳交易如此普遍？因為方便。不過無論借期長短，總有一天
要還款。如果在那一天顧客付不出錢，卻又已經取走貨物或者獲得服
務了，那麼供應商就等於是東西不見或被偷了。

公司「倒閉」只是表示它欠債卻無力償還。但破產的定義比較明確，
意指公司此時已經進入某個程序，來處理倒閉的相關事宜。人類史上
有很長一段時間，並不存在類似破產法的法規，因此除了少數債務得
以全面豁免的幸運案例，任誰只要借錢欠債，就必須耗盡所有財力還
債。不過隨著時間推移，欠債後來變成經濟體系得以正常運作的關鍵

環節，大家漸漸有了個共識，認為徹底逼債是非常不公平且沒有效率的事，因此法律必須有所規範，讓債務人可以量力還債。

2 長期詐欺案 ·······055
Long Firms

▶▶「結束營業詐欺案」／沙拉油大王／OPM：別人的錢／短期詐欺與一九八〇年代的健保／逍遙法外

為什麼總有人想要在核對、稽核與防詐等措施上省錢呢？因為詐欺不是常態，而是「尾部風險」。在人人彼此信任的先進經濟體系裡，很多公司可能與其他公司做了多年生意，卻沒碰上手法精細的詐欺犯。而一般生意人與凡人無異，往往會忽略了那些機率較低、比較罕見的事情。任誰都可能輕易認定，儘管詐欺損失可能會帶來嚴重後果，但這種風險可說是小到趨近於零，所以在做生意時，大家就假定根本沒這種風險。這也意味著，在競爭激烈的產業裡，能夠拿下生意的總是出價最低者，而非最聰明的人，所以業界人士總是承受著成本壓力，希望很快就取得削低成本的優勢，因此對他們而言，那些防詐措施既然並無直接產值，看來都只是一些繁瑣行政程序，當然就能省則省。

3 滾雪球效應 ·······095
The Snowball Effect

▶▶龐氏騙局／老鼠會／騙局難以收拾／鴿子大王／避險基金詐騙案／巴尤資本公司／騙徒與他們的親信／波士頓的「仕女存款公司」

讓老鼠會崩潰的重要特色，是這種騙局具有「滾雪球效應」——任何騙局只要實施期間較久，不像短時間的「長期詐騙案」那樣騙了就逃，就會有這種特色。這也是資本主義的關鍵：用錢來做生意，賺得更多錢。把利潤投資在商業資產上，錢越滾越多。就算利潤相當微薄，時

間一久往往也會變多，就像把錢存在銀行裡生利息。不過生意與行騙有個重要差異。對於正當生意人來講，「複利」是推動公司成長與獲利的要素，但複利卻會害慘騙徒。理由在於，騙局沒辦法衍生足夠利潤，讓組織持續運作，主因是錢都被騙徒拿走了。所以每次到了該付錢給投資人那一天，騙徒都必須抉擇：到底是該見好就收，還是要玩得更大？如果要做大，那就必須越騙越多錢，才能讓騙局持續下去。

4

▶▶ 葡萄牙偽鈔事件／Bre-X 公司的金礦騙局／醫療證明與詐騙案／偽藥／偉克適（Vioxx）

之所以有人會想要犯偽藥案，是因為醫藥產業的產值與認證體系密不可分。製造藥品極為困難且競爭激烈，所以整個產業都背負著沉重的獲利壓力。偽藥案基本上是在攻擊認證體系。即便偽藥的化學成分與「真藥」一模一樣，還是侵犯了專利該享有的利潤，因此偽藥就是偽藥。重點在於，藥品的認證體系也是個安全體系。能夠為整個研發、製藥過程認證的公權力機構，是整個認證體系的一部分，而這體系正是專利的基礎，但偽藥卻不用像真藥那樣接受查核，確保製程無誤、成分純正。一旦踏入這個犯罪領域，你就很容易認識那種把酚太尼枸櫞酸鹽放進藥丸裡，但卻聲稱裡面放的是可待因的人。為什麼？因為他們是混蛋，不管別人死活。

5

▶▶ 銷售數字無中生有／用互相抵銷的交易造假盈利／提早記錄收入／延後認列成本／完全做假的資產／有債務但不公開／查帳員、

分析師與其他令人失望的人們／分析師

對騙徒進行查證往往並非某個個人的責任，而是由市場的許多不同角色來進行，由於查證者是很多不同的人，其中大部分只能看到詐騙故事的某個面向。跟很多偽造詐騙案的其他領域一樣，股市基本上也是看證明文件辦事的地方。任何公司在進入股市前，都必須面對很多查證程序，不過一旦進入股市，就不會再面對什麼查證。事實證明，股市掛牌上市的公司，其實有很高的可能性會遂行詐騙，但令人訝異的是，它們居然沒有受到多少監督。上市公司所提供的數字，大多會被外界當成事實，外人也很難反駁。

從公開股市的這一點特色，我們可以看出投資詐騙案的關鍵因素：時間。如果你可以騙過一開始的盡職查證程序，籌辦開設一家用來詐騙的公司，它就很可能存活下來，過了很久才垮台。

▶▶尼克‧李森／林肯儲蓄貸款協會醜聞／「借力使力」的控制型詐欺案／不當銷售「付款保障保險」的弊案

從學術的角度看來，「儲蓄貸款銀行」醜聞在經濟史上的地位可說仍爭論不休。一般來講，如果是芝加哥經濟系畢業，自認是屬於自由派或者支持「小政府」的保守派，往往認為這個危機之所以發生，是由於經濟大環境的因素毀了業界的潛在經營模式，任誰也無力回天。但如果是耶魯大學經濟系畢業，投票給民主黨的，就會認為在解除金融產業的管制令之後，銀行彷彿脫韁野馬，但這行業隱隱約約又有國家在背後保證，自然會有弊案發生，因為一切條件無可避免地都在鼓勵業界犯罪。這兩種觀點都各有理據，因為「儲蓄貸款銀行」危機其實可以分成兩部分，儘管政府採取的政策措施有部分功效，但只能解決第一個危機，卻很可能促成了第二個發生。

▶▶ 經濟思想簡史／變數與控制／詐騙與風險／風險與品質

越容易管理的組織或機構，由於管理者越容易眼觀全局，並且可以個別查核每一筆交易，所以越難被詐騙。換言之，管理階層需要了解的東西越多，自己的組織或機構就越容易淪為詐騙受害者。管理人員必須關注的地方越多，騙徒就越容易進行商業詐騙。還有，如果我們越難以確認一個「正常」或有效交易的樣貌，也越容易被詐騙。這就是為什麼有那麼多大型詐騙案發生在全新的事業體身上，因為它們往往還沒有時間建立起標準作業流程。甚至我們可以講得更具體。現代的管理者由於需要了解太多東西，這也促進了犯罪的遂行，因為許多罪犯就是充分利用工業社會使用的科技，來操弄管理所需的知識。

▶▶ 古代詐騙案與遺產／海上商務與詐騙／維多利亞時代的顯赫騙徒／羅洛與「雪橇駕駛」之間的戰爭

載貨的船隻從出港後到抵達目的地途中很難監控，而且就算沒有人存心使詐，貨物在海上仍可能碰到各種厄運。為此，海運產業很早就發展出各種因應風險的機制，像是船東組成史上第一批聯合企業或「公司」來募資，藉此分攤風險；他們還發明出保險，也是史上第一批開始認真思考資金籌措方式的人。因此在經濟史上，海運產業可說遠比其他行業來得「先進」——就連詐騙手法也與時俱進。

以「船舶抵押貸款」為例，顧名思義，這保險就是用船舶來進行抵押貸款，但比較特別的條件是，如果船隻沉沒了，貸款也就不必償還。大海的確是個險象環生的世界，所以「船沉後免還貸款」這條款雖然

會引來詐騙，但若沒有這特殊規定，那麼能夠從事海商這行業的，只有家底豐厚、可以獨自承擔風險的商人。

9

破壞市場的罪行 ·· 253
Market Crimes

▶▶ 企業聯合壟斷／隨意傾倒有毒廢棄物／小豬連鎖商店股價操縱案

內線交易算是相當現代的罪行。美國從一九三四年開始立法禁止，在英國則是於一九八〇年以前都算合法，至於紐西蘭則是到一九九八年才算違法（但只是違反民事法；奇異果王國一直要等到二〇〇八年，才了解應該用刑事法規來偵辦這類案件）。不僅如此，很多刑事主管機關到現在還沒辦法下定決心，釐清這種罪行到底讓誰受害。大多數國家都認為，受害者是那些沒能獲得內線消息的投資大眾。但在美國，內線消息的罪是侵犯公司智慧財產權，而且所謂內線消息一定要是來自「內線人士」（「內線人士」一詞有嚴格的定義），並以消息換來金錢財物才算違法。即便是非常有經驗的投資人，有時候也會誤觸法網，因為某些資訊在美國可以用來投資，但這在倫敦卻是違法的。

10

連政府都栽了 ·· 279
Defrauding the Government

▶▶ 移轉性逃稅／洗錢

許多人傾向於認為逃稅與其他詐騙型態不同，理由在於，逃稅的前提是必須有一家合法的公司，公司賺錢後才需要繳稅，也才有逃稅問題。但會這麼想，與其說是把詐騙想得太複雜，不如說是太不了解繳稅這回事。稅金是公司為了投入生產而衍生的必要成本，如果可以避稅，那表示這公司可以用削價打敗競爭對手，以不受一般現實狀況限制的速度來擴張事業。有時候政府甚至會給你機會竊取現

金，例如政府會把某些收稅業務交給民間公司代行。最常發生這種
狀況的是營業稅，而這狀況所促成的「移轉性逃稅」，目前是歐洲規
模極大的詐騙類型。想要了解移轉性逃稅是很燒腦的。這種詐騙案
的辯護律師非常喜歡繪製各種難懂的圖表，滿意地看著陪審團的眼
神放空。

在什麼程度上，詐騙可以當成偶發事件，只是因為騙徒剛好遇到管控
體系的弱點而發生？唐諾‧克雷西在他的犯罪學經典《別人的錢》裡，
提出了如今尚未有人超越的「詐騙三角模式」，說的是當以下三個條件
同時存在，就會發生詐騙案：（一）需求。詐騙的第一個要素，就是有
人需要弄到錢。（二）機會。管控與查核體系出現弱點，就會有騙局發
生的機會。（三）合理化的心理機制。白領罪犯都是獲得信賴的人，所
以他們在犯案前都必須背棄別人的信任，克服的方法就是「合理化」。
但詐騙三角的模式，只能解釋一部分詐騙現象。詐騙三角並未區分以
下兩種詐騙：一種是針對有機會的目標進行的「偶發性」詐騙，另一
種則是針對特定目標，由「詐騙企業家」設計出來的「企業式」詐騙。

自序——倫敦金融圈醜聞

A Scandal in Mayfair

「喂，你們一定要聽聽這個，」我對大家說。當時我坐在電腦前，兩隻眼睛忙得不可開交，一邊看著螢幕上的股價，一邊緊盯下議院財政專責委員會的幾個聽證會。只見巴克萊銀行（Barclays）的股價像一隻優雅的天鵝潛入水底那樣往下探，我拔掉耳機，把聲音開大。同事們紛紛離開身前的電腦，轉身聚攏過來，跟我一起看BBC國會頻道[1]。大伙兒過沒多久就搞清楚狀況了。我們的共識是，「必須趕快聯絡湯姆，因為鮑伯要倒大楣了。」

LIBOR[2]醜聞風暴發生後，為了了解巴克萊銀行到底在搞什麼把戲，該委員會傳喚了曾經叱吒風雲的巴克萊執行長鮑伯・戴蒙（Bob Diamond）到聽證會上說明。蒞會前一天，鮑伯似乎想把罪推給英格蘭銀行（Bank of England）[3]，影射是副行長下令操控一項重要的基準利率，但在遭質疑後他又收回這項指控，結果把情

---

1 譯注：BBC國會頻道是英國國家廣播公司轉播國會實況的頻道。
2 譯注：London Interbank Offered Rate的縮寫，即倫敦銀行同業拆款利率。
　二〇一二年，巴克萊銀行因為操縱此一利率而形成醜聞，引發喧然大波。
3 譯注：英格蘭銀行是英國的中央銀行。

況弄得更糟。個人魅力曾讓鮑伯・戴蒙成為傳奇人物，但在一群怒不可遏的國會議員面前，魅力沒有任何作用。

交易辦公室裡電話聲此起彼落，都是從倫敦金融區（City）各處打來的。投資人都想了解狀況，想知道損害是否收拾得了。湯姆這位專家專門幫我們處理巴克萊銀行的問題，只不過他人在紐約，與倫敦時差五小時，還在睡覺。我沒先打招呼就直接打電話給他的客戶，這在我們股票交易這一行算是犯了大忌。但我不得不犯忌，因為世界發生了鉅變。那一天稍後，湯姆接連開了幾個會，他趁著會議之間的空檔試著聯絡我，有時候我倆話說得很難聽──我跟他由於工作而成為朋友已經很久了，我們幾乎不曾如此。

兩週後，傷害已經造成。錢沒了，戴蒙的工作也飛了。不過一如往常，市場還是會繼續運作下去。我跟湯姆一邊喝啤酒，一邊討論補救措施，我們捫心自問的都是：我們怎麼會錯得這樣離譜？

他是市場上最厲害的英國銀行分析師，而我則是團隊裡的金融管控專家。事發前我倆都已經知悉「LIBOR事件」，而且在幾個月之內都曾數度撰文討論這件事。但我們都以為這只不過是一般銀行常發生的金融管控風險事件，事後只會被主管機關打打屁股，繳個幾百萬罰金了事就好。

最開始，令人感到困惑的是，看起來我們好像還真沒說錯。等到LIBOR醜聞登上主流媒體版面，整件事已經發展到了通常

算是故事告終的地步：官方於二〇一二年六月二十七日宣布，巴克萊公司違反金融管控規定，予以處分。該公司承認一連串疏失，為了避免重蹈覆轍也採取一些措施，並同意繳納五千九百五十萬英鎊罰款給英國金融監理局（FSA），繳一億六千萬罰款給美國司法部。在金融界，這類事件通常會這麼處理。若說有什麼特別之處，就是這種程度已經算是嚴懲了。

但對於該公司內部的管控專家而言，程序還沒走完。他們除了必須提出評估報告，還要撰寫一份篇幅頗長的摘要，用證據來說明他們是根據什麼做出那樣的決定。就 LIBOR 事件而言，大部分證據都是電子郵件內容與交易平台「彭博終端」（Bloomberg terminals）的交談紀錄。[4]

啊……，對話紀錄。

某交易員：「重要日子來了……有一筆三百萬借款的 LIBOR 利率都沒變，紐約公司這邊一直對我施壓。跟以前一樣，如果你能幫忙我們會很感激。你覺得這筆三百萬借款的利率可以報為多少？」

---

4 彭博終端是每年使用費五萬美金的資訊平台，提供新聞與金融數據服務，每個交易員都會使用。該平台除了具備聊天室功能，也可以讓使用者取得報價與上傳新聞。金融市場的專業人士對這聊天室上癮的程度，遠勝於小女生對於 Instagram 的著迷——不過，許多人都沒有意識到，任誰在那聊天室裡討論非法活動，都會讓有關單位在蒐證時完全不費工夫。

> 匯報利率的人員:「雖然我應該報出去的數字是0.91,但可以報為0.90。」
>
> 某交易員:「……等到我退休寫書,回顧我在金融圈的日子,一定會用金色字體標示你的名字……」
>
> 匯報利率的人員:「我想這種事還是不要寫進書裡比較好!」

　　光憑聊天紀錄來評斷這些操控LIBOR利率的人士,也許並不公平。平心而論,就算是那些報導LIBOR事件的記者,在輿論陷入憤怒時,自己也不願意讓推特私訊紀錄曝光吧?交易員都喜歡夸夸而談,但金融業畢竟是服務業,常常得受氣,所以這世上到處有服務業員工私底下取笑甚或辱罵客戶來出氣。不過,金融交易員的自信可不是一般人能望其項背,他們看待別人的態度幾乎可說是高傲,差不多就像美國看待加拿大那樣。當時輿論的風向對銀行業已經非常不滿,各種刻意炫富的嬉鬧言語也不見容於社會觀感,所以LIBOR醜聞後曝光的那些交易員對話看來是如此粗魯,令人匪夷所思。大眾對於金融交易員的所有刻板印象,都可以在那些對話中獲得印證。所以,原本只是違反金融管控法規的事件,其中牽涉許多難懂的技術性細節,突然間變成一齣反派大戲,老百姓只看到幾個趾高氣昂的壞蛋在金融市場上作弊,好像他們跟操弄馬賽的流氓沒兩樣。這當然讓政客見獵心喜,難免要出手干涉一番。

　　金融業遭人痛批,儘管那些批評說得不全然正確,道理上卻

又站得住腳，這情況在我這從業人員看來，著實難過。不過金融業實在是夜路走多了，在二○一二年終於因為 LIBOR 事件而遇上了鬼。業外人士對那一連串事件也許過度簡化，更搞錯了許多技術性細節，但大致上來講都是對的。反觀金融控管專家們，則是光計較那些微妙的技術性規定，結果儘管他們了解的細節是對的，卻都忽略了一個關鍵：這件事的本質，就是有一群人說了謊，犯了罪。一般我們說這種事叫做「詐欺」。那幾個月我持續觀察 LIBOR 醜聞的後續發展，但總覺得知道得越多，就越搞不懂。

這就是我們業內人士的盲點。我們以為那些人只是偶然違反了一些技術性規定，而不是有系統地犯罪。而且重點是，這種事很常見。詐欺之所以會發生就是因為受害者遭蒙蔽。犯罪者破壞了一般的制衡機制，以致世界實際上改變了，但從外表卻看不出來。自從自由市場誕生以來，金融市場的從業人員就一直是這樣見樹不見林。歷史上有許多金融家比我還慘，陷入更大的麻煩。

「波亞斯國總督」（The Cazique of Poyais）

年輕人普遍急功近利，在做職涯抉擇時難免草率。不過，很少年輕人會像十九世紀倫敦金融家高傑（Gauger）[5]那樣闖下彌天大禍。一八二二年，他本來在倫敦金融區打拼，任職於湯氏與詹氏公司（Thomas, Jenkins & Co.），雖然也算是世家子弟，但升遷緩慢。於是高傑決定，仿效幾百年來的金融界前輩們，放手一搏，到新興市場尋求風險較高的機會，好早點出人頭地。他的新工作

是在葛雷格・麥葛雷格爵士（Gregor MacGregor）[6]為大英帝國於中美洲成立的新殖民地「波亞斯國」（Poyais），擔任波亞斯銀行的總經理。在家族的金援下，高傑花大錢買下新職。銀行似乎也很信任他，請他負責把一箱總值相當於五千美金的波亞斯新鈔，押送到該國首都聖約瑟夫（St Joseph），據說那是個很美的城市。

幾週後，高傑先生被困在到處是及膝泥淖的沼澤區，就算還沒發現不妙，肯定也已經開始犯嘀咕了。他始終沒能當上波亞斯國央行的總經理，因為根本沒那個國家啊！儘管麥葛雷格爵士提供的所有行銷材料上，都用描繪著「聖約瑟夫市」的版畫圖像來做裝飾，但這城市卻是虛構的。那裡連個交易站都沒有。不過他帶來的波亞斯新鈔不完全是一整箱廢紙：當地的米斯基托族（Miskito）印地安孩童非常喜歡上面的漂亮圖案。但這不會讓高傑感到一絲欣慰，因為先前他曾勸說當地許多英格蘭、蘇格蘭移民，把手上的錢兌換成那些無用的鈔票。在這場資本主義初期最早、也最大膽的投資詐欺案中，高傑不但是受害者，也變成共犯。

同樣感到失望的，還有搭乘宏都拉斯號（Honduras Packet）與坎納斯利堡號（Kennersley Castle），遠渡重洋來到黑河（Black

---

5　他也可能姓高耶（Gouyer）或莫傑（Mauger）。他的姓氏只曾出現在這件事所引發的訴訟案的法院文件裡，那時候他早就不住英格蘭了（容我劇透一下：他的下場不太好）。我之所以選用「高傑」，是因為看起來比較像法國胡格諾派（Huguenot）教徒的姓氏，而英格蘭銀行家裡有不少人就是胡格諾派移民的後代。

6　葛雷格・麥葛雷格爵士是一位戰爭英雄，為蘇格蘭的低階貴族。

River，位於現代宏都拉斯）河口的大約兩百五十個家庭。這些旅客裡有鞋匠（他們想幫波亞斯國公主當御用鞋匠的美夢破碎了）、音樂家（他們當不了波亞斯國家歌劇院的總監了）與軍人（既然國家是假的，他們自然無法成為該國陸軍軍官）。更慘的是那些沒有一技之長的農夫，他們原本夢想著田園風光，退休後來到這裡經營蔗糖莊園，找中美洲原住民來做苦工，但如今已經知道這片叫做「蚊子海岸」（Mosquito Coast）的土地需要大規模開墾才能使用。確實是有土地，但沒有什麼「波亞斯國」：沒有首都、沒有千里沃土，當地除了沼澤與濃密雨林，幾乎什麼都沒有。

這真相讓大批英國移民無法承受。能走的都設法找人順利載他們前往貝里斯（Belize）。高傑先生去美國做發財夢，就此杳然無蹤，沒有人知道他後來的遭遇。但如果他真的定居美國，肯定也改名換姓了，因為一八五〇年代的人口普查裡，沒有人姓高傑或任何他可能使用的姓氏。許多移民更是性命不保，死因大多為熱衰竭、營養不良、自殺，或喝了粗製濫造的蘭姆酒。

在此同時，自封為波亞斯國「總督」（Cazique，這個詞來自當地原住民用語，意指酋長）的麥葛雷格爵士仍在行騙[7]，向銀行家們兜售波亞斯國發行的債券。事實上，由於前一次賺的錢已經揮霍殆盡，爵士正在準備**再度**於倫敦發行債券。麥葛雷格爵士是蘇格蘭民族英雄羅伯‧洛伊（Rob Roy）的後裔，他跟參加過拿破崙戰爭的許多軍官一樣抱負遠大，曾前往南美洲幫各個殖民地打獨立戰爭，對抗西班牙，但沒能功成名就也沒飛黃騰達。回到

倫敦後，他大肆吹噓自己的功績，還宣稱中美洲的波亞斯族原住民懇求他登基稱王建國。藉此他找來許多證券經紀人幫忙發行國債債券，開始兜售土地以及「宏都拉斯號」與「坎納斯利堡號」的船票。[8]我還沒透露他的下場，但故事說到這裡，任誰都會感到納悶吧？這個牛皮大王到底是怎樣騙倒一堆人的？

　　簡單的解答有助於我們從歷史背景去了解波亞斯詐欺案。事實上，當時在倫敦金融市場上募資的國家不在少數，但若從現代的標準看來，這些國家根本都是冒牌貨。十九世紀初，許多位於南北美洲的西班牙殖民地（包括現在的美國佛羅里達州在內），都在鬧獨立革命。有很多國家的革命政權，像是新格瑞那達（New Granada）與委內瑞拉，都還未獲得英國王室承認。許多投機客也願意以非常優惠的價格，購入各國革命政權發行的債券，圖的

7　這位麥葛雷格先生自稱爵士，說是因為參加半島戰爭（Peninsular War）而被葡萄牙封為騎士，但這爵位跟「總督」頭銜一樣都是假的。他的確是麥葛雷格家族的成員，帶有貴族血緣，但他真正的頭銜只有軍銜：一介英國陸軍上尉，還因藐視長官而被迫退伍；後來他到委內瑞拉、哥倫比亞的許多獨立革命部隊去當傭兵，所獲軍銜從上校到將軍都有。但所謂「將軍」也只是虛有其名，因為西蒙・玻利瓦（Simón Bolívar）與法蘭西斯科・德・米蘭達（Francisco de Miranda）這兩位革命領袖只要遇到發不出軍餉給軍官，往往會用升遷來替代。

8　實際情況比這裡敘述的還複雜。事實上，就我們所知，麥葛雷格為了把根本不存在的波亞斯國塑造成富庶的國家，必須提供許多職務給英國移民，並預付他們的薪水，所以他很可能投入不少錢，必須用債券出售收益來支付。當時大家都搞不清楚他打的到底是什麼算盤，就連我們從事後看來也是一頭霧水。

就是在國家真正獨立後贖回債券，海撈一筆。這一類投資可謂高風險、高回報，一般會購買它們的，都是深知風險何在而且賭性堅強的投資人。

這些革命政權的贊助者當然都大失所望。你可能會覺得那些移民波亞斯的人太過天真，但其實也別對他們太過嚴苛了。可能他們真的有做些功課吧？他們也許會在圖書館發現《蚊子海岸寫真》(Sketch of the Mosquito Shore) 這本書，把波亞斯描繪成沃土千里，首都蓬勃興盛——不過這當然是麥葛雷格用假名「湯瑪斯·史傳奇威斯」(Thomas Strangeways) 掰出來的，內容全部抄襲自當時許多描述西印度群島與拉丁美洲的年鑑，再加以誇大。他偽稱當地土壤肥沃到可以種植三、四輪藤樹，等到地力稍微消退，可以改種甘蔗來製糖。他還說，米斯基托族原住民最喜歡為英國移民工作，而且寧願以廉價布匹充當薪資，不領現金。也許是不想吹破牛皮吧，他居然忍住沒有說當地的樹會長出黃金，只宣稱黑河裡到處可以撈到金塊。

如果他們前往衡平法院 (Court of Chancery) 調閱公文書，會發現麥葛雷格對當地土地的所有權還真的登記在案，因為他事先提交了假的切結書，而這切結書的根據則是效力更有限的「意向書」(順帶一提，這意向書內容並未提及他獲得了「總督」之類的貴族頭銜)，是他為了保命而結束某次冒險後，一天晚上宴請蚊子海岸當地米斯基托族各部落酋長與波亞斯國「喬治·斐德烈國王」(King George Frederick) 豪飲大量威士忌，於酒酣耳熱之際共

同簽署的。[9]波亞斯國的債券就此在倫敦股票交易所進行買賣，債券價格跟英格蘭銀行的股價一樣見諸報端。

一般來講，如果有些交易看來實在太過美妙，不可能是真的，任誰都會有所警覺，但這種警覺心並不是人人皆有。當時拉丁美洲有許多面積不大的獨立區域，它們對想移民的人往往充滿吸引力，尤其是有資金與技術的歐洲人。如果只要花一點錢就能購地，而且墾地所需的勞力成本又極其微薄，再加上利潤龐大，那根本就是美夢成真——別忘了，牙買加與美國的莊園主人能夠累積鉅富，不都是靠這種模式？所以，可別以為任誰都能輕易看出這騙局是鏡花水月。在那個年代，要查核事實遠比現在困難。

依我淺見，這足以解釋當時的狀況。

更深入看來，十九世紀初古人的盲點之所以會讓我們覺得荒謬，只是因為我們沒有他們那種盲點——但令人感到憂慮的是，這不代表我們沒有盲點。盲點總是存在的。

---

9 這件事當然是假的，但在不知情的人看來，好像也不足為奇。部落社會的確會做土地交易，而且在這一類交易中，有時候來自歐洲的土地投資客們，也會要求酋長封他們為貴族或授予相當頭銜。擁有土地所有權的好處之一，就是有權賣掉土地，而在土地登記制度與法院系統不如現在發達的當年，有時就是會發生一些詭異的事。舉例說來，這也是移民會與紐西蘭毛利族人簽訂《懷唐伊條約》（Treaty of Waitangi）的主因之一。移民先確立了毛利各部落酋長的所有權，然後跟他們進行英國法規所規範的交易（當時有管轄權的是澳洲新南威爾斯的法院），結果這也對許多毛利人家庭造成嚴重傷害：許多路過的探險家心懷不軌，趁機與毛利人簽訂「出售」合約，接著便要求當地殖民政府代為強制執行其土地所有權。

「加拿大悖論」

世上有些地方是「低信任度社會」（low-trust societies）。除了政府體制贏弱腐敗，生意人狡猾，欠債者很少還錢，人們在進行交易時自然很怕遭到詐騙。相反的，若是「高信任度社會」，生意人則有誠信，公權力嚴格依法行政且司法公正不阿，大多數人都能安穩度日，因為他們知道自己的生計財物沒有遭詐欺奪走之虞。但既然如此，加拿大照理說應該屬於後者，而希臘該屬於前者，但為何加國實際上詐欺案叢生，以至於喬伊‧奎南（Joe Queenan）會在《富比世》雜誌（Forbes）的文章裡把溫哥華封為「詐欺之都」，反觀希臘的船東們卻往往能夠僅憑握手約定，就談成數百萬美金的交易？

也許我們可將此現象稱為「加拿大悖論」。[10] 這世界上有許多違反誠信的行為，能夠撈最多錢的莫過於商業詐欺，而有鑑於商業詐欺犯像社會寄生蟲，所以越有錢的經濟體系越會成為他們寄生的地方。在某些社會，人們千百年來始終只跟親戚做生意，或者經商僅憑家族關係網絡，自然很難有詐欺犯的立足之地。有些地方的市場體系一般來講信任度很高，違反誠信的狀況只是特

---

10 是我對加拿大人要求太高嗎？加拿大發生詐欺的機率真是世界第一？由於這涉及犯罪學與統計學問題，還有如何定義詐欺，以及如何查獲詐欺罪行與該把哪些罪行歸類為詐欺，所以這問題幾乎不可能獲得適當解答。但加拿大的詐欺活動實在是惡名在外，而且某些地區的股票交易尤為嚴重。

例，卻反而比較容易進行票券詐欺。

　　加拿大悖論的存在意味著，欺騙的犯罪行為有一種經濟特性。現代的工業經濟體系中，由於在市場上交易的往往都是陌生人，也很難斷定對方姓名真偽，因此信任就變成了整個體系的基礎。而現代經濟體系能夠蓬勃發展，也端賴科技與體制的種種創新、改善，讓信任關係得以穩固。換言之，各國往往希望自己漸漸擺脫希臘的交易模式，變成更像加拿大──我們必須先了解這一點，才能體會商業運作為什麼會是現在這個模樣。還有，隨著工業社會發展，任誰也都變得更容易成為詐欺受害者。亞當・斯密（Adam Smith）曾於《國富論》（The Wealth of Nations）中論述，現代經濟蓬勃發展是建立在分工之上：以生產別針為例，居然可以分成十八道製程。除了分工，現代社會也越來越傾向於「信任的分工」（division of trust）。幾個世紀以前，當人們飄洋過海到另一個大陸去探索新世界，他們很清楚自己所面對的是完全的未知境地，但高傑先生身處的，卻是一個剛剛誕生的新時代。他隸屬於一個對許多事物都自然而然信以為真的群體，這個群體認為，任何能夠公開進行的交易應該都是合法的。兩百年後，高傑先生的倫敦金融區後輩恐怕也跟他一樣，不會花時間查證交易背後是否有詐，就像他們不會自己去捏陶製壺或者縫製長褲。任何社會如果越是把「信任」給分工出去，那麼社會成員就越會深陷詐欺案而不自知。高傑的下場是身陷及膝泥淖。至於 LIBOR 市場上的那幾名交易員，等到大家知道他們在使詐，他們已經捅出了價

值幾十億美元的大漏子,自己也收拾不了。

LIBOR醜聞

因為已經過了好幾年,我才可以像事後諸葛一樣,看出任何
體系都有漏洞。LIBOR到底是怎樣運作的?幾名薪水不高的英
國銀行家協會(British Bankers' Association)辦事員致電幾十家銀
行詢問:「貴行若有意借貸一筆某某貨幣的百萬款項,借期三十
天,願意支付多少利息?[11]」他們會剔除報價最高與最低者,用
其餘各家來計算平均數字,而這就是該種貨幣的「三十天倫敦銀
行同業拆款利率」。同樣的程序也會用來計算三個月、半年與其
他各種借期的利率,然後公告出來。每天都會有一個LIBOR利
率表可供市場人士查詢,藉此決定要借貸哪一種幣別、借期多
久。而且透過這利率表,任誰都可以清楚知悉,英國銀行家協會
所屬各家營運狀況良好的成員銀行提出的利率。

各家銀行在金融體系中的各種作為可說是費時又費事,所以
相對來講,這個決定LIBOR利率的過程其實不怎麼麻煩。其他
市場可說瞬息萬變,股市交易尤其如此,所以已經交由超快速的
機器人來處理交易。反觀LIBOR利率,雖然說起來有點不公平,

---

11 這就是銀行同業之間的短期借貸行為。銀行客戶往往習於跟某銀行借款,另
外把錢存放在另一銀行,導致各銀行不是存款過多就是資金短缺,非常不便。
LIBOR市場就是銀行業用來解決這問題的方法,業者之間往往頻繁互相借貸
或放款,因此需要提出LIBOR利率報價。

但在當時的確還是用那種「打電話四處草率詢問一輪」的程序來決定。世界經濟體系中，居然有數以百兆美元計的資金[12]，落在少數幾十個最有動機去做手腳的人身上，而且等到大家發現時一切都已經太晚了。

但這種制度在雷曼兄弟公司於二〇〇八年垮台後，也跟著瓦解，因為各家銀行彷彿驚弓之鳥，幾乎不再把錢借給其他銀行。儘管整個市場完全凍結，銀行協會還是每天派人致電詢問 LIBOR 利率報價，各銀行也照報不誤，對於「如果貴行打算借用一大筆款項，會以多少利率借入？」這個問題，也用幾乎揣測性的方式來回答。

但每天的 LIBOR 利率還是會公告，這意味著，每一家銀行都可以看見其他銀行的籌資成本。而任何銀行如果拉高籌資成本，那就顯示敗象已露。如果大家都把 LIBOR 利率當成某家銀行是否已經出問題的指標，自然誰都不想變成每日清單上利率最高的那一家。所以少數幾家銀行開始用 LIBOR 利率報價來提供假訊息，刻意拉低報價，藉此偽造仍能獲得資金的假象，但實際上幾乎已經借貸無門了。結果有幾家銀行甚至流傳著某種內部訊息，實際上等於是表示：「親愛的低階員工，為了銀行與股東的利益著想，請開始低報 LIBOR 利率。本命令由你的大老闆下達。」

---

12 你沒看錯，就是「數以百兆美元計」。因為 LIBOR 是「短期利率一般狀況」的衡量基準，所以非常管用，也成為業界浮動利率借款的標準值，這種借款活動非常頻繁。

結果，這根本就是愚蠢的作法。

這一切在當時是眾所皆知的。《華爾街日報》（ _Wall Street Journal_ ）就曾刊載過一篇相關報導。我曾製作過一個PPT檔，裡面用許多表格來說明二〇〇八年的LIBOR利率報價被拉低了多少，而我的根據是那些利率數字看起來「有點假」。金融管控專家們開了一個「特別委員會」會議，讓各銀行代表來暢談LIBOR利率報價的相關問題，甚至把會議紀錄發布在英格蘭銀行的官網上。只是，大家似乎都沒意識到當時有許多人都在犯罪，而罪名就是詐欺。他們的陰謀就是謊報利率（也就是謊報銀行的籌資成本，騙了打電話來詢問報價的人），藉此引誘別人來進行對自己不利的交易。如果我們回頭去看看「十誡」，或是那些最古老的習慣法，會發現其中有一條是「勿妄證」。事實上，LIBOR醜聞中那些涉案者最後被起訴，大多就是因為報價不實。而且一般社會大眾比我們這些專家更快搞清楚狀況，就在金融體系已經羸弱不堪之際，這堪稱壓垮駱駝的最後一根稻草。我們甚至可以說，LIBOR發生醜聞，導致往後十年間有許多政客得以藉民粹主義進行操控。

我在麥達克斯街（Maddox Street）一邊喝咖啡一邊尋思，深深覺得LIBOR醜聞為我們提供了關於商業詐欺的寶貴教誨：這是一種讓人很難拒絕、也無法察覺的犯罪。很少有其他罪行像詐欺這樣，受害者不但同意罪行，還自願提供金錢或珍貴物品給罪犯。而且，社會層級、身分地位與人際關係網絡雖說是現代經濟

體系的構成要素，但也有蒙蔽受害者的神奇效果，讓他們對詐欺罪行視而不見。「白領犯罪」（white-collar crime）這個名號的由來，有一部分與犯罪者的身分有關：他們的社會地位高，而且往往是「無罪推定」原則的最大受益者。

信任與濫用信任

若以損失金額看來，LIBOR醜聞的嚴重程度遠勝於「波亞斯騙局」，但LIBOR醜聞跟「波亞斯騙局」不同，並沒有直接導致任何人死亡。不過，能把兩者連結在一起的共同點，就是盲點已經在整個體系裡根深蒂固了，只有等到東窗事發，等到許多人發現繁華首都並不存在，只能在瘴癘之氣瀰漫的沼澤地裡呆望夕陽，才發現大事不妙。問題在於，每個經濟體系在建立之際，無論是LIBOR市場或十九世紀的殖民經濟，都必須有人決定要在體系中設置哪一種制衡措施。在決定哪些事物必須先經過查證之際，等於也決定了哪些不用查證。一旦你決定了哪些事物不用查證，等於你選擇信任它們了。

到這裡，我們已經可以看出，我先前的主張實際上不應令人感到遺憾，也不是社會階級制度的壞處：白領階級往往受惠於「無罪推定」原則。甚至我們可以說，高信任度社會就是這麼一回事。如果想要成為加拿大那種國家，多少意味著國人必須假定西裝筆挺的人應該是誠實的。如果想要成為十九世紀英國那種社會，那麼社會成員也許就必須接受一件事：偶爾就是會有數以百

計的移民與投資人前往海外，結果發現某個國家並不存在。

該怎樣描述這種狀況才對？我們可以說，詐欺是一種「均衡數量」（equilibrium quantity）。我們不可能查核一切，但也不能什麼都不查核，所以任何經濟體系都必須做出這樣的重大決定——要耗費多少心力做查核。詐欺案的數量將會取決於這個決定。[13]而且既然查核必須花錢，信任則是省事又省力，所以詐欺不太可能完全不發生。

果真如此，那這本書的主題就是信任與背叛。但我只能聚焦在某些信任關係與某些背叛行為上。在流行文化中，詐欺犯往往被塑造為「信任的操弄大師」，介於舞台魔術師與神話中的搗蛋鬼之間。以《刺激》（The Sting）與《騙徒糗事多》（Dirty Rotten Scoundrels）這兩部電影為例，片中主角都是心理戰高手，擅長利用被害人的貪婪本性與盲點，創造出虛妄的世界。這種人儘管罕見，但的確存在，稍後我會在本書中介紹其中幾位。但他們畢竟不是典型的白領罪犯。

不過我要關切的問題從來與個人的脆弱心理無關。的確有人是神奇無比的詐欺大師，但更多人比較像安隆公司（Enron）執行

---

13 不過，任誰都無法預測有多少詐欺案會發生。防騙機制不像香腸機或者蒸氣紡織機，用了多少料就會有多少產出，而且騙徒也必須做出種種選擇。但我們真正需要的，是必須確立一個公式：加強管制措施，很可能就意味著詐欺案會變少。同時我們也必須假設，任何人都會做出有利於自己的決定，並且藉此確保整個體系可長可久。

長傑夫・史基林（Jeff Skilling）或霸菱公司（Baring）的尼克・李森（Nick Leeson）一樣，都只是無聊到極點的辦事員與經理人，之所以會成為目光焦點，都是因為搞出了瞞天騙局。而且即便是真正的詐欺大師，他們的作為也必然是平凡無奇。以牛皮大王麥葛雷格爵士為例，他花了很多時間製作農產數量表，並且設法弄到土地所有權文書。大多數白領罪犯都擅長利用大家對體制的信任來操弄行騙，這意味著他們必須把騙局設計成看起來盡可能像普通的交易。總是要等到東窗事發後，大家才會感覺到整個過程有多戲劇性。

白領騙徒不會利用人性中的道德弱點，也就是貪婪或恐懼。照理說來，為了補救信任關係的漏洞，體制中往往會有些制衡措施，但他們就是能夠利用那些措施的弱點，躲避審查程序。每當我們去檢視那些知名的大規模詐欺案，總會發現，如果有人費心去查核所有事實，有很多案子本來是早早就能阻止的。[14]

但沒有任何人查核所有事實，因為要查核的細節實在多如牛毛。即便在龐大財務虧損已成定局，騙徒遭逮捕後，還有另一個大問題。法務機關常發現很難用任何罪名來起訴騙徒。許多國家

---

14 另一個我們屢見不鮮的狀況是，大規模商業詐欺案的主謀很少是初犯。這本書裡提及的騙徒有很高比例都曾遭識破，甚至還坐過牢，結果社會又重新接納、信任他們。自稱「爵士」的麥葛雷格在波亞斯騙局之前，也曾在阿美利亞島（Amelia Island，佛羅里達外海的小島，曾是西班牙殖民地）嘗試過詐欺案，使用的伎倆一樣是販賣土地與偽造貨幣。

都有人建議，不要用陪審團來審理那些「複雜詐欺案」，或者應該把這一類案件從刑事審理體系中獨立出來，交由某種管控體制或非司法程序來處理，而且有時候這類建議還真的變成了法律規定。這種做法不難理解。詐欺犯一定要以某種方式定罪，借此維繫人們對於整個體系的信任。然而，若真把民心輿論排除於審判過程之外，在我看來實在是不得已的下策。

只要能恰當地分析，審理那些知名的「複雜詐欺案」其實不難。案件背後的犯罪手法往往粗糙不已，至於案情，簡單來講就是某人以行騙手段餵飽自己的荷包，害慘了其他人。陪審員之所以覺得審理白領犯罪案件很難，是因為曠日廢時，而且若要成功定罪，實在有太多細節必須拿出來講清楚。這些官司並非因為難懂才給人耗時又過於繁瑣的感覺，真正的理由是說謊的人太多了。當某個案子有很多人說謊，那就必須用很多時間和證據來證明他們說了謊。

這種案件在刑事審理體系中算是特例。大部分的案子在審理時，證人席裡只會有兩、三個人在說謊，問題的關鍵也很簡單：被告到底有沒有犯案？但在審理詐欺案時，被告往往並未否認自己做了那些事，而是堅稱自己無罪，因為他們可以用各種託辭來說明自己做的每一件事都是無辜的。

為了讓所有人相信那些託辭，那些歪哥生意人[15]可以聘用各種歪哥律師、會計師，甚至歪哥銀行人員。案子的關鍵文件要不是措辭含糊，就是根本人間蒸發。到頭來，那些生意人是否有

罪,居然取決於案發時他們在想什麼:案子到底是一連串不幸交易造成,抑或他們真的想騙錢?審理詐欺案時,檢方的目標是梳理出一個直截了當的犯案架構,用同一個模式來解釋所有可能涉及犯罪的交易。至於辯方,通常則會堅稱應該要分開檢視每一項證據,試圖用各種矛盾的細節來推翻檢方的架構。

並非所有詐欺嫌犯都真的有罪。但如果你想要搞清楚白領犯罪的運作模式,無論是為了要保護自己、充實自己,抑或只是想多了解一下這個世界,那你就必須像檢察官一樣思考。從各種相互牽扯的文件與證物看來,你也許會覺得財物詐欺案很混亂,但實際上詐欺犯的計畫都很簡單,只是遵循某些基本原則。[16] 只要不被那些如雪片般堆積的文件給迷惑,你會發現,白領詐欺案都能夠歸類於四種最基本的類型。

白領詐欺案的四種基本類型

最簡單的一種詐欺,就是借錢不還,或者買東西不付錢。[17] 在現代經濟體系中,生意人不得不彼此信任,根據估價單來付錢或送貨。這是真實商場的特色,而且非常基本,但令人訝異的

---

15 所謂「生意人」,一般來講並未特指性別,不過無可否認的是,商業詐欺案中男性涉案比例遠高於女性。這與商業管理階層的性別歧視密切相關,同時也說明了犯罪活動背後的龐大性別差異。有時候我們會發現,無論是騙人的或被騙的,通常都是男性。

16 有時候,如果我實在是太誇張,略過了太多細節,就會在註腳中承認:「實際狀況比這裡陳述的更複雜。」

是,卻未曾見諸於經濟學教科書。如果所有交易都必須以「一手交錢,一手交貨」,那麼大多數產業就不會是現在這個樣貌:經濟體系會變成我們幾乎無法辨認,而且當然也不會發展成如今的蓬勃規模。以這本書問世的過程為例,從作者的預付款、印刷廠提出的付款條件,到零售商賣書與退書給出版社的機制,每一個階段都建立在一個事實上:商號之間容許賒帳,等到錢真正入帳後再付款就好。

奇怪的是,我們沒有任何正式的數據,可以有系統地說明供應商與顧客之間彼此賒帳的金額有多龐大。不過,光是根據合理的推估,與商場上各公司賒帳的金額相較,整個銀行體系只能說是小巫見大巫,理由在於,只有不到百分之十的商業活動,是靠著跟銀行貸款來進行的。之所以會有我們稱之為「**長期詐欺**」(long firm)的詐欺案,就是因為有些人可以故意賒欠龐大金額,然後倒帳走人。這是我們從商業犯罪中學會的第一個教訓,而且也讓我們知道,要確認詐欺案成立並起訴詐欺犯是很難的。即便在犯案後款項已經到手,「長期詐欺」的公司往往看起來還是像一家真誠不欺的商號,只是倒閉而已。白領詐欺犯跟其他刑事罪犯不同之處在於,他們跟那些沒有詐欺的人基本上都是做同樣的

---

17 按照童書《柏靈頓熊上班去》(*Paddington at Work*)裡古伯先生(Mr. Gruber)的說法,這世界上只有一件事比「收錢後不給人東西」更糟糕,那就是買東西卻不付帳。這本書裡面〈柏靈頓熊買股票〉這一章,可說將票券促銷詐欺描寫得鉅細靡遺,堪稱此一主題的絕佳介紹文。

事。他們之所以是罪犯，只在於他們具有詐欺的意圖。

另一種商業詐財方式是濫用人們的信任，因為沒有人會去懷疑所有權與價值的核實方式。詐欺犯能夠得逞，一樣還是因為我們不可能活在一個所有文件、所有權憑證與品質證書都需要查驗核實的世界，因為從商者必然會因為那樣而浪費許多時間與心力。基於實務上的必要性，很多類型的生意會讓交易者相信文件是真的，文件上登載的所有權也是。第二種白領犯罪，就是濫用這種信任的「**偽造文書詐欺**」（counterfeiting），用假的文件來證明假的所有權。在此我們可以看出，就像不同類型的信任關係能夠互相強化，讓商業活動衍生利潤，不同的詐欺行為也可以彼此掩護。例如，為了進行長期詐欺，詐欺犯可能會偽造文件，美化自己的財務狀況。

隨著經濟體系發展得更為精細複雜，公司的資金提供者與管理者往往會分工。在這樣的體系中，公司老闆與債權人往往不可能監督他們所聘經理人做的每一件事——就算真能做到，至少也是非常沒有效率。跟其他人一樣，他們只能仰仗信任。這種信任可能讓人見縫插針，遂行「**控制型詐欺**」（control fraud）。這種詐欺與那些較單純詐欺案的不同之處在於，詐欺犯的詐財方式一般來講都是合法的，像是坐擁高薪，領取紅利、享有股票選擇權與股利。但儘管這些錢的支付不違法，他們卻都在帳面上作假，虛列公司利潤與資產才能領錢，而且這些經理人願意承擔的風險，遠遠高於任何誠實的生意人。

這種詐欺還有個獨特之處：它至少有可能變成一種「**假設性的犯罪**」（subjunctive crime），因為控制型詐欺犯儘管冒了超高風險，結果卻賭對了，所以受害者壓根不知道有犯罪行為。控制型詐欺甚至還可以「**借力使力**」（distributed control fraud）來進行詭計，也就是說，犯罪者不需親自出手偽造公司獲利數字來圖利自己，也不用採取任何高風險行動，只要創造一些足以「**引誘犯罪**」（criminogenic）的異常動機，就可以不親自出手但卻遂行詐欺行為。

最後，我們要談的是最為抽象的詐欺類型。這些詐欺案所操弄的並不只是單一的信任關係，而是現代經濟體系賴以建立的普遍信任關係網絡。有很多行為從傳統的角度看來根本不是犯罪，因為它們本來就不是欺詐不實的行為，抑或看起來不明顯。不過，過去經驗顯示，如果沒有這些行為，市場經濟將會運作得更為順暢。這種詐欺就是「**市場詐欺**」（market crimes），例如企業聯合壟斷或者內線交易，而且受害者並非損失一筆固定數字金額的個人，而是市場本身。除了獲得龐大利益之外，這一類市場詐欺犯更讓市場參與者不願信任他人，市場體系也因此受到負面影響。與上述三種詐欺類型相較，這種詐欺案是否成立更是見仁見智，往往取決於各個地區的市場成規與實務，不是某種固定不變的犯行。在某個市場，一樁令人髮指的明顯市場詐欺案，在另一個市場卻是合法的，而到了其他市場，甚至有可能變成良善的商業行為。長期詐欺顯然犯了十誡中「不可偷盜」的戒律，與偽造文件詐欺相應的戒律則是「勿妄證」，但難道十誡有規定「持

有重大未公開訊息時請勿進行票券交易」？一旦深入了解市場詐欺，將促使我們對現代經濟體系的運作提出更深入的問題。但調查此一詐欺行為，也讓我們發現一些規模最龐大的詐欺案，因為只有市場夠龐大夠重要，需要自己的法律架構，才會衍生出市場詐欺，而且詐取的金額往往是天文數字。

不過，可別太過拘泥於上述四種類型白領詐欺案的名號，尤其是可別把犯罪小說情節跟我提出的觀察當作一回事。在這階段，我們必須著眼於詐欺案的大處，注意它們怎樣違犯了信任關係，不用太在意細節。往後這本書的每個章節都會變得更為抽象。長期詐欺讓人開始懷疑是否能信任別人；偽造文書詐欺讓人懷疑是否真有眼見為憑這回事；控制型詐欺讓人懷疑是否該信任社會的各種體制；市場詐欺則讓人開始懷疑社會本身。上述四種詐欺所違背的四種信任關係，是現代經濟體系運作所不可或缺的，所以詐欺可說是一種充滿威脅的犯罪行為。

本書看點

所以，這本書的寫作策略是什麼？一方面我會介紹知名詐欺案的故事（並且討論這些詐欺行為的模式），另一方面則一一檢視現代世界賴以建立的信任機制（並且討論某些知名騙徒如何濫用這些機制）。

商業詐欺可說是現代經濟體系的邪惡雙胞胎。了解詐欺，其實也有助於我們更深入探掘經濟體制。在這趟以貪腐現象為終點

的探索之旅中，你得以更加了解詐欺的運作機制，甚至幫自己的公司或老闆降低詐欺風險，但完全消除風險是不可能的。你也可以好好觀察什麼是正當誠實的商業體系運作方式。市場經濟跟人腦一樣，也是一種訊息處理系統。人腦只有生病了，被剖開後，我們才能充分了解它的運作方式：經濟體系也是，只有它崩潰失靈了，我們才有機會看見它背後的種種機制。就像腦神經科學家研究頭部受傷造成的後果，我們也可以透過了解製造偽幣與老鼠會等經濟犯罪來了解經濟體系。

當然，你也可以選擇把這本書當成詐欺犯罪教科書。書裡面有夠多的案例研究與犯案手法供你參考，培養你的行騙能力。但可別忘了，這本書論及的所有詐欺犯幾乎都落網了。其中有一部分在落網前可以過著揮金如土的高檔生活，但也有許多罪犯在不可避免地東窗事發後，居然喜極而泣，因為他們再也不用做那些壓力超大的悲慘工作了。幾乎任何詐欺案都是耗時費力，而且需要很好的商業頭腦，想想看，如果把這一切用於別處，是否能夠做出一番事業？

不過，答案並不總是肯定的。

1 基本功

The Basics

「詐騙這一行的目標無非是海撈一票。一般有兩種方式：不經所有者同意就拿走東西；或讓所有者自願把東西給你，即便他事後並不願意讓東西留在你那裡。在一般人的概念中，『詐騙罪行』大都是第一種狀況，不過這種詐騙方式是有局限的。這種詐騙無法偽裝成合法。被炸掉的保險箱難道能夠偽裝成被會計師砸爛的嗎？」

——萊斯利‧佩恩（Leslie Payne），《江湖情義：我與克雷兄弟檔的黑幫歲月》（*The Brotherhood: My Life with the Krays*）

總計有十幾部預算不高的英國電影，是以克雷攣生兄弟檔（Kray twins）與一九六〇年代倫敦黑社會為故事背景，而且每一部都把瑞吉‧克雷（Reggie Kray）殺害「帽子殺手」傑克‧麥克懷提（Jack 'the Hat' McVitie）當成重要場景。這個事蹟跟前一年朗尼‧克雷（Ronnie Kray）在倫敦白教堂（Whitechapel）地區「瞎乞丐」酒吧（Blind Beggar）裡，槍殺黑幫人物喬治‧康乃爾（George Cornell）的案件一樣，都是造就克雷兄弟傳奇的重要元素。儘管

如此，令人好奇的是，居然很少人知道瑞吉為什麼要殺掉傑克。事實上，理由是瑞吉恨他拿了自己五百英鎊，卻沒能成功幹掉他們兄弟倆的會計師───一個叫做萊斯利・佩恩的傢伙。萊斯利的生平可說是商業犯罪的絕佳教材。他是多件詐騙案的幕後黑手，每一件都頗具規模，而且犯罪手法大多非常直截了當；就跟他的西裝一樣，全都出自薩佛街（Savile Row）裁縫師傅之手，風格簡單且經典，沒有太多褶邊會令人分心。

克雷兄弟檔認定萊斯利即將向警方舉報他們（而這也的確是真的），因此想要致他於死地。萊斯利不但舉報成功，逃過一劫後還寫了一本雖說道德觀低落，但讀來很有意思的自傳。書裡的詐騙祕訣曾幫那兩兄弟建立起龐大的黑金帝國。[1]據他的說法，克雷兄弟都在酒吧舉行「董事會」，每週幫會的收入約有兩千英鎊現金，其中不到四分之一是搶劫所得。其他收入都來自賭場繳交的保護費，還有萊斯利的專長──長期詐欺。

萊斯利並沒有幫克雷兄弟的黑金企業記帳：帳都是瑞吉親自記的，像是「沃爾瑟姆斯托區某家俱樂部的保護費：30英鎊」、「賄賂達爾斯頓區的警察：40英鎊」，而且記帳簿非常昂貴，儘管萊斯利苦勸瑞吉別買，他還是不聽。萊斯利的職業的確是會計師，但他在克雷兄弟組織裡的角色，卻是憑藉著自己的商業天

---

1 這本書的最後一章比較無趣，由萊斯利與一位律師共同執筆，而且可能是在出版社的堅持之下，萊斯利特別聲明自己已經改過自新，也針對公司法提出幾個極為敏銳的修法建議，以防範日後再次發生類似的詐欺活動。

分，虛構出一家生意興榮且誠實不欺的企業，以此賒帳取財。

付款條件與賒帳交易

　　如果你是火車站月台上的三明治小販，你要到午餐時間才能收到客人給的現金，但在一大早就必須去買麵包與起司。你當然可以跟銀行借貸來採購，但更常見的做法是買麵包與起司時用賒帳的。一般而言，幾乎每個行業內部都有共識：各家供應商的顧客在販賣商品、取得現金之前必須先採購物料，而為了解決這問題，與其讓這些顧客自己去跟金融業借錢，不如由商家容許他們賒帳。

　　為什麼賒帳交易對於供應商而言如此普遍？因為方便。如同綽號「軍師」的萊斯利所言，「做生意時只能用現金，不用預付款項也不能賒帳，這種情況的確不是不可能……但這意味著，舉例說來，如果你想要點火取暖，每次你都必須出門去買一堆木炭。」

　　允許賒帳的第一個理由是，供貨商取得物料的成本相對來講較為便宜。如果不給賒帳，那麼就必須讓物料在倉庫裡閒置著，等顧客籌到錢才能出貨。這問題對於某些供貨商來講特別嚴重，像是麵包廠商，他們的貨物就有供貨期限。第二個理由也與第一個相關：一旦允許賒帳，就可以趕快售出物料，刺激銷售量。允許顧客賒帳，意味著廠商可以擴大客戶群，把貨物賣給新創商家、賣給那一週剛好缺現金的顧客，而不是只跟手頭有錢的人做

生意。最後一個理由，則是供貨商必須承受的供貨風險小於銀行。舉例說來，供貨商只要透過顧客的訂單，就能夠即時掌握他們的生意是好是壞。還有，供貨商讓顧客買麵包、起司等物料時賒帳，他們知道這筆帳是用來買原料，但相反的，銀行放款出去卻必須承擔風險，因為貸款人可能不會把錢用在原先聲明的用途上。

付款期限有各種不同規定，各種期限衍生的利息也各自不同。有些廠商會要求「貨到付款」（COD）或「七天內付清」，時間可以拉長到「三十天內付清」，甚或九十天。超過九十天就不在付款條件的範圍內，而是「供應商融資」（vendor financing），而且大多必須填寫正式借款文件。提供這種融資方式的是昂貴資本設備，像是電腦伺服器、噴射引擎等物品的廠商，而且借期可達非常多年。

不過，無論借期長短，總有一天要付款。如果在那一天顧客付不出錢，卻又已經取走貨物或獲得服務了，那麼供應商就等於是東西不見或被偷了。說到底，「長期詐欺」就是藉由欠債不還來偷東西。

誰要承擔風險？無論是誰都必須處理現金流量問題，也都希望顧客預付款項，但自己能跟供應商賒欠。那麼顧客能從供應商那邊取得哪一種付款條件？這問題總是很複雜，也反映出雙方的協商能力有多高、這交易是買方市場或賣方市場，還有市場競爭激烈與否。想了解任何產業的結構？不須花時間做「五力分析」[2]或優劣分析（SWOT analysis），只要看看付款條件的內容即可。

在各類付款條件中還有一種賒帳方式，儘管它在現代社會已經不可能，但卻在一九六〇年代遭到萊斯利與其同夥操弄。之所以會有這種方式，是因為在過去，銀行體系需要較多時間來處理支票的文書作業。特別是，如果開的是外國銀行的支票，或者那銀行規模較小又效率不彰，需要好幾天來作業，那麼詐騙受害者根本就不知道自己收到的是芭樂票。

「開芭樂票」是指開了支票但支票帳戶卻沒有足夠的錢可以兌現，而且銀行沒批准這帳戶可以透支。而許多人就以這種方式取得短期的無息借款，繼而拖欠不還。這種支票詐騙通常是狗急跳牆，情急之下才犯的小罪，而且因為支票上必須提供姓名、地址，這手法顯然不利於詐騙犯。但如果詐騙犯已經備妥幾個願意配合演出的冤大頭，光憑一本支票簿就能海撈一票。

信用管制

所以說，萊斯利・佩恩設計出來的巧妙詐騙案一般都是怎樣進行？他在書裡描述得鉅細靡遺，令人看了冷汗直流，因為他除了提供案情細節，甚至還有一些可供模仿犯使用的信件範本。他的手法是以現代經濟體系的兩大特色為前提：信用管制（credit control）的措施，還有破產的法律規定。

任何公司倒閉時，最大的債主往往就是供應商；同樣的，當

---

2 譯注：競爭力理論大師麥可・波特（Michael Porter）提出的分析方式。

某個大客戶付不出貨款,損失也通常會大到拖垮供應商。所以各公司通常必須設置「信用管制人員」,確保帳款收得回來。執行這種信用管制功能的人員可能沒有任何正式職位:以新開的餐廳為例,餐廳大多在收到海鮮魚貨的當下就必須付款[3],要等到餐廳的付款紀錄建立起來了,供貨商才會放鬆付款條件。至於規模較大的公司,則可能有一整個信用管制部門來審查正式的信用紀錄。或者是有某個負責讓帳款收得回來的團隊,由他們找信用評等機構幫忙。無論如何,負責賣東西的人總是會被負責信用管制的人找麻煩,所以信用管制人員才會被冠上一些謔稱,例如「總是說『不』的討厭鬼」、「阻礙事業部主任」等等。這一類人員也是騙子行騙時必須克服的最大障礙。

萊斯利・佩恩行騙的第一個步驟,是找一些人來當冤大頭。克雷兄弟幫的成員身邊,總會有一些現成的冤大頭,由他們充當空殼公司的掛名老闆。如果在和銀行抑或供應商開會時,他們能夠穿上西裝打著領帶坐在那裡,那就更理想了,但這並非絕對必要。此外,他們對一切了解得越少越好。例如,萊斯利・佩恩開了某家空殼布料零售公司,這類公司通常以克雷兄弟的某家倉庫為據點,冤大頭一號會被帶到銀行去簽署貸款契約,這樣公司才有周轉資金。萊斯利會到印刷廠去訂製一些公司信箋,上面印有

3　就像名廚兼作家安東尼・波登(Anthony Bourdain)曾說的,「如果你對餐廳營運是否恰當有疑慮,問你的魚貨供應商就對了,他們很可能比你更清楚狀況。也許你覺得被罵沒差,但魚販可不會這麼想。」

六、七家新設公司的專用信頭。

我們姑且稱呼其中一家為「X&Y有限公司」，假設這公司先向某家商譽卓著的「誠信貿易有限公司」訂購幾百英鎊的各色尼龍彈性布料。為了建立交易關係，X&Y也許會寫信給「誠信貿易」，宣稱「A&B有限公司[4]與本公司素有商業往來，鈞座大可向其探詢我方之信譽」。「誠信貿易」詢問過後，這「A&B有限公司」當然會回信表示X&Y有限公司信譽極為優良，經營高層也都是簡樸良善之人。但其實訂購信件與推薦信皆由萊斯利操刀，因為「X&Y有限公司」與「A&B有限公司」都是他創造的空殼公司。

「X&Y有限公司」在取信於供貨商之際，也會在顧客之間建立起優良商譽。這公司所販售的尼龍布料，不但比一般批發價格少四分之一，開出的發票還可以比批發價高百分之五，這等於是減少帳面上的利潤，壓低需要繳納的稅額，買布的採購經理可以為自己或幫公司拿回扣。X&Y會這麼做也非常合情合理，任誰都會覺得，這只是因為他們需要現金，如此一來業務量才能持續成長，並且促使供貨商允許該公司賒帳更高的金額。就這樣過了半年，X&Y總是很快就結清帳款。就像萊斯利所說，「交易紀錄乾乾淨淨，與銀行之間的金流往來也令人印象深刻——這家新商

---

4 A&B、X&Y就是萊斯利在他書中教戰守則段落裡使用的假名，藉此掩蓋那些他曾經真的用來騙人的空殼公司名稱，以免又惹上官司。這一切本來充滿「教育意味」，偏偏他天外飛來一筆，提及空殼公司A&B的冤大頭總裁後來「因為挨告而選擇結束生命」，氣氛即刻嚴肅了起來。

號是各家公司趨之若鶩的合作對象。」

　　這種交易模式在演出六個月之後，等到「X&Y有限公司」下了一張鉅額訂單，還有哪個信用管制人員會找麻煩？由於壓低售價，再加上萊斯利拿走了一部分錢，為了掩飾這兩大虧損，X&Y會在半年之間每個月都讓交易的賒帳金額翻倍：所以，一開始的嘗試性交易額只有大約一千英鎊，半年後他們已經可以藉賒帳購買六萬英鎊的尼龍彈性布料，然後馬上以四萬五千英鎊的低價轉手賣出。接著就進入了下個階段，克雷兄弟幫會要求X&Y的董事提出破產聲請，而且有可能A&B、C&D、E&F、G&H等多家用同樣方式行騙，此外互相擔保對方商譽的空殼公司也會聲請破產。

破產

　　公司「聲請破產」與「倒閉」是截然不同的。如果公司倒閉了，那只是表示它欠債卻無力償還。但破產的定義卻比較明確，意指公司此時已經進入某個程序，來處理倒閉的相關事宜。[5]

　　但歷史上的狀況卻不總是如此。人類史上有很長一段時間，並不存在類似破產法的法規，因此除了少數債務得以全面豁免的幸運案例之外，任誰只要借錢欠債，就必須耗盡所有財力還債，而且剩餘債務是不能消除的。在古代，債務人有可能喪失公民權，慘遭賣為奴隸，所得金額用於償債。舉例說來，雅典特別把債務人充當奴隸的期限限制在最多五年，因此可說是相當具有自由精

神的。至於莎翁名劇《威尼斯商人》(*The Merchant of Venice*) 裡面，猶太商人夏洛克 (Shylock) 要求欠債者割下一磅身上的肉還債，則是個警世暗喻，但也反映出現實世界中「欠債還錢」是非常嚴重的事情。即便到了十九世紀，仍有債務人監獄存在。不過隨著時間推移，欠債已經變成經濟體系能夠正常運作的一個關鍵環節，大家漸漸也有了個共識，認為徹底逼債是非常不公平且沒有效率的事，因此法律必須有所規範，讓債務人可以量力還債。

破產法的另一個創新之處在於「有限責任」(limited liability) 的概念。這概念源自於海商領域，逐漸引進英美商業法中，到了十九世紀中葉已經根深柢固。根據商業法的規定，公司做為自然人是可以跟創辦公司的人區隔開來，獨力承受債務與其他法律責任的。公司的責任號稱「有限責任」，只因公司破產後債權人就不能持續追債補償自己的損失，除非他們事先以白紙黑字與公司訂了保證合約。此一法律概念幾乎是問世後馬上就遭到騙徒濫用，但難道這會令人感到意外嗎？

---

5 儘管就詐騙案來講沒什麼差別，但對於某些案例而言，能夠聲請破產確實有著截然區別。這世界上某些欠款最多的債務人，其實並非自然人而是各國政府，因為這些政府必須籌錢來支應預算支出，填補預算缺口。儘管政府的確有可能「倒閉」，但卻沒有任何國際法來規範，所以並不能聲請破產。投資人的確可以透過某些法律措施來控告各國政府，有時候甚至沒收政府的外國資產來償債。但對於各國政府來講，卻沒有一套清楚的法律程序來聲請破產。如果你覺得這可以省去律師很多工夫，而不是讓他們更忙，那肯定是不了解律師這個行業。

所謂「無償債能力」（insolvency），儘管經濟學家、會計師與律師不見得都曾提出術語來說明，但他們的共識是可以區分為兩種狀況。如果某公司有一筆帳款到期卻付不出來，那就是「在商業上無償債能力」（又稱「法律上沒有償債能力」，抑或「沒有調動現金償債的能力」）。這時候公司應該付款的對象，就有權要求該公司必須向法院聲請破產。另一種「無償債能力」則是公司所有資產少於全部債務，那就是「嚴格來講無償債能力」（又稱「事實上無償債能力」，抑或「帳面上無償債能力」）。[6]這兩個狀況並不必然同時存在，因為我們常發現有些公司無法調動現金來償債，但公司名下仍持有許多高價資產。

不過跟克雷兄弟幫詐騙案比較有關的，是完全相反的另一種可能性：公司的資產極少，但債務極大，卻還沒達到「法律上沒有償債能力」的條件，因為它還沒有已經到期卻付不出來的款項。如果這公司是放任欠債金額越來越大，最終破產，導致債主蒙受更多損失，那就是「不當營商」（wrongful trading）行為。這也與那些「長期詐欺」的犯案模式很像。所以說，任誰當過某家破產公司的經營者，通常都必須接受調查，而且政府也會規定他

---

6 我們可以稍加擴大這種情況的範圍，有些公司算是「嚴格來講無償債能力」，但明明資產淨值為負，卻表現得像是有償債能力，還不慌不忙地透過交易翻身，變成真的有償債能力。為了解釋這種狀況，經濟學家往往睜一隻眼，閉一隻眼，主張「讓公司獲利的能力」也是一種資產，至於會計師則是聳聳肩，表示商界還有很多壞事比「嚴格來講無償債能力」還要惡劣。

們接下來有一陣子不能再經營公司了，所以萊斯利才會找許多冤大頭來當空殼公司老闆。

一旦進入破產程序後，通常債主都會發現，這些空殼公司沒有多少現金或資產可以償債，所以前述的「誠信貿易有限公司」與其他供貨商不得不承擔商業損失。萊斯利都是同時讓五、六間空殼公司進行這種操作，藉此也讓他找來的那群冤大頭「物盡其用」。透過這方式，克雷兄弟幫才能盡量不受到「不當營商」罪名的起訴，最後坐牢的都是那些冤大頭，不過誰叫他們要跟幫派分子廝混？坐牢要怪誰呢？何況他們也沒人敢當汙點證人。[7]

從「金髮女老千」奇案看抵押物問題

萊斯利並不總是需要利用倉庫才能夠行騙，最終也不一定要靠縱火或打劫來讓空殼公司倒閉。他也會參與一些白領犯罪性質較高的詐騙案，用這種方式在倫敦市金融區，也在倫敦東區詐財。對於克雷兄弟[8]與他們的軍師萊斯利而言，「分期付款詐騙」（hire purchase scam）與「保險詐騙」兩種方式可說是穩賺不賠。

---

7 萊斯利自己倒是供出了克雷兄弟幫的兩位老大。

8 當年的金融體系有很多漏洞，另一個克雷兄弟幫常用的手法是偷竊股權證書與債券。在那一切還沒有電子化的時代，任何金融交易都必須透過紙本憑證來進行，而且儘管上面都寫著持有人的名字，但不管是誰只要帶著憑證，任誰都會不疑有他。那時萊斯利活躍於國際債券市場，也與各國背景不單純的石油公司密切來往，看來他每次搭機飛往奈及利亞總需要保鑣護送——儘管保鑣可能不太可靠。

　　「分期付款詐騙」並不是什麼高招，重點在於利用假的抵押品來行騙，而這可說是一種歷史悠久且極為普遍的手法。史上知名的女騙徒可說相當罕見，但在萊斯利‧佩恩行騙的一個半世紀以前，就已經有一個人用過這手法，受害者是為數眾多的飯店。這綽號「金髮女老千」（the Golden Boos）的女騙子也是利用大量賒欠的原理，而她所憑據的是飯店業讓房客在退房時才付帳的單純行規，還有飯店經營者往往喜歡幫忙房客保管財物，這樣一來若遇到房客付不出錢，飯店才能減少損失。

　　任誰去過波士頓的某家飯店過夜，也許都會看到麻州法律規定在客房中必須標示以下警語：房客如果「假裝留下行李，藉此賒欠」，在該州是犯法的。為什麼麻州法律會這樣規定？重點在於「假裝」這兩個字，也就是把行李交給飯店保管，偽稱裡面裝有貴重財物，然後賒欠大筆帳單後在半夜偷溜，結果飯店人員最後發現行李中只有石頭或破布。[9]最擅長此道的女騙子無疑是芭芭拉‧厄尼（Barbara Erni）——她曾把列支敦斯登的飯店業搞得人人自危，因為留著紅黃頭髮而獲得「金髮女老千」這外號。

　　「金髮女老千」的行蹤遍及現今南德的阿爾卑斯山區，她隨身攜帶一個又大又重的行李箱（除了紅黃頭髮很顯眼之外，她也

9　英國電視喜劇《弗爾蒂旅館》（*Fawlty Towers*）在某一集也用過類似橋段，有個傢伙偽稱自己是「梅伯瑞爵士」（Lord Melbury），投宿酒店時把一個裝滿磚頭的行李箱交給旅館老闆巴席爾‧弗爾蒂（Basil Fawlty）存放在保險箱裡保管，接著跟老闆借了一百英鎊。

以力氣過人著稱）。她往往挑選最高級的旅店投宿，大吃大喝後賒欠鉅款，旅店老闆也沒在怕，因為他們以為那行李箱裡裝滿了財物珠寶。為了製造這種假象，事實上她投宿過夜時，總會要求店家把行李箱安置在旅店中最安全的房間。不過，等到她在下午偷溜了，大家才發現行李箱裡要不是裝滿石頭或廢物，就是什麼東西也沒有。後來厄尼小姐還升級騙術，在行李箱裡面藏人（藏個小孩或者身材矮小的成人，眾說紛紜），讓那人在半夜悄悄偷走同房間裡的財物，然後才與她偷溜。芭芭拉會與同夥在距離遙遠的安全地點重新會合，用行騙所得再買個大行李箱。儘管她在一七八四年遭逮處斬，成為列支敦斯登史上最後遭處決的人，但她的傳奇已經成為該國民俗故事，她的故鄉厄宣村（Eschen）甚至有一條「金髮女老千巷」。

就像那些列支敦斯登旅店老闆的心態一樣，任誰在放款給某家公司或個人時，只要手裡能持有對方的財物（這就是保管抵押品的概念），總是會比較放心。從兩方面來講這可以減少他們的放款風險。一方面，要查核借款者的背景比較難，但要確認抵押物的價值卻簡單多了，由於沒有人能百分之百確保借款人是否有還款的能力與意願，所以任誰都寧可面對抵押物價值有問題的風險。另一方面，如果抵押物的價值高於借款金額，與其賒欠導致抵押物被沒收，借款人肯定會拿錢來贖回，以免蒙受較大損失。所以照理說，任誰都會覺得借款人應該會設法還錢。最極端的狀況是，抵押貸款具有很強的法律效力，甚至能夠強制沒

收債權人居住的房屋，因此是相當安全的放款方式。就像銀行
界的俗諺所說：

> 「抵押貸款沒煩惱，
> 欠債就沒收，
> 非常牢靠。」

　　抵押品是信用的替代物。不過這種放款形式成功的前提，是
必須有強而有力的法律體制，一旦債務人還不出錢，能夠確保
放款人實際上可以獲得抵押物的所有權，甚至「變賣換現」。由
於法律規定非常微妙棘手，所以銀行必須靠律師才能把抵押物
據為己有，因此在律師寄給銀行的帳單裡才會有 perfecting an
interest、establishing security 等各種收費項目，其實它們都是
「擔保權益確立」的委婉說法。
　　不過，更棘手的狀況是抵押品本身就有問題，例如實際上根
本沒有抵押品，或者它是個裝滿石頭的行李箱，抑或同一個物品
同時抵押給好幾個放款人。如果借款人別有心機，以各種手法利
用抵押品來騙取信任，那麼再怎麼強大的法律體制也保護不了放
款人。有些人就會這樣行騙。也有些人甚至是慣犯。

「分期付款詐騙」與「保險詐騙」

　　萊斯利也會利用抵押物行騙，具體手法是購買老舊汽車來簽

訂分期付款合約。克雷幫派人前往歐洲購買一輛老舊的二手賓士車，帶回倫敦後請車商重新申請英國的車籍證件，換發的行照上面顯示汽車的年份是該年，也就是說他們雖然只花兩百五十英鎊購買這部老車，但從證件上看來它卻近似新車，可以賣到兩千英鎊。克雷幫會把車送給冤大頭，由他們與車商簽訂整整兩千英鎊的分期付款合約，再由車商把這合約以接近合約總數的金額轉賣給金融公司。這些公司會收到頭幾期付款，等到欠款人不再繳錢，他們才驚覺抵押品是一輛幾乎沒有價值的老舊破車。

後來萊斯利變本加厲──他發現可以只花五十英鎊收購事故車，藉此提高詐騙所得，因為提供分期付款交易的公司在簽約以前，不見得會發現那車子發生過事故。這種詐騙手法實在是利潤誘人，讓克雷幫可以兩頭賺錢：一方面透過分期付款合約向金融公司詐財，另一方面則是由於捏造提高了汽車的價值，所以可以用各種手法向保險公司索賠。而這第二種詐財手法，又讓他開始把歪腦筋動到保險業身上。

保險詐騙案的概念很簡單。他開設「佩恩軍師保險有限公司」[10]，讓人投保車險，收取了巨額保費，然後在保戶開始理賠以前，把所有錢轉匯到海外帳戶，接著溜之大吉。他面臨的阻礙只有一個：由於這種詐財手法實在太明顯，而且從保險業問世之初就已經隨之出現，所以政府對於保險公司創辦人的身分

---

10 這當然是瞎掰的，他沒用這個名字。

往往會設下極高門檻。創辦者必須證明自己在銀行裡存有鉅額資本。

　　萊斯利很幸運，因為銀行管制人員的警覺性就沒那麼高了。在倫敦開設銀行很難，必須回答一堆嚴厲問題，像是是否有犯罪紀錄、公司合夥人是不是黑幫分子之類的。但在加勒比海地區，你大可以在某家咖啡店外面掛上「巴哈馬群島歐洲交易銀行」[11]的招牌，那麼當地官員就會樂於把你登記為該銀行的所有人。接下來他可以在倫敦開設這銀行的分行，等到貿易委員會（Board of Trade）前來查證，倫敦分行的員工當然樂於證實戶頭裡有巨額存款[12]，接下來整個騙局就一帆風順了。在萊斯利·佩恩利用過的所有制度漏洞裡，只有這一個已經於事後亡羊補牢。

「罪無罰」[13]

　　最後，由於幾樁生意失敗，企圖與美國黑手黨建立關係也沒成功，萊斯利就跟克雷兄弟鬧翻了。克雷兄弟想要幹掉萊斯利，但只嘗試了一次，找「帽子殺手」傑克·麥克懷提去刺殺他未果，結果這位黑幫軍師決定轉列汙點證人，隔年克雷雙胞胎遭法院以

11 這也不是萊斯利使用的空殼銀行名稱。
12 不過，因為這倫敦分行的職員不是幫派分子，非得是沒有任何犯罪紀錄的人，所以為了取信於這些職員，萊斯利必須搭機飛往巴哈馬群島，召開銀行理事會，讓理事會同意借款，然後把這款項匯往倫敦分行的帳戶裡。結果是一樣的。
13 譯注：Crime without punishment，這標題影射杜斯妥也夫斯基的小說《罪與罰》。

謀殺罪定罪，至於克雷幫也開始瓦解，很大一部分是因為萊斯利提供了犯罪紀錄。而萊斯利自己卻因此得以脫身，轉變身分，成為遊走法律邊緣的生意人。一九九〇年，他安詳去世於倫敦的克羅伊登地區（Croydon）。他金盆洗手的過程是如此平靜，一如他的許多長期詐欺案結束的方式，以下是其中一個例子：

> 實際上這案子了結的方式當然是平凡無奇的。我的人只要不去上班就好。有兩、三個製造商的業務代表來敲門，離去時困惑不已，但一直要到幾天後他們才發現，我們的空殼公司已經人間蒸發。有誰能拿我們怎樣呢？會計師、銀行經理與幾個廠商的業務代表可能認得出布拉格斯〔克雷幫找來的冤大頭〕，但他可能是曼徹斯特人，所以已經回家啦。沒人知道他的真名或任何背景資料。在倉庫裡工作的空殼公司員工「跟其他人一樣納悶極了」——他們以為自己一定會被揪出來逮捕咧，但卻沒有啊。

與其他任何長期詐欺犯相較，萊斯利真是厲害太多了。無論是否有被抓到，行騙時他總能脫身，儘管常常需要到老貝利街（Old Bailey）上的中央刑事法院報到，但每次都能從前門離去，而非被當庭收押。他知道見好就收，也一定會先找好代罪羔羊。與其他騙徒的自傳相較，他在書裡鮮少自怨自艾[14]，較多篇幅是用來交代詐騙案細節。但隨著詐騙案型態一再演變，事實上萊斯

利已經算是小咖，因為後來出現越來越多大規模商業詐騙案，這些案子被新聞報導，有時候甚至影響了整個經濟體系。即便同為長期詐欺案，它們都比萊斯利的罪行嚴重多了。

14 萊斯利並未自憐，事實上他也不同情受害者或其他任何人。即便在自傳《江湖情義》裡面他偶爾會提及受害者人生遭毀滅，甚至自殺，很荒謬的是，在書中他還是屢屢宣稱那些打打殺殺、嚴刑拷打的壞事都是「公司」的其他成員幹的，與他無關。

2 長期詐欺案

Long Firms

「這世界上只有一件事比『收錢後不給人東西』更可惡，那就是買東西卻不付帳。」

——麥可・龐德（Michael Bond），

《柏靈頓熊上班去》（*Paddington at Work*）

「結束營業詐欺案」

在這向大家致歉，因為我詐騙了你們所有人。我不會用各種理由來牽拖，唯一的理由就是：我是個大爛人。對於每個受我影響的人我真的感到抱歉。我為了一己私利而騙了那麼多人，真是羞恥。不過，至少我沒有把錢拿去揮霍，過土豪般的生活。儘管我可以再多撐幾天，假裝跟大家說我會給你們貨，也正常回答問題，但我的目的已經達到，將會關閉帳戶。在此正式向我的客戶公告：這一切是從十二月十九到二十二日之間開始的。在那之後我已經沒有任何一丁點大麻菸和大麻膏的存貨了。我能說的只有這樣。

二〇一五年一月，名為「演化」（Evolution），專門販售毒品的網路商城出現上述公告，貼文者的帳號名稱是9THWONDER[1]，他的顧客原本只是想要上網問為什麼自己買的貨還沒到，但一登錄之後全都傻眼了。做這種交易的騙徒實在屢見不鮮，但會這樣道歉自白的還真不多見。網路上有不少鮮為人知的網站在進行各種違禁品買賣，交易平台都是利用一些隱密的網路瀏覽器——因為網路罪犯往往迷戀科幻小說的用語，所以把這種平台稱為「暗黑市場」（dark market），它們都是一些不折不扣的「黑市」，因為從一開始就有數不清的長期詐欺案出現。一方面會有這種情形其實不難想見，因為毒品交易的買家不可能去報案，所以他們是最完美的肥羊。做這種事情的人，有誰想被警察問東問西後遭起底黑歷史？但就另一方面而言，這一點可說再明白不過了，想當年「絲路」（Silk Road，史上第一個蓬勃發展的網路違禁品黑市）等網路平台問世時，所有創辦人都很清楚。所以這些「網路企業家」無不希望能夠幫平台建立一套防詐騙機制。為了避免遭誤解，其中許多位發表又臭又長的政治空談來說明自己的機制，特別強調自己的虛擬商場是個信奉自由主義的科技天堂，不需要傳統的法律來規範。不過，如果是這樣，為什麼還是有很多人淪為詐騙被害者？

這種詐騙方式簡單到幾乎不需要多費唇舌說明：賣家收錢後

1　譯注：意思是「第九奇蹟」。

謊稱會寄送毒品給買家（他們收的大多是比特幣等電子貨幣[2]），但卻沒做到。有趣之處在於，對於這種任誰都看得出的詐騙威脅，網路黑市大多有些管控機制，但卻都沒有用。

他們想出的辦法是「信託付款服務」。買家把比特幣匯給網路黑市的交易平台，讓賣家看得到付款紀錄。接著等收到貨了，買家才發送確認訊息，「釋出」款項，讓賣家可以拿到錢。如果貨沒到，買家可以向黑市的爭議調解機制[3]客訴，該機制透過雙方提供的證詞來斷定誰說謊，最後把錢還給他們認為比較有道理的一方。這整個買賣程序都是匿名進行，至於黑市使用的加密措施，我們就沒必要在這裡討論了，因為措施大多有效，**技術上沒有太大的缺陷**。

信託付款似乎是可以防堵長期詐欺案的有效保護措施。事實上，跟一些合法交易一樣，黑市也會使用某種信用查核機制，因此就連小額交易也能使用信託付款——相較之下，一般貿易公司所使用的信託付款方式都是由律師與銀行提供，所費不貲，但因

---

2 比特幣之類加密貨幣在設計時，都會做到跟現金一樣可以不記名。但加密貨幣並未做到百分之百匿名，使用者必須採取很多保護措施，才能避免自己的身分透過比特幣地址或「錢包」洩漏出去，而且一旦犯錯，那比特幣網站就會讓他們的全部交易紀錄曝光。「絲路」的經營者就是因為這樣曝光才遭起底逮捕。不過，想要透過比特幣地址追查使用者，需要很多資源，一般來講只有執法單位投入時間人力才能辦到，一般顧客可沒轍。當然，暗黑市場的賣家就是希望這樣，他們不想讓任何人知道自己的身分。這也意味著：很大一部分管控措施會因為加密措施而無法做到。

3 就我所知，這些黑市的客戶服務品質好到令人咋舌，也能充分與顧客互動。

為交易金額實在太大，他們不得不這麼做。信託付款機制大致上都是有效的。但為什麼還是有許多人淪為肥羊？那是因為沒有使用信託付款。

那為什麼不用呢？原來，無論是過去或現在，我們都還沒發明出有力的科技手法，來解決稍早已經指出的經濟事實：無論是買家或賣家，取得對方信任的永遠是比較強勢的那一方，而誰比較強勢則是由供需關係來決定。信託付款對於賣家來講非常不便。由於毒品賣家往往需要讓買家賒帳，為此也衍生了現金短少的問題，所以在拿到買方的貨款以前，他們必須另外籌錢買貨。[4] 信託付款的確能讓他們獲得較多保障，避免遇到賴帳的買家。不過，任何買家還是有可能遇上瑣碎甚或惡意的買賣爭議。屢見不鮮的是：某些無良商家會向對手下好幾十張訂單，然後針對每一筆交易進行客訴，藉此讓對手無法繼續經營。但賣家的最大問題是比特幣的幣值起伏不定，他們又會面對一般小型商家遭遇的兩難：必須用某種貨幣進貨（主要是美金），但貨款入帳時卻是另一種貨幣（比特幣）。由於黑市競爭激烈且價格全都透明，這些網路賣家比較不可能像街上的藥頭那樣提高售價，而且如果每週

4　即便是街頭毒品交易，賒帳也不是什麼難事。常有藥頭可以用三十天甚至九十天付款的條件購入大批毒品，這讓他們有時間把東西銷給其他藥頭或客戶。不過毒品交易的買賣雙方，還是常因為錢的問題擺不平而鬧翻，因此我們甚至可以在幾十部非院線片DVD裡看到相同的梗，毒梟的「賒帳帳本」變成故事焦點。

比特幣與美元的「匯率」波動太大，他們甚至可能會倒店。曾有人嘗試用各種手法來避險抗跌，但所需經費都太昂貴，而且全都成效不彰。

因此網路賣家都很討厭信託付款機制，所以也會借用自己的市場力量來迴避這種機制。交易量大、信譽可靠的賣家，會要求買家用簡稱FE的方式付款——也就是「提早成交」或「快速成交」，此一網路販售的特色讓顧客寧願放棄保護措施，也不選擇信託付款。許多買家最在意的，是能否以最低價買到最高品質的貨物，這讓市場上的賣家發現，只要降低一定的價格，顧客其實不在乎自己是否受到信託付款機制保護。

至於該降低多少？其實不用太多。當時黑市賣家非常重視道義，「絲路」的意見回饋機制也很精細（幾乎不比eBay遜色），這讓買家可以自行分析賣家的信用紀錄。跟一般的市場沒兩樣，黑市的賣家也可以設法建立商譽，促使買家不透過信託付款方式與他們交易。所以儘管網路黑市交易一開始不需要以商譽為根據，但最後許多賣家終究還是把傳統的商譽拿來當成詐騙的武器。

不過，網路毒品交易與一般市場交易的最大差異在於，其實沒有多少人會把網路毒品生意當成畢生事業，甚至把網路商店傳給自己的小孩。很多買家年紀漸增，從大學畢業，或者是惹上了官司，體悟到自己必須改變生活方式，這些都可能造成他們結束營業。

但既然已經在黑市建立起好名聲，如果直接結束營業，銷聲

匿跡，那不是太可惜了？

　　如果是「上道」的賣家，只要拒絕接受下單就好，但問題在於只有人品高尚的人才會這麼做，因為買家的錢匯過來之後就沒辦法追查去向了啊！這也就是為什麼「絲路」網站開始出現非常多「結束營業詐欺案」（exit scam）。某些極具規模的商家開始接受大批訂單，都要求買家用FE的方式付款（也許他們會說，自己是遭到競爭對手以上述信託付款方式進行詐騙，才不得不這樣）。他們甚至會「大減價」，藉此吸引最多訂單。然後就……捲款潛逃。比特幣一旦匯出，就無法追回了——加密貨幣就是這麼一回事。而且吃了悶虧的買家一般都不知道關於賣家的任何細節或地址，只知道賣家已經不再使用的帳號名稱。犯下「結束營業詐欺案」之後，任何賣家甚或可以捲土重來，另闢商號後從頭建立商譽，外人很難拆穿這詭計。[5]

　　到了「絲路」遭有關單位破獲關閉時，雖說它原有的市占率遭其他幾家規模較小的黑市瓜分，但「結束營業詐欺案」已經猖狂到影響網路黑市運行，導致新手買家人心惶惶。有人提出的解

---

5 我看過很多網路鄉民對於網路黑市的討論，卻發現「東山再起」的詐騙犯好像很少，也許是因為重新建立網路商譽要花太多成本與心血，因此對於想要留在毒品販售業的人來講，只靠詐騙賺那麼一筆錢實在太划不來。大部分這一類詐騙犯都是真的「金盆洗手」，他們偶爾會上網逛逛網路論壇，跟以前的網友們道歉，辯稱自己只是不想繼續當藥頭了。從某些案例看來，這一類詐騙犯的行徑，就好像是故意燒毀自己的店面，以免自己越陷越深，染上毒癮，或者是為了避免走回老路子，繼續當藥頭。

套方案是：不要貪小便宜，而且選用信託付款。不過這仍有問題。的確，賣家9THWONDER的客戶大可選擇「演化」網路商城的委託付款服務，但這也無濟於事，因為這商城本身就是詐騙犯經營的。那些詐騙犯某天銷聲匿跡，捲走了委託付款帳戶中大約相當於一百二十萬美金的比特幣。

「演化」當然是網路黑市的極端特例，而且原則上這問題可以透過科技手法來解決，也就是採用比特幣的「多方簽名信託付款」機制（multi-signature escrow），匯款時不能由某一方代表另一方匯出。不過，研究網路黑市的人似乎多少都認為這種科技無法普及[6]，因為使用上實在太不方便，而且買家甚至大多不願意錯過優惠折扣，因此還是會選擇用FE方式結帳。

說到底，我還是老話一句：詐騙是先前我說的「均衡數量」現象。預警措施往往昂貴或不方便（或兩者皆是），但信任卻不用花半毛錢。這意味著，為了省錢或方便起見，人們總是會選擇用信任來替代預警措施，直到信任導致他們付出慘痛代價，直到詐騙帶來理所當然的損失。等到這些損失超過預警措施的成本，他們才會改採預警措施，而非只是盲目信任。由於人們總是會在盲目信任與預警措施之間進行這種取捨，所以信任總是大家的選項，因此詐騙也總是會繼續發生。假設某個體系在並非人為介入

6 喔，這種研究者真的存在，只是沒有人會讓真名曝光。他們主要是部落客，但從發文內容看得出他們應該是金融顧問、掮客，研究的目的無非是為了推廣比特幣付款，或者宣傳他們自己的市場與信託付款服務。

的狀況下，持續出現某個現象，通常來講，我們應該可以確認那現象的成因與經濟有關。

　　長期詐欺案的罪犯往往必須面對一個核心問題，而「結束營業詐欺案」是解決方式之一。他們的問題是，要怎樣提升自己的信任度，才能夠取信於別人，進而靠一樁詐騙案大撈一筆？如果是「結束營業詐欺案」，詐騙犯就沒必要耗費時間與心血來偽裝，表現出一副正當賣家的模樣。因為他們做的本來就是正當生意──或者像「絲路」網路黑市那樣，表面上看來是正當的生意。不過，就是因為這個理由，「結束營業詐欺案」發生的機率相對較低，因為這類案子需要某些客觀條件結合，但並不是那麼容易。正當生意人通常不會在一夜之間淪為罪犯。就算真會這樣，他們犯的罪通常也不會毀掉他們所建立起來的公司商譽與價值。[7]在一般商業活動中，既然生意已經做起來了，很少人會像網路毒品賣家那樣毀掉自己的事業。所以一旦正當的公司開始做起了長期詐欺案，總是會同時做其他幾件壞事，因此也會多幾個被害人。接下來我會介紹兩個案例的異同之處，主角是兩家剛開始正當經營的公司（至少大致上沒有問題），但卻因為老闆人謀不臧而漸漸走上不歸路，犯下了徹頭徹尾的龐大詐欺案。

7　成功的公司很少犯下「結束營業詐欺案」，我找到的唯一案例是個家具公司，不過這公司之所以大發利市，本來就是因為它專門幫長期詐欺案的罪犯洗錢。最後，家具公司老闆想退休了，決定狠撈一筆，所以就充分利用了他在長期詐欺案領域的知識、經驗與人脈。

沙拉油大王

綽號「提諾」的安東尼・德・安傑利斯（Anthony 'Tino' De Angelis）曾說，「我靠著騎自行車來鍛鍊體格，手勁與腿力都很強。」言下之意，他可以把人握手握到指關節受傷。提諾是個矮子，但身材壯碩，他在盛年時身高一六五公分，體重超過一百一十公斤，臉長得像非常不爽的勞勃・狄尼洛（Robert de Niro）。他曾多次贊助自行車賽，用公司的名義捐款買自行車給貧童。他是美國蔬菜原油公司（American Crude Vegetable Oil）的老闆，與當時的幾家大公司相互競爭，試圖壟斷大豆油市場。提諾每個月花數千美元購買葬禮花圈，因為正如他所說，「人哪有不死的？」他獲得了「沙拉油大王」的稱號。

提諾早年就曾留下犯罪紀錄。年輕時他在紐約布朗克斯區就是有名的快手屠夫，二十出頭就開了一家豬肉處理公司。二戰期間美國政府有後勤工作的計畫，他因為是屠夫而免於上戰場，而且有些流言繪聲繪影，說他是個黑市商人。一九五〇年代，他的公司因為承接學校營養午餐，溢領政府經費而被定罪，商譽毀於一旦，他自己也遭控做假帳、做偽證。但由於某個關鍵證人在最後一刻患了「失憶症」，這事最後不了了之。這簡直就像電影《教父》的情節，唯一的差別在於提諾撈到的「油水」更多——畢竟他就是靠豬油、豬內臟賺錢的。

像他這種背景的義裔美國人，身邊總會有各種謠言與臆測。

很多人相信，那些謠言其實都是他自己散布的，理由是這樣一來借錢比較方便，因為會讓放款給他的人認為他有很多管道可以弄到黑錢，還債不是問題。儘管提諾曾數度惹上刑事官司，卻沒有可靠證據顯示他跟黑手黨有明確關聯。身為披薩師傅之子，他卻累積了數百萬美金的鉅富，但他與黑手黨教父唯一的相似之處，就是他懂得用慷慨餽贈來收買人心。美國蔬菜原油公司的幾十個員工對他也都是忠心耿耿，因為他給的薪水是其他公司的好幾倍。提諾的得力助手們甚至以能夠請他喝酒為榮，就算為此要在布滿玻璃碎片的地面上爬行，他們也甘願。

提諾的公司開在紐澤西州的貝永市（Bayonne），與華爾街僅僅相隔一條哈德遜河。從貝永海濱的一排排碼頭、倉庫、巨大油槽往對岸一看，只見許多大銀行矗立在華爾街上。貝永曾有渡船可以搭往曼哈頓，不過如果你帶著跟提諾一樣的公事包，最好還是別以身試法。別忘了，如果帶著假造的債券到另一州去，犯下的可是聯邦罪。在提諾的最後一場官司中，這變成了定罪關鍵。

儘管與提諾及其罪行密切相關的商品向來是沙拉油（這是因為小說家諾曼・梅勒〔Norman Miller〕寫過一篇得了普立茲獎的報導作品，收錄在《沙拉油大騙局》〔The Great Salad Oil Swindle〕一書裡），但其實舉凡黃豆產品，他的公司都很有興趣。想當年，食物都比較平淡無味，在美國「沙拉油」就是指最高等級的黃豆油。（至於在義大利與西班牙，騙徒則是用另一種油來創造自己的詐騙史。橄欖油能夠獲得高額補助，又有各種等級，所以才會

成為騙徒歡迎的詐騙工具，詐騙手法則無奇不有，有人用劣油冒充「初榨冷壓橄欖油」，也有人宣稱製造的是橄欖油，卻連橄欖樹都沒有種。）

　　提諾之所以把腦筋動到黃豆油，是因為美國產量嚴重過剩，為此農業部創設了「糧食換取和平」計畫（Food for Peace），用來補助出口商，藉此處理掉過剩的大豆油，主要出口地是歐洲。黃豆油的用途非常廣，可以當油炸用油、燃料，也可用於塑膠製程，所以有非常大的出口市場。即便有些國家自己能製造沙拉用油，還是會進口大豆油。不過，黃豆油的交易非常政治化而且不透明，只有幾個國家可以在國際市場上呼風喚雨。（基於某個理由，與西班牙交易大豆油是由天主教教會主業團〔Opus Dei〕控制的）。由於過程完全是不正當的，這也成為交易的一大優點，就像跟許多貧窮國家的政府做生意的狀況一樣。也別忘了，當年大豆油的價值比現在高多了。一九六〇年代晚期，一公噸大豆油大約兩千美金，而當時只要將近兩萬美金就能買到一間新屋。提諾做的大豆油生意都是以幾千公噸計的。

　　由於提諾的生意手腕絕佳，對於價格的敏感度更是厲害，所以美國蔬菜原油公司的市占率越來越大，最後成為最大出口商，幫美國中西部的油農仲介販油。不過，為了爬到這個位子，公司必須持續投資，這也意味著不得不融資。但誰會借錢給提諾這種傢伙？跟先前許多案例類似：就是那些貪心、急著想要放款，又不知道自己在做什麼的人。不幸的是，美國運通公司（American

Express）新成立的放款部門剛好符合這三個條件。

那是一九六〇年代初，商界人士吃午飯時一定都要喝上四杯馬丁尼，有意無意的性騷擾時有所聞，還有沒穿高級訂製西裝的人根本不用出來混。這一切商界文化早已是許多影視作品與小說的揶揄對象。不幸的是，當年還有許多老闆喜歡說，「我不管啦，總之幫我搞定就是了！」然後什麼都不確認就一走了之。美國運通公司當時的政策是，每個部門都必須賺取至少五十萬美金的利潤，至於怎麼賺，感覺上公司是完全不在乎的。現在回顧起來，這實在是太好笑了：只要有任何一個白領罪犯走進這家公司辦事，毫不費力就能騙到錢啊！而提諾剛好找上美國運通的放款部。

儘管公司老闆的風評極度不佳，但美國蔬菜原油公司還是找到解套方式。他們用抵押品來借款，也就是所謂的「倉庫質借」。這種把交易商的存貨當成抵押品的融資方式，是跟金融業一起誕生的，可說歷史悠久。做法是：交易商必須把一部分存貨運往某家大銀行的安全倉庫裡，一經核對、存放，倉庫會開立收據。接著交易商可以把這收據拿到華爾街的任何銀行，憑據借款。基本上銀行之所以放款，是因為獲得了倉庫所有者，也就是另一家銀行的擔保。這銀行也因為持有借款公司的貨物，而願意擔保。如此一來公司借得到錢，兩家銀行也不用太擔心公司老闆的償債能力與誠信度。原則上這一切是非常方便的，因為借款的公司可以拿著倉庫收據到處詢問，找到利息最低的銀行，這過程中不用把貨物運往一家又一家銀行。倉庫收據重要無比，有它就借得到錢。

這種存貨質借的作法還是有缺點。例如，蔬菜油有專門的存放方式，不是任何倉庫都能勝任的。為了拓展生意，達到營業目標，美國運通放款部的人員對前來融資的公司都很親切，也願意承擔風險，所以他們決定發明「就地倉儲」（field warehouse）。他們擴大倉庫質借的範圍，允許借款方把抵押貨物存放在自己的貨倉裡，但是擔保銀行不但把借款公司人員納為自己的人員，也不定期派遣稽核員前往查貨。

提諾的公司使用的，是紐澤西州貝永市的「油槽區」，但它實在不是個理想的儲油場所。每到冬天，貝永市冷到蔬菜油會結凍，而那些油槽都是原油油槽改建而成的。油槽的管理人員都是當地人，都是提諾「情同家人」的手下，就算他們名義上已成為美國運通倉儲公司（American Express Warehousing Inc.）的員工，這一點也不會有任何改變。就地倉儲運作方式的特色之一是，美國運通會把要發放的員工薪水交給借款公司去發放，所以美國運通沒有理由去查核公司員工的薪水，質問為什麼那些倉庫管理員的薪水是其他公司倉管人員的兩、三倍。

為什麼薪水那麼高？當然是因為提諾常常需要他們幫些小忙。這也跟油與水無法交融有很大的關係。具體說來，就是因為油會浮在水面上，因此美國運通的稽核員很難看出油槽裡到底是裝滿了沙拉油，還是裝滿了海水，只有幾加侖沙拉油浮在海水上面。這些倉管人員也布置了幾個造假的油槽：他們把長長的鐵管焊接在油槽裡，把鐵管裝滿沙拉油，因此從鐵管深處採樣也都是

沙拉油而非海水。為了應付抽檢，他們甚至設計出高明的抽油系統，讓同樣的沙拉油可以在不同油槽之間流來流去。

　　沙拉油是用船隻與卡車載來的，也是用船與車運送給客戶。美國運通的稽查員都是從渡船頭搭渡輪回曼哈頓，由於太冷，他們總是一邊對著雙手哈氣，一邊簽署單據，確認沙拉油還在貝永市的油槽裡。提諾的公司繼續拿這些收據去借錢。美國運通倉儲公司有了提諾這個出手闊綽的大客戶，而且為了專心經營這項最賺錢的業務，甚至賣掉其他與提諾無關的「就地倉儲」業務。幾十個幫提諾當差的義裔美國人，全都過著揮金如土的生活，那一番榮景是他們在童年無法奢望的。提諾也變得越來越「肥大」：他的確越來越胖，但並未變得更高大，只是變成了沙拉油「大王」。

　　結果，命中注定的那一天到來了。有個化名「泰勒」的線民打電話給美國運通公司，宣稱提諾是個騙子，貝永市的油槽都動過手腳。這位線民說，如果想要更多線報就要給他五千美金。美國運通就地倉儲公司（Amex Field Warehousing）的總裁唐諾·米勒（Donald Miller）立刻展開行動。光是在稽查的第一天，稽查員就在全部抽檢的五個油槽裡都驗出有水。接著他們就回家去過週末了。

　　過了週末，到第二天與接下來好幾天的稽查行動進行時，全部油槽裡裝的都換成了沙拉油。因此稽查員宣稱，頭五個稽查樣本不算數，因為從統計學的角度看來這種事情常發生，很可能是因為蒸汽管故障，水跑進油裡，採樣才會抽到水。在那經濟繁榮、

豪飲波本威士忌的年代，大家的判斷力與敏銳度就是差了點，因此米勒總裁居然把樣本送交美國蔬菜原油公司的化學主管進行分析，而非交給外面的獨立實驗室。事後他承認這也許是個錯誤，但還是辯稱，「他們應該知道自己的油槽裡有什麼啊！」

時間來到一九六三年，提諾的借款需求更急切了。首先，他會弄走公司的錢，結果總計在某個瑞士銀行裡存了五十萬美金——後來這讓他又多了一條罪名，服刑時間也加長。（不過，據幾位會計師推測，他挪用的公款可能將近三百萬美金。）其次，提諾是個夢想家。不過他的夢想變來變去，而且總是想要騙人，從別人身上撈油水。無論如何，他是個大夢想家。第三個理由是，他的公司因為參與了美國政府的「糧食換取和平」計畫而捲入溢領金額的爭議，提諾說他是被人陰謀陷害，因為天主教教會主業團裡有人與他為敵，但所有人都心知肚明，這是一樁作假帳的案子。

於是提諾想出了怎樣脫困，而靈感還是來自他對於蔬菜油的國際市場有著非常透徹深入、絲毫沒有偏私的了解。一九六三年稍晚，大家都發現蘇俄的葵花籽油歉收。如果俄國需要進口黃豆油來取代葵花籽油，而美國政府也願意解除俄國的禁運令，那麼就會出現一個新的市場。加上提諾的公司是大豆油國際市場的最大貿易商，這讓他們占據了非常有利的位子。提諾開始跟中西部大豆油製造商購入越來越多油，也用這些存貨越借越多錢。他還開始在期貨市場上進行投機買賣，但事後證明這實在是不智之舉。

　　沒有人完全清楚他為什麼要去做投機買賣。身為大豆油交易商，他宣稱自己手上的存貨已經將近美國一整年的製油量，顯然他實在不應該持續購入更多的大豆油期貨合約。有時候，提諾的作法讓人以為，他是為了確保自己在拿到俄國的合約後，有足夠的大豆油貨源，畢竟他可不能拿海水去交貨啊。但有時候看來又像是他想要操弄期貨市場，讓價格往上衝後在高點脫手。[8]總之，提諾就是我行我素，他用最不正當、又充滿操弄手法的方式購入期貨，包括跟幾十個營業員下單，讓人覺得市場上真的會出現龐大需求。不難想像，提諾用過去對待生意夥伴的方式，來攏絡芝加哥與紐約的期貨營業員，讓他們嘗到他那可怕的握力與熊掌般的拍背手勁，也常常收到他送的花，還承諾將贈予凱迪拉克名車。高額佣金當然是不在話下，而這似乎也蒙蔽了他們，以至於沒有人搞得清楚提諾的把戲。

　　其實，到這時候提諾借錢不應該那麼簡單，早該變得很困難了。從數據上的儲油數量看來，他手頭的油量已經遠遠超越美國的全國產量，更不合理的是，數據顯示的大豆油油量居然比公司所有油槽的儲存量多出百分之三十。面對外界提出的質疑，美國蔬菜原油公司總是用兩種方式來應對。首先，他們說公司跟海港油槽公司（Harbor Tank Company）承租了一個新的儲油區，就在

8　如果這是他的打算，那用我們這一行的術語說來，他想犯的罪就是「操縱市場」（market corner）。關於這種罪行的機制，還有為何需要靠法律來遏止，請參閱本書第九章的「小豬連鎖商店操縱案」（Piggly Wiggly Corner）。

自家儲油區的不遠處。不過,大家都知道那個新儲油區比舊的更糟糕。新儲油區也位於非常寒冷、荒涼、陰鬱的地方,儲油狀況更是跟笑話沒兩樣。某些油槽是提諾手下的「特製品」,槽內焊著用來作弊的管子。有些甚至由一些石油公司承租,裡面儲有燃料。破產後幾位資產盤點人員還發現,還有一些油槽根本就不存在。海港油槽公司的沙拉油油槽區,是由提諾的老友喬伊・羅慕斯丘(Joe Lomuscio)營運。

第二個應對方式就單純多了。提諾趁某次造訪美國運通公司,從辦公室偷了一本空白的倉庫收據,開始自己隨意填寫。

我們大概可以說,事態發展到這時已經失控了。

業務員常跟人聊天,這行業的本色就是如此。無論在紐約或芝加哥,交易所的人總有很多雞尾酒聚會,除了談生意也交換流言、情報。如果提諾固守實體的大豆油交易市場,避開期貨交易,很可能會更久之後才東窗事發。不過就在夏秋交替之際,流言蜚語已經開始發揮作用。從餐桌到擦鞋攤,從通勤的火車到鄉村俱樂部,財經界人士已經開始發現很多營業員跟一家家不同公司下單,但其實背後的客戶都是同一個人。期貨市場上並未出現對大豆油的大量需求,都只是提諾在搞鬼而已。

期貨市場除了價格波動巨大,只要有不利的因素出現,任誰都有可能要求你立刻拿出現金來結帳,所以若讓大家知道你處境艱困,是很危險的。交易員一旦緊張起來,他們可能會要求顧客削減下單數量,或者拿出現金確保自己有錢賠償損失。提諾不能

減單，因為他就是想要靠持續下單來維持住油價。當然，要他拿錢出來他也辦不到。

結果，一連串事情就這樣發生了。國會本來持續商議著是否要與俄國簽訂一樁小麥出口的合約，市場人士普遍認為，要是小麥的合約告吹，大豆油當然也無法出口。如果蘇俄不買大豆油，那可能意味著不會有別人買，因為提諾的投機交易已經把大豆油的價格炒得非常高。結果大豆期貨市場崩盤，而期貨衍生了巨大損失也意味著美國蔬菜原油公司別無選擇，只能宣告破產。這不但把大豆的期貨市場攪得天翻地覆，甚至還有某個營業員必須由交易所幫忙安排紓困。等到公司宣告破產，清點財產的人員抵達貝永市，他們發現一百個油槽裡裝的都是海水，提諾那些忠心耿耿的員工已經離開，這次沒人幫他施展障眼法了。美國運通公司驚覺他們損失的擔保品相當於一億五千萬美元，這在當年可說是一筆天文數字，相當於現在的十億美元。要不是甘迺迪總統在同一週遇刺身亡，媒體上肯定有更多關於沙拉油詐騙案的報導。

提諾仍在人世。他遭判刑二十年，但只坐了七年牢。他在獄中為自己設計了一套健身與飲食的特殊方式，把體重減為七十七公斤。出獄後他接受《生活》雜誌（Life）專訪，表示「入獄反而救了我一命」，路易斯堡（Lewisburg）聯邦監獄簡直像「鄉村俱樂部」。

根據幾名獄友的證詞，提諾常常鼓勵他們，要他們轉行後好好打拚，別再犯罪了。但提諾自己卻在一九八〇年再度遭判刑十

六年，因為他又犯下一樁與沙拉油無關的詐欺罪。

提諾的沙拉油詐騙案是電視劇《廣告狂人》（Mad Men）所描寫的那個年代裡，最大宗的白領犯罪醜聞。他利用一堆造假的倉庫收據犯下了長期詐欺案。[9] 在放款方看來，這實在是一場結合了所有完美條件的風暴，他們躲也躲不掉。在當時，就地倉儲仍是個新的金融工具，沒有人想通所有利弊得失。讓抵押品就地倉儲的美國運通公司新部門，又剛好承受了龐大的業績壓力，公司給的困難目標導致他們必須找到大客戶。而貝永市油槽區的管理人員又不須花多少錢就可以收買。更要命的是，油會浮在水面上。

如同我一再強調的，這一樁詐騙案還是「均衡數量」現象。

為什麼美國運通會蒙受鉅額損失？因為他們讓人用假油借錢。為什麼他們讓人用虛構的抵押品借錢？因為他們把保管抵押品的要務交給了一群提諾的手下，事後才發現他們不值得信任。但他們又為什麼要讓他們看守抵押品倉庫呢？純粹只是這麼做比較省錢。但為什麼這比較省錢？因為這筆交易所帶來的利潤不多，但若要採取嚴格的控管措施來避免詐欺，得花更多錢。接下來我們要論及的，是最後一個「為什麼」。

為什麼總是有人想要在核對、稽核與防詐等措施上省錢呢？

因為詐欺不是常態，而是所謂的「尾部風險」（tail risk）。在人人彼此信任的先進經濟體系裡，很多公司可能與其他公司做了

9 嚴格來講，那些提諾偷來的倉庫收據都是真的，只是他把油槽裡的海水偽裝成油。不過提諾自己真的偽造了一些收據。

多年生意，卻沒碰上提諾這種手法精細的詐欺犯。而一般生意人與凡人無異，往往會忽略了那些機率較低、比較罕見的事情。任誰都可能輕易認定，儘管詐欺損失可能會帶來嚴重後果，但這種風險可說是小到趨近於零，所以在做生意時，大家就假定根本沒這種風險。這也意味著，在競爭激烈的產業裡，能夠拿下生意的人總是出價最低者，而非最聰明的人，所以業界人士總是承受著成本壓力，希望很快就取得削低成本的優勢，因此對他們而言，那些防詐措施既然並無直接產值，看來都只是一些繁瑣行政程序，當然就能省則省。

從騙徒的角度看來，這一點顯然有利可圖。提諾是個罪犯，他的目標都是自私自利、毀人毀己，但他並非假貨，而是貨真價實的沙拉油大王。他的黃豆油交易量比任何人都多，而且由於參與「糧食換取和平」計畫，出口市場也由他獨霸。他甚至為業界帶來創新之舉，宣稱自己是第一個改裝油輪來裝食用油的人。要不是提諾幻想著壓榨製油商，獨霸期貨市場，吃下整個業界，他的美國蔬菜原油公司肯定能發展得長長久久。正因為他的這些如意算盤，還有想要藉由生意來非法套現，他才不得不開始使用海水、特製油槽與偷來（還有偽造）的收據行騙。如果黃豆油的價格持續飆升（不過這並不可能），他甚至有可能逃過一劫，詭計得逞。

提諾以巧妙手段把自己的正當生意改造成詐欺事業，這印證了任誰都能利用正當的商譽來進行長期詐欺案。能拿來與提諾的

案例對照比較的，是另一個可能的劇本：史無前例的OPM電腦租賃公司（OPM Leasing）詐騙案。

OPM：別人的錢

非常諷刺的是，這家騙錢的公司叫做OPM，就是「別人的錢」（other people's money）的縮寫。一九七〇年，莫德凱・懷斯曼（Mordecai Weissman）本來想要把他成立的公司命名為「電腦租賃服務部」（Leasing Services Division），但覺得縮寫LSD跟迷幻藥同名，不太好聽。所以他決定把公司的商業模式拿來當公司名，巧合的是，犯罪學家唐諾・克雷西（Donald Cressey）在一九七二年開始寫的瀆職詐騙（occupational fraud）[10]研究經典之作，書名也叫做《別人的錢》（*Other People's Money*）。

OPM電腦租賃公司的兩位創辦人對於縮寫好像有一股執念。在事業如日中天之際，另一名創辦人甚至曾經打算標下紐約市的多功能娛樂中心麥迪遜廣場花園（Madison Square Garden），只因為他叫做麥隆・古曼（Myron S. Goodman），縮寫跟麥迪遜廣場花園一樣。

懷斯曼與古曼合作無間，兩人都跟喜劇演員馬克思兄弟（Marx Brothers）一樣喜歡搞笑，也跟好萊塢電影《華爾街》裡的股市大亨高登・蓋柯（Gordon Gekko）一樣喜歡搞錢。他倆的妻子

---

10 瀆職詐騙是指利用職務之便進行的詐騙案。

是親姊妹，在信奉東正教的猶太人社群中，都是備受敬重的慈善家，信仰虔誠、溫文儒雅。每次開會前古曼都會引述《聖經》的詩文，至於懷斯曼則是曾於一九七三年暫時放下手邊生意，到以色列參加以阿戰爭，幫忙對抗埃及。他們住在紐約長島，用直升機通勤前往曼哈頓，直到鄰居抗議噪音才不得不作罷。莫迪（莫德凱的暱稱）是個業務A咖，懂得利用回扣收買人心，而麥隆則是個辦公室控制狂，偶爾會隨口威脅員工，說要把他們閹了。要不是他倆對於商業倫理與常識真的毫無概念，也許還可以稱許他們為「行動者」與「有德之士」。

OPM公司的商業模式還真是用別人的錢來經營——他們從事電腦租賃生意。別忘了，在那個年代，買電腦可說是資本門的大型投資。IBM的第一台個人電腦（PC）一直要到一九八一年才問世，那時候OPM公司已經被判死刑了。不過在莫迪與麥隆的全盛時期，所謂「電腦」是一個大型鐵盒，擺放電腦的房間需要空調與加厚地板，要價可達幾百萬。許多公司的研發部門都有特殊團隊，唯一的職務就是隨時掌握科技發展，而且在一九七〇年代美國企業界，任誰只要被任命為「電腦策略部主任」之類頭銜，都會變成當紅炸子雞。

電腦不僅昂貴且很快就會過時，不過政府也提供很多減稅措施，鼓勵企業採購電腦。這一切理由都讓業界流行租用電腦，而非把電腦購為己有。[11]OPM公司的做法是讓莫迪與客戶見面，了解對方的技術需求。然後由麥隆向銀行申辦短期的「過渡性貸

款」（bridging loan）來購買電腦，而莫迪則是進一步了解客戶有哪些非技術性的需求——通常都是回扣，或者要求 OPM 公司捐款給某個他們偏好的慈善團體。租約就這樣談成了。

這時候，「別人的錢」就變成不可或缺了。某家投資銀行會幫助莫迪與麥隆找到金主，通常是某個退休基金、保險公司，或者其他希望能有源源不絕租金收入的投資者，至於他們倆的投資銀行一開始是高盛（Goldman Sachs），但 OPM 公司的野心實在是異想天開，嚇走了高盛，於是後來換成雷曼兄弟。OPM 會把租約「賣給」投資者，換來現金後拿去償還過渡性貸款。這讓公司累積出良好的銀行交易紀錄，也讓莫迪能夠到業界尋找更多新客戶。

到這為止都算是很單純。不過，麥隆是個控制狂，因此他可不會允許租電腦的公司直接付租金給投資者，而是一切都要透過 OPM 公司。這就形成了一個資訊黑箱，而且後來也是他倆能犯下詐欺案的關鍵要素。因為這意味著承租方與金主完全不清楚交易內容，一方付多少租金與另一方收到多少錢，全是麥隆說

11 為什麼減稅措施會讓許多公司寧租不買？基本上，虧損對於科技公司來講是家常便飯，而且如果公司的稅額是負數，就用不到減稅措施了。所以除非擁有電腦的公司是賺錢而需要繳稅的，否則減稅優惠就浪費了。因此從稅務規劃的角度看來，比較合理的做法是讓擁有巨額、可靠利潤的保險公司來購買電腦，才能夠減稅。對於這一點，政府的稅務人員通常會給電腦租賃公司些方便，因為通常來講租賃公司至少會把一小部分利潤回饋給科技公司，也就是跟他們租電腦的客戶。

了算。這種狀況在我們這一行的術語裡有時被稱為「鏡像交易」（mirrored transactions），但事實上在OPM公司詐騙案中，根本就沒有「鏡子」存在，就像馬克思兄弟主演的電影《鴨羹》（*Duck Soup*）裡面，鏡子打破後，格魯喬‧馬克思（Groucho Marx）站在空蕩蕩鏡框的一邊，模仿他兄弟在鏡框另一邊做出的動作。

　　另一個重要特色是，在租約期滿後電腦仍在，但擁有租約的投資者無意從事二手電腦販售。所以「殘值」就交給OPM公司處理了。因為電腦租賃是非常競爭的行業，儘管電腦非常昂貴，租賃公司一般都會壓低租金，最後靠電腦的殘值把錢賺回來。任誰很快就能看出兩件事：首先是，把電腦的殘值搞清楚，是非常重要的；其次，如果有哪一家公司總是故意高估電腦殘值，讓租金有很大的降低空間，那很可能可以在短期內稱霸市場，但長期來講卻會有很大問題。莫迪與麥隆都很有野心，希望能拓展公司規模，卻不會精打細算，天生就不擅於掌握各種紀錄。古曼甚至曾經飆罵他的查帳員：「我開公司是要賺錢的，不是要開來寫財務報表！」他倆如果是做其他生意還好一點，但從事電腦租賃實在是再糟糕不過。

　　從比較合理的記帳方式看來，OPM公司每年都賠錢，但他們實際上用的方式並非如此。莫迪的典型經商模式是不擇手段搶下生意，但忽略了是否賺錢。他們跟「洛克威爾國際」（Rockwell Inc.）這家航太製造商發展出緊密關係，而且讓該公司電腦策略部主任薛尼‧哈辛（Sidney Hasin）感到震驚不已的是，OPM總是

能用遠比競爭對手優惠的條件拿下租賃合約。案發後洛克威爾的人士回首前塵，承認他們若能保持敏銳與懷疑，就不會捲入這詐騙案了。

電影《緊急追捕令》（Dirty Harry）於一九七一年問世，綽號「骯髒哈利」的卡拉漢探長（Dirty Harry Callahan）就此誕生。麥隆跟哈利是同一型人物，他不守成規，但總能做出一些成績。但關鍵的問題在於，莫迪談下來的生意幾乎都無利可圖，所以當他們把租約賣給投資人，拿到的現金並不足以償還過渡性貸款。又或者，拿到的現金足以償還貸款，卻不足用來支應公司常常付給兩位創辦人與諸位管理高層的「預付款」。

OPM以非常獨特的方式解決這問題，而且非常符合該公司做生意的模式，風格像低俗打鬧喜劇一樣滑稽。OPM電腦租賃公司的接待區有一張玻璃茶几，莫迪總是躺在茶几下用手電筒照射桌面上的租約，讓麥隆趴在桌上描摹租賃客戶的簽名，調高電腦的價值，藉此貸得較多過渡性貸款。等到貸款非償還不可了，OPM總是會把電腦抵押給兩、三個金主，這手法跟萊斯利・佩恩一樣。（佩恩的案例請參閱前一章。）很荒謬的是，從OPM公司醜聞的官方紀錄看來，這還算是他們比較誠實的時期。從各種混亂且不完整的公司紀錄看來，在這階段他們只是從債主手上騙錢，藉以維持現金流量，而不是真的去偷錢——不過，無論是騙錢或偷錢，都是違法的。

他們甚或覺得自己打的算盤沒錯，有朝一日公司肯定能靠轉

售電腦而開始獲利。儘管這想法很荒謬，但因為他們有個很聽話的會計師，所以公司總是提交獲利的紀錄。他們甚至在路易斯安那州買了一家銀行，不過這件事也導致高盛最後決定撒手不管OPM公司，理由在於：這樣毫無經營能力的團隊，居然入主了政府管控嚴格的銀行業，後果會有多慘可想而知。

莫迪不只高估電腦的殘值，降低租金，還犯了一個錯，就是讓租電腦的客戶享有脫逃條款的優惠，可以提前解約。任誰只要花點時間思考一下一九七〇年代電腦產業的狀況，就知道這個錯誤有多致命。

為什麼呢？在那個時代，「摩爾定律」（Moore's Law）已經預示了電腦微處理器科技會開始翻倍成長，這意味著OPM公司的命運，終將取決於IBM公司升級微處理器的速度。每當有新電腦問世，較早機型的轉售價值就會直線下降。如果簽的是長約，租電腦的公司就甩不掉已經過時的機器，但如果合約有脫逃條款，那麼就能夠升級電腦，在最糟糕的時機把舊電腦的殘餘風險（residual risk）丟給OPM這一類公司。麥隆與莫迪除了壓低租金，還把一切賭注都押在某個後果悲慘無比的策略上──只有電腦發展的速度變成龜速，這策略才能奏效。

結果電腦的發展並未慢下來。OPM把價值幾百萬美金的IBM 370超級電腦租給洛克威爾公司，而且所有合約都有脫逃條款，解約也只需要極低費用。一九七七年三月，IBM發布全新的3033系列電腦，你猜他們的反應是什麼？麥隆說，「我差點暈

過去。」OPM公司買來租給洛克威爾的所有370超級電腦，此時全都淪為老舊科技了。這時在面對放款銀行時他們有兩個選擇：他們大可以表示，二手的370超級電腦還是有用，因為IBM沒辦法準時交貨，又或者可以宣稱他們的最大客戶洛克威爾公司不願意把電腦換新，唯恐干擾原有的工廠運作方式與產線。儘管這兩種說法都算是把死馬當活馬醫，但總算是讓OPM有藉口繼續借錢和尋求新的投資者。

如果麥隆與莫迪有良知，他們大可關掉公司，一走了之。如此一來，最嚴重的狀況充其量是讓外界發現他們錯估的電腦殘值高得荒謬，讓人對他們觀感不好。如果他們捨得，甚至可以拿他們貸到的「股東貸款」，來解決先前把同一台電腦多次抵押的問題。[12] 但他們未曾打算這麼做。他倆數度討論過也許可以讓莫迪脫身，讓他的聲譽完好無缺，儘管那些糟糕合約都是他簽回來的，但還是可以與它們脫鉤，讓麥隆承擔一切抨擊。但他們沒這麼做，而是欣然踩過紅線，把原來的侵略性企業策略進化為詐欺拐騙，並且開始利用他們與洛克威爾公司電腦策略部主任薛尼・哈辛之間的不正當關係。

OPM的文件作業品質可說聲名狼藉，但洛克威爾公司從來

---

12 這種貸款不算真正違法，只能說「遊走在法律邊緣」。倒不是真的要詐取錢財，有很多理由（大多與稅務有關）讓公司老闆想要貸款給自己，而選擇不領取公司的紅利或執行長等級的薪水。不過這種貸款會讓他們的帳目比較不好看，尤其是對於那些不想償還「貸款」的人而言。

不查核。儘管買下租約的投資者抱怨連連，表示文件有很多對不起來的地方，但洛克威爾公司的人員總是帶著一大疊公司信紙到OPM去，要求OPM解決所有問題。儘管嚴格來講是投資者把電腦設備租給洛克威爾等公司，但投資者並不會直接接觸他們。所以，舉例說來，這讓麥隆可以跟洛克威爾簽下一筆價值兩萬美元的Tektronik牌電腦租約，但是呈報給費城儲蓄基金（Philadelphia Savings Fund）的，卻是一筆價值五萬美元的DEC磁帶儲存設備。費城儲蓄基金以為洛克威爾會付五萬元，但最後付的錢卻不到一半，不過費城方面多給的錢已經可以讓OPM填補虧空好一陣子，在此同時他們可以用同樣方式偽造更多合約，弄到更多錢。

麥隆不是個厲害的偽造犯。他偽造的租約文件上錯誤百出，他編的故事也是充滿漏洞，每次說法都不一樣。他利用他買下的銀行來開空頭支票，等於是跟聯準會（Federal Reserve）詐取不用利息的貸款。但這一招也很快就失效，對於他的詐欺犯行也沒多少幫助，只是讓後來的罪名變得嚴重許多。[13] 到了一九七八年年底，OPM公司終於垮了。麥隆再也沒辦法詐領新的貸款，公司也無法清償舊貸款。費城儲蓄基金的人員前往洛克威爾公司拜

13 在這裡要解釋一下美國的犯罪術語。「郵件詐欺」是利用美國郵局的服務詐欺，「電信詐欺」則是以通訊系統犯案。這兩項在美國都是聯邦罪，基本上是因為郵局與電信系統在成立之初，就已經排除了各州管轄權的問題。至於支票詐騙之所以也是聯邦罪，是因為牽涉到聯準會的支付系統，基於同樣的理由，攜帶偽造債券跨越州界也一樣。儘管並非不可能，但若在美國犯下嚴重詐欺案，很難避免涉及聯邦罪。

會，詢問他們為何沒有付錢，洛克威爾則質問OPM公司為什麼會有這種狀況。麥隆與莫迪的回應非常符合他倆的風格：這一切是因為別人「搞錯了」，他們會派岳父直接到費城去付款。

到這時候他們的故事早該接近尾聲。事實上，一九八一年OPM公司終於放棄，宣告破產時，很多人的問題是：他們為什麼不是在三年前就東窗事發？這一連串壞事就像華納兄弟創造出的卡通人物（Looney Tunes），橫衝直撞，誰也擋不住。只要有投資者受夠了他們的問題後抽手，就會有新的金主出現。提供過渡性貸款的銀行中，有一家發現麥隆因為偽造支票而犯了聯邦罪，但不知為何這並未讓業界其他公司卻步。儘管每個月都有一堆「行政疏失」出現，雷曼兄弟還是持續幫OPM找來租約的投資者。而且OPM公司的律師們甚至已經接到吹哨者提供的線報，也取得了麥隆的自白，但不可思議的是，他們居然以律師有保密義務為由幫忙掩護，理由在於那些都是先前已經發生，而非正在進行的詐欺案。

這是個重要的教訓：儘管律師、會計師之類專業人士通常在財經體系裡面扮演防範犯罪的角色，但他們的防線是可以突破的：只要詐欺犯付的錢夠多，或者詐欺犯是他們的事務所大客戶。一旦這防線遭破解，詐騙犯就彷彿脫韁野馬，沒有多少東西能限制他們。一經專業人士「簽名認證」後，普通人就不會再度確認了。如此一來，威脅就進到防線裡了。

麥隆與莫迪並非受到誘惑才變成詐騙犯──他們本來就不是

什麼正經生意人。儘管他們故意表現出篤信東正教的模樣，也以慈善之舉知名（他們往往會捐錢給客戶偏好的慈善活動），但從出租第一台電腦開始，他們顯然就完全沒有商業道德的概念。雖然他們不是什麼好人，仍然在一個複雜又競爭激烈的市場中，幫公司打造出還算不錯的商譽，因為償債紀錄很正常。電腦租賃在當時是個新興產業，而且能否獲利可說取決於電腦殘值，但如果是外行人卻又很難斷定。OPM就是這樣拓展公司規模與商譽，不過因為經營模式有問題，這也迫使麥隆與莫迪做出違反商業道德的選擇，但偏偏他們的詐騙能力卻又如此可笑低落。到最後，儘管麥隆出庭時信誓旦旦表示，「以前我所犯下的種種錯誤都已經是過去式了」，但還是遭判刑十二年，莫迪則是十年。

在某些比較沒那麼戲劇性，還有某些主嫌本性比較沒那麼奸惡的案例中，我們也可以看到這種「一步錯，步步錯」的現象。與麥隆與莫迪完全相反的案例，是一些正當生意人，他們只是對於快要失敗的事業過於樂觀，最後逐漸犯下長期詐欺案。這一類長期詐欺案比較常見，而且幾乎可說犯案者都是出於無心之過，所以對於供貨商的危害也許更大，因為詐騙犯表面上看來（甚至連他們自己心裡都這麼覺得）只是個因為時機不佳而遭遇困難的好顧客，值得暫時予以援助。

透過上述幾個例子我們可以看出，為了要培養出長期詐欺案所需的重要商譽，本來正正當當的事業有可能開始做起壞事。不過就另一方面而言，想要弄到別人的錢，有時還是有其他比較快

的方式，商譽與推薦人都有辦法編造。像萊斯利・佩恩那樣開設一堆空殼公司，彼此推薦，是比較細膩高竿的作法。但也有些人純粹是把心一橫，只要拋去禮義廉恥就可以快速達到目標，而且這種選擇對於某些詐騙犯來講特別有吸引力，因為他們面對的是商業詐欺史上數量最多、最軟弱的一群肥羊。很少詐騙犯可以「得手就逃」，但只要這種狀況出現，受害人往往對於自己的處境缺少或者根本沒有掌控權。不過這也意味著他們身上的油水特別多。

短期詐欺與一九八〇年代的健保

從字源看來，「長期詐欺」一詞在英文雖為 long firm，但是跟長度或公司卻一點關係也沒有。long firm 最早出現在俚語詞典裡與小偷的黑話中，而且 long 與 firm 兩個字使用的都是已經過時而不復存在的字義。long 源自於盎格魯薩克遜語的 gelang，意思是「詐欺的」，而且與錯誤或失敗有關；至於 firm（跟義大利語的 *firma* 一樣），則是與簽名有關，而且到了相當晚近才被用來指涉「組織」。所以 long firm 其實就是 gelang firma，前者源自於薩克遜語，後者拉丁語，指涉「簽了一張假的貨單」。不過，這麼多年來語意的轉變很大，而且我們也常聽到有人討論與 long firm 相對的 short firm ——短期詐欺。

但短期詐欺的性質實際上與長期詐欺並無不同，差別只在時間長短。儘管如此，透過短期詐欺的概念，有助於我們了解長期

詐欺犯必須做出的一些取捨，也能看出長期詐欺用什麼方式，來破壞我們一般的經濟機制。

我們來看看史上最常見且獲利最多的一種詐欺形式：一九八〇、九〇年代的健保詐欺。健保詐欺可能曾是世界上最大規模的詐欺類型，直到二〇〇〇年代才被金融部門的超大詐欺案取代。根據一些可靠估計指出[14]，健保體系裡面，有百分之二十五到三十的給付都是因為詐騙而衍生，金額以千億美金計。健保詐欺是非常典型的長期詐欺：醫療服務提供者可以把帳單送往居住地的健保業者，申報昂貴保險金，但實際上他們根本沒提供過帳單上列出的醫療服務。[15] 但犯下這種詐欺案的人必須做出一個關鍵選擇：該找病人來當人頭嗎？

好處與缺點都很清楚。如果假帳單上面填寫的是假病人，你很快就可以開始詐騙，並且送出數以千計的假帳單。這種方式花費比較少，也不用面對惱人的病患，更不用擔心有吹哨者會出現舉發你。但反過來說，如果你用假病人申報結果被抓到了，帳單上的任何醫療服務你都沒有提供過，那麼因為根本沒有病人，你

---

14 馬爾坎・史派羅（Malcolm K. Sparrow）在他的書《騙錢執照》（*License to Steal*）中就曾如此估計過，醫療詐欺的案例我也是取自於該書。

15 也有一些糟糕的案例是，詐欺犯做了他們不該做的醫療服務。例如某家血檢中心發現，他們可以靠一些沒必要的血檢來斂財。由於太過貪婪，這血檢中心很快就用光了捐血診所的血，必須想辦法弄到更多血。有一篇醫療論文討論的，就是這種因為驗血詐欺案而引發的缺血症，文中提及紐約地區的醫院收了許多急診病患，都是遊民，他們一週固定捐兩三次血，每次將近一公升。

就很難辯稱這一切是行政疏失，或者病人記錯了[16]，抑或你與病人之間有醫療糾紛。用假病人申報固然輕鬆簡單，但必須考慮被抓到後的可能後果，所以在此你必須權衡選擇。

　　所以，哪一種選擇比較好？事實上，兩種詐欺方式都有人採用。由於當年的詐欺管制措施成效不彰，所以兩種方式都可行。有些診所在進行短期詐欺時，以不存在的病人申報費用，目標是盡可能多申報一些帳單，而且申報的通常都是用來治療小病的標準治療方式，醫療費也不高，如此一來最有可能直接獲得給付，不被質疑。他們在單一的結算期間之內盡可能多弄一點錢，然後就關閉診所，銷聲匿跡，到別處另起爐灶。在當時，健保體系使用的帳單稽核措施，沒辦法查出某家醫院（或診所、醫生）申報的案子突然激增，所以既然每一張單子的申報內容都很普通，詐騙犯會被抓到往往都只是出於偶然。

　　健保也會出現「長期詐欺案」，犯案時間橫跨好幾個申報週期，雖然病患真的存在也有接受治療，但浮報帳單內容，每次弄到的錢雖少，但浮報頻率高。這種詐騙案有賴於健保體系的另一個弱點：一般來講，社會大眾會把自己對於醫療人員的信任，轉移到醫療單位行政人員身上。不過這是不應該的。給付單位通常懶得質疑某項治療是否有必要，很快就會把明顯的漏洞歸咎於行

16 這個醫療詐欺的面向會讓我們對人性的信心開始動搖。人的記性很容易混淆不清，無法明確證實自己有沒有接受過某些醫療程序，所以那些不正當的診所或醫生最喜歡失智症病患。

政疏失而非詐欺。健保體系的查核對象，往往是那些過度治療或者濫用健保服務的案例，而非詐騙的給付案。如此一來，無論是進行不必要的血檢、申報較昂貴醫療程序的費用，或者申報昂貴客製化輪椅的費用，但實際上卻只給病人便宜貨，很可能都會成為漏網之魚。

醫療詐欺給我們的教誨是，有些公司原本正正當當，但後來走上詐欺歪路，也有些企業最初成立的目的就是為了詐騙，這兩者之間存在著性質上的差異。第一類詐欺案如果只是用一般的查核措施，很難偵查出來，但第二類案子的犯案難度則比較低，比較簡單。在健保體系這種環境中，整個體制與管控措施都已經標準化、工業化了，而借用管理學教授兼健保史家馬爾坎·史派羅（Malcolm K. Sparrow）的術語來講，這讓騙徒可以採用「亂槍打鳥，接著瞄準射擊」（shotgun, then rifle）的詐騙程序。他們可以先假造各種交易、請款案與訂單，看看哪一項遭拒絕給付。像這樣「亂槍打鳥」一陣，對查核程序有足夠的了解後，再「瞄準射擊」，集中在那些獲得核准通過的案子上，重複申請或者稍作改變。容易衍生這種詐騙案的情況包括：遭詐騙瞄準的對象本身規模龐大，有必要把平均的處理成本降到最低，還有這些詐騙對象尚未深思熟慮自己可能被詐騙，為此付出更多成本。

政府往往是這一類詐騙手法的受害者，而且政府是因為在兩個方面比較特別，才會容易被騙——規模龐大無比，而且很難拒絕客戶，也就是人民。（請參閱第十章。）很多軍備採購詐騙案

的狀況也很類似。但除了政府之外，龐大的民間部門機構也一樣容易遭到「亂槍打鳥，接著瞄準射擊」的詐騙方式攻擊，常見案例包括組織性保險詐騙案，還有某些信用卡、抵押貸款詐騙案。

更常見的狀況是，空殼公司幾乎不需要多少投資金額就能夠運作，這意味著騙徒可以做一些嘗試。如果用既存的正當公司來詐騙，需要的時間與成本較多，那麼空殼公司在這方面顯然有優勢。不過缺點是，如果你用空殼公司行騙，這證明你一開始就居心不良，謀劃詐騙。想騙錢的人就必須承受自己選擇的後果。

逍遙法外

長期詐騙犯為了請君入甕，靠商譽取信於人，迄今我們已經看到了幾種不同的方式。接下來我們要看的是長期詐騙案的第二階段，也就是要怎樣才能逍遙法外？基本上有兩種方式：可以設法營造假象，讓外界以為只是一般的事業垮了，並非詐騙；又或者可以施展障眼法，把自己與詐騙案之間一層又一層隔離起來。

如果障眼法很成功，騙徒只要否認一切，並且反過來質疑債主就好了，這策略的效果驚人。葛雷格‧麥葛雷格爵士當年就是這樣。等到倖存者陸續從蚊子海岸返國，他便開始告人毀謗，也自費出版一些小冊子，用來攻擊那些解救受害者的貝里斯國商人——根據麥葛雷格爵士的說法，這些商人其實是強盜，唯恐「波亞斯國」欣欣向榮，變成貝里斯的競爭對手，才會偷搶貨物，並且毀掉受害者們的開墾地。無可避免的，這場口水戰最後導致麥

葛雷格「總督」身敗名裂,但在雙方各執一詞的情況下,也讓他趁機逃離倫敦,除了宣稱自己完全沒錯,也在巴黎另起爐灶,再度賣起了債券。一八四五年他離世前仍然在兜售債券,但無可否認的銷量已經越來越少了。

在現代的英格蘭,詐欺犯在出庭受審後的定罪率,介於百分之六十到八十之間,一切都取決於重大詐欺犯罪偵查署(Serious Fraud Office)的業績好壞。紐約州法院的表現似乎較好,曼哈頓南區法院(Southern District of Manhattan)常常能達到百分之九十的定罪率,不過這些數據當然無法直接相較,因為英格蘭法院直到近年來才開始採行認罪協商制,同時也因為英美兩地的案子類型不同。關鍵在於,能夠成案的詐欺罪行只是冰山的一角。在初審時,無論公平與否,嚴格來講受害者有責任證明詐欺犯有歪曲事實、心存不軌或圖謀詐財的事實,才能夠以刑案來審案,否則詐欺犯就只是無力償債,算是違約的民法案件,而非刑事案件。此外詐欺案也是刑案中的特例,因為很少刑案罪犯能像詐欺犯那樣,還有機會「讓受害者冷靜下來」[17],但一般來講,如果某個破產公司提出的還款計畫能夠讓百分之七十五的債主接受,那

---

17 亦即cool out the mark,就是社會學家厄文.高夫曼(Erving Goffman)所強調的概念,他表示各種騙子都會花些時間與心力來說服被害人,讓他們用不同的角度看待自己的經驗,不再把自己當成刑案受害者,有冤屈需要伸張,而只是運氣不佳,參與了某個失敗的創業活動。高夫曼主張,一旦我們確認確實有這個現象,那麼從社會學的角度看來,很多民間與官方的機關、體制雖然沒有犯罪,卻都扮演著「讓受害者冷靜下來」的角色。

麼執法機關不太可能為了另外那百分之二十五的債主,而繼續深入調查。

東窗事發後,騙徒大可以站在自己造成的廢墟裡面呆站著,裝出一副無辜的表情,而這效果好到令人驚訝。另一種作法則是設下防線,把風險降到最低。他們只要找一個人,把無法償債這件事賴在他身上,而如果無法償債不能歸咎於運氣不好,那就得接受刑事制裁。接受制裁者若是詐騙共犯,那就可以稱為「頂罪者」(front);如果不是,那就是「替死鬼」(patsy)。

但為什麼有人願意承擔長期詐欺案的「頂罪者」角色?也許是因為他們收了錢。時有所聞的案例是,長期詐欺集團會找個酒鬼遊民,帶他去理髮治裝,搖身一變成為西裝筆挺的新設貿易公司總裁。這些傢伙過了幾週好日子後,沒有利用價值了,又被丟回他們原來的廉價旅館。要是讓遊民頂罪還是有點風險,那也有一些黑道分子是專門幫人頂罪的[18],而且如果從定罪率與一般的刑期看來,這還算是低風險高報酬的工作。但有些人則是根本不知道自己捲入了長期詐欺案,即將代人受罪。這種人我們稱之為「替死鬼」。

還有一種詐騙方式會利用原本正正當當的事業來行騙,毀掉它的商譽,而且手法遠比我們先前提及的各種方式惡劣。例如最常見的「自取滅亡」(bust-out)就是這類手法,往往與黑社會有關,

18 有一種說法是,如果你認識某個嘴巴很緊,而且隨時準備好去坐牢的會計師,那你要不是已經在靠長期詐欺案詐財,就是你根本沒有嘗試。

如果你看過電影《四海好傢伙》（*Goodfellas*）就會明白。例如酒吧或餐廳等生意不錯的商家，店家有了新股東。這可能是因為一時之間周轉不靈，跟高利貸借了錢，又或者是有一群黑道分子拿著球棒找上門。無論如何，經營權從正當店家轉到了壞人手裡，新的壞蛋老闆可能會利用商家原有的良好商譽，惡意舉債不還。

不過，騙徒也不一定要靠暴力威脅才能夠採用「自取滅亡」的詐騙手法。長期詐欺案的騙徒往往會注意是否有商家要廉價頂讓，而且原來的店家願意接受分期付款。用分期付款來取得商家，對於騙徒來講有兩個好處：除了減少一開始的現金支出之外，也放出煙霧彈，讓外界搞不清楚誰是老闆。如果原來的店家仍想分一杯羹，或者仍讓自己的名字出現在商家信紙上等等，那麼徵信公司與信用管制人員就比較不會注意到老闆已經換人，因此也比較不可能開始查核手上的「黑名單」，看看上面有沒有訂貨人的名字。（所謂黑名單就是詐欺前科犯的名單，也包括那些因為屢屢破產而值得懷疑的人。）

想要把某家公司的良好商譽占為己有，其實還有更大膽的方式。即便騙徒已經付了頭期款給公司，但原來的老闆還是有可能很難開成最後一次董事會，因此無法正式換掉公司負責人的名字。而且在詐欺案中，這類會議的紀錄往往會不見，獨留前一任老闆成為詐騙公司的代表，試著跟警察解釋詐欺案不是他幹的，壞人已經逃之夭夭。[19]千萬不要讓人用現金跟你購買公司啊！

除了留意買家的來歷，商家老闆最好嚴格管制上面印有公司

抬頭的信箋,別讓人隨便使用。因為公司沒有指紋或者護照照片,所以信用管制人員往往把這種信箋當成公司的身分證明,如果它們落入壞人手裡,可能會造成嚴重危害。騙徒可以彼此寫推薦信,甚至彼此下單給對方,製造假的交易紀錄。麥克·列維(Michael Levi)的《鬼魅般的資本家》(*The Phantom Capitalists*)是談長期詐欺案的經典之作,書中一則案例讓我們看出,如果騙徒的神經超級大條,那還真的可以逍遙法外:

> 騙徒必須具備的技能之一,就是要把故事說得天衣無縫,而且同時騙過銀行與受害人。這種技能的範例之一,是於一九六〇年代發生在英國威爾斯地區南部的長期詐騙案。有個帶著美國口音的人來到威爾斯的一處濱海度假勝地,他宣稱自己是某家美國財團的代表,想要購買鎮上一座休閒娛樂商場。他出價大方,商場的幾位負責人也滿懷感激地接受了。不過不幸的是,有點小事讓他們沒能立即成交,因為資金暫時被卡住了。但他還是詢問那幾位負責人:儘管暫時無法成交,是否能讓我預購下一季的貨物與用品?幾位負責人欣然接受,甚至還把印有商場抬頭的信箋交給他用來訂貨。他寫信給幾位供貨商,口氣彷彿自己已是商場老闆,結果靠賒帳

---

19 順帶一提,警察一般都對人抱持懷疑,而這是完全正確的。「頂罪者」(如果騙徒並未找人頂罪,甚至有可能是他自己)的高招就是裝傻,把自己偽裝成不知情的替死鬼。

取得價值三十五萬英鎊的上好貨物、化妝品與雜貨。某天晚上他偷偷運走所有東西，就此銷聲匿跡。他的身分至今仍然無人知曉。

最後也要提一下「銷贓者」，也就是幫忙把騙來的貨物賣掉的人。與偷來、搶來的東西相較，靠長期詐欺案騙來的東西往往比較容易轉賣掉，這只是因為兩種刑案的時間因素不同。汽車遭竊後，車主總是會盯得很緊，因此贓車很難賣掉，而且風險極高。但如果某個汽車商用長期詐騙案騙到十幾輛車，受害者剛開始會毫不知情，認為車子一定就停在車商的賣場上，待價而沽。等到車商沒有付款，受害者被賴了帳，他們才知道自己被詐騙了。幫長期詐欺案銷贓的人總是能夠找到穩固無比的藉口，表示自己完全不知道車是騙來的，因為要他賣車的人看起來不像詐騙犯。一般來講，要不是犯下非常糟糕的錯誤，銷贓者最後很少被定罪的。

不過，時間因素並不是對於詐騙案的各方來講都有利。儘管在行騙之後要經過一段時間才會東窗事發，但要拖這段時間就必須付出一些代價。生意人往往在有利可圖的狀況下才願意等待——所以才有那句老話：「時間就是金錢。」用錢買來時間後，這意味著有些詐騙案雖在進行中，但仍未遭發現，而且騙局的規模往往越變越大。這讓我們所要探討的「詐騙經濟學」變得複雜多了。

3 滾雪球效應

The Snowball Effect

「累積，累積啊！這就是摩西和先知們！」
——卡爾・馬克思，《政治經濟學批判大綱》（*Grundrisse*）

龐氏騙局

這場騙局的跡象實在是明擺在眼前，只是沒人看見。一九○三年，義大利移民查爾斯・龐茲（Charles Ponzi）在船上玩牌遇到老千，幾乎輸掉所有盤纏，只剩一張在紐約登岸後前往匹茲堡投靠親戚的車票。但機緣巧合之下，他做了一些文書工作，也打過零工，最後在加拿大蒙特婁因為一樁銀行詐欺案而鋃鐺入獄，入獄前不忘喊冤，宣稱自己可能是遭情敵陷害，總有一天他會報這一箭之仇。有人勸他如果想要發大財，不妨離開當時仍是英國殖民地的加拿大，於是他與一群非法移民回到美國，接著又遭判刑入獄，但刑期不長。

他常常找人資助一些大大小小的投資計畫，曾在紐奧良偽稱自己是黑社會，在阿拉巴馬與一些醫療詐欺犯廝混，最後結了婚又在一九一九年北上，於波士頓落腳從良。他利用自己的語言與

推銷天分出版了《交易商指南》(*Trader's Guide*),這是一本收錄了各種有用地址、領事館與海關資訊等類似資料的工商名錄。他的構想是免費贈送這本書給世界各地的進出口貿易商,靠書裡刊登的廣告謀利。可惜龐茲生不逢時,他的概念過於先進,國際工商名錄計畫並未成功。不過在拉廣告的過程中他發現了一件事,他的人生就此改變。有家西班牙的公司要求他寄一本過去,隨函附上一張國際回信郵票券(International Reply Coupon,簡稱IRC)充當郵資。

兌現郵票券時,龐茲意識到,只要是萬國郵政聯盟(Universal Postal Union)的會員國,不但可以把郵票券兌換成等值現金,也可以用各國貨幣購買相當面額的郵票券。國際回信郵票券系統有一個報價表,上面列出一個個固定兌換率,這些兌換率與市場上的實際兌換率有可能落差甚大。由於時值第一次世界大戰後,像義大利、葡萄牙等國的幣值大跌,這種情況就更明顯了,郵票券相對於這些國家的貨幣有較高的兌換率。

龐茲甚至試行這種交易,把美元匯回義大利給某個親戚,換成里拉,買了國際回信郵票券之後寄回波士頓。他再拿郵票券到米爾克街(Milk Street)[1]去兌換成美國郵票,而這些郵票的面值大約高達他原來投資金額的兩倍。這種兌換機制根本就像提款機,他只需要大筆資金來操作。他租來的辦公室原本掛著「波士頓廣

1　譯注:米爾克街是波士頓的金融區。

告暨出版公司」（The Bostonian Advertising and Publishing Company）的招牌，立刻被他換成了「證券交易公司」（Securities Exchange Corporation）[2]。他已經準備好靠大量借貸來籌措資金。

第一位「投資人」是龐茲的債主：一名辦公室家具推銷員。龐茲說服對方收下自己開的九十天到期票據，用來抵債，票據面額還包含了百分之五十的利息。面對這位怒氣沖沖的債主，他必須解釋自己怎樣用郵票券來套利，而不是為了要拖時間。把話說清楚後那債主就上鉤了。一般來講，龐茲總是不吝於把自己的妙計告訴他的投資人，他甚至宣稱自己不怕這概念遭人盜用，因為說到在歐洲的人脈，沒有人比得過他。而這計畫就是需要有人幫忙大量購入郵票券。的確沒有人有辦法在歐洲大量購入郵票券，不過問題在於，就連龐茲也沒辦法。

郵局的稽查人員常常找上門，指控他靠這種郵票券行騙，但他們全都被充滿魅力又聰明的龐茲唬得一愣一愣的，離開時甚至真的以為他的所作所為全都合法。看來這些稽查人員都不是非常了解萬國郵政聯盟訂下的規則，不過事實上萬國郵政聯盟早就料到會有人藉由操弄兌換率來牟利，所以針對投機者做了很多防範

2　此時美國政府尚未成立證券交易委員會（Securities Exchange Commission），所以龐茲並不是要靠這個公司名稱來魚目混珠。不過，在商業詐欺案中我們確實常會看見「田納西炸雞效應」（'Tennessee Fried Chicken' effect），也就是行騙的公司選擇的名字，往往近似於某個已經存在已久且信譽良好的機構或單位。

措施。如果龐茲真的曾試著把他的詭計付諸行動，他的海外共犯早就會發現想大量購入郵票券非常困難，更別說他要在美國把郵票換成現金了。但事實上，沒有任何跡象顯示龐茲真的曾經嘗試執行自己的計畫。他也宣稱，儘管這計畫有利可圖，卻受到不明的行政問題干涉而無法成功。不過我們幾乎可以確定，這都是他在扯謊。

家具推銷員上鉤後，大量投資人隨即跟進。龐茲提供他們相同投資條件，約定在投資後的九十天內，可以拿到百分之五十的利息——後來他把九十天縮短為六十天。這件事一開始只在波士頓的義裔美國人社群裡流傳，但很快傳遍了整個新英格蘭地區。他開始聘請推銷員，以籌得金額的百分之十當作他們的佣金。他租來的辦公室很快就不敷使用，門前車水馬龍，甚至造成交通問題，隨後便遷往該市商業區核心地帶，進駐公校街（School Street）的一間大理石外牆樓房。龐茲大手筆購入名車，抽起了雪茄，也成為波城名流。

他的擴張計畫之所以順利推動，一方面是出於計謀了得，另一方面也是運氣使然。[3] 一名蒙特婁監獄的獄友找上門，跟他要工作，不然就把他不堪的過往公諸於世，於是龐茲派他前往波城郊區、新英格蘭地區的各個城鎮，拓展新的推銷據點。結果這名新員工真是天生好手，過沒多久，新據點拉到的客戶已經跟波士頓總部一樣多了。到了一九二〇年，龐茲已經有超過三萬名投資人，吸金達數百萬美元，但他也當然沒辦法履行所有承諾。

　　雖然也有人模仿他，但他與其他人的最大不同在於，至少在一開始，如果有人反悔想退錢，他並不會設法推託，反而非常歡迎。他提供給投資人的條件是，只有在到期時才有利息可領。所以儘管在九十天內投資人隨時可以反悔，但卻只能拿回本金，沒有任何利息。如此一來，只要多一個人退錢反悔，事實上他的潛在問題就會變小一點，唯一的缺點是他手頭的現金會變少。相反的，如果投資人在票據到期時沒有把錢拿回去，而是加碼投資，雖然會讓他的問題變得更嚴重，卻不會減少他的資金。藉由大量投資獲得時間上的餘裕後，努力行騙的龐茲開始揮霍了起來，也設法用更多謊言和假資產來掌控一些真的財富。

　　所謂「夜路走多了，總會碰到鬼」，這句話印證了龐氏騙局終有破局的一天，而且等那一天到來，慘況會與銀行擠兌無異。儘管龐茲怕投資人擠兌，但他倒是不反對用擠兌來當作自己的武器。在證券交易公司的聲勢如日中天時，公司總是握有大量現金（存在各銀行的活期存款帳戶裡，表面上看來是為了隨時用於購買大量郵票券），在波士頓與周圍區域的總現金流量中占有極大

3　這件事只是根據他單方面的說法。龐氏騙局破局後，他鋃鐺入獄後寫了《龐茲先生的崛起》(*The Rise of Mr. Ponzi*)一書，而透過這本自傳我們可以看出，為什麼有些人老是有藉口，老是不覺得自己有錯，他們心裡到底在想什麼？儘管他做的事顯然喪盡天良，但在書中他總是宣稱自己的種種作為誠實無欺。或許正因如此，我們沒有必要把他在書裡所講的事當真，就像這一個故事（獄友找上門威脅，結果反而導致他事業蓬勃發展），還有他的許多故事，其實都沒有任何其他資料或說法可以印證。

比例。由於龐茲的存款龐大，如果他臨時要抽銀根，某幾家重要的大銀行就會缺少正常運作所需的現金，因為他們沒辦法一下子籌到那麼多錢。這讓龐茲掌握了相當重要的籌碼，於是他就開始動歪腦筋。

他買了一些漢諾威信託公司（Hanover Trust Company）的股份，隨即威脅董事們，除非把足夠的個人持股賣給他，讓他成為最大股東，否則他要把存款提領一空。結果龐茲就這樣拿下銀行的掌控權，而且只花了大概兩百萬美金，就取得總值好幾倍的銀行融資資源。他利用這項新武器來染指波士頓市其他銀行，購入幾家房地產公司，甚至想要競標美國海軍的一批多餘船艦。他甚至開始把腦筋動到波蘭共和國頭上，試圖透過該國的公債買賣來謀取暴利，而且藉此把他的銷售網絡拓展到另一個人口眾多的國家。

龐氏騙局崩潰是由龐茲的第一位投資人引發的（但他不能說是「受害者」，因為他早就拿回了投資金額與利息）。這名家具推銷員當然注意到龐茲的公司大發利市，於是上法院提告，聲稱按照龐茲提供的交易條件，應該把證券交易公司所獲利潤的百分之五十分給他。這官司本身沒什麼大問題，問題在於這讓大家開始好奇龐茲的家世背景，尤其他是個屢屢遭定罪的詐欺慣犯。為了維護自己的聲譽，龐茲當然全力反擊，甚至提議找某個知名靈媒來公開檢驗他的內心世界，證明他是個誠實不欺的人。但疑點越來越多，其中最大的問題在於，他當然無法提出郵票券兌換成大

量現金的交易紀錄，因為他根本沒有交易──他從來沒辦法實現自己鼓吹的賺錢計畫。龐茲試圖賄賂官員，用他與漢諾威信託公司的存款當作武器，來對付那些他認為與他為敵的銀行家們。他聘請的律師是個比他更厲害的騙子：人稱「精幹丹尼」的丹尼爾・寇克利（‘Dapper Dan’ Coakley），一名愛爾蘭裔的貪腐波士頓政客。他甚至曾試圖攔截波士頓與蒙特婁之間的電報通訊。

龐氏騙局破滅時，龐茲正打算進行另一個「獨領風騷」的詐騙案。為了因應大量資金需求，他開始以證券交易公司的名義跟漢諾威信託公司借款，由於他已經取得漢諾威公司的經營權，這麼做無疑是監守自盜，預示了我們在本書第六章談到的「控制型詐欺案」，比引發金融危機的林肯儲蓄貸款協會（Lincoln Savings & Loan）還早了半個世紀。不過這也讓他手下一些正直員工驚覺情況不對勁，於是找上了麻州的金融監督單位。證券交易公司的會計稽核報告出爐，儘管龐茲仍然提出毫無根據的爭辯，但各界終於看清毫無疑義的事實：這家公司從未有過足夠資產，來償付那些投資本金外帶百分之五十的利息。於是龐茲立刻遭一名美國聯邦法警帶走。

儘管龐茲是個大名鼎鼎的騙徒，卻只是「名過其實」。沒錯，與後來許多模仿犯相較，他的做法比較細緻，而且從行騙的最早階段，他就非常清楚自己只是靠錢爭取時間，如果想要避免東窗事發，他就必須靠自己的聰明才智找出另一個厲害的構想，而且是可行的，不能像郵票券詐騙那樣實際上無法操作。他深

刻了解,對於騙徒而言,「能夠控制的資產」遠比「實際擁有的資產」重要,在這方面他比後來的騙徒領先幾十年。但龐茲不像拉斯洛・比羅(Laszlo Biro)發明了原子筆,也不似魯道夫・狄塞爾(Rudolf Diesel)開發出柴油引擎,他並非投資詐騙術的發明人,甚至也不是他先想到要從親近的族群下手。事實上,連「龐氏騙局」都不是龐茲自己發明的,他甚至並非第一個在波士頓利用「龐氏騙局」行騙的人。本章稍後將會討論的莎拉・豪爾(Sarah Howe),早在近五十年前就曾經靠她成立的仕女存款公司(Ladies' Deposit Company)行騙。但世人總是不願給予女人應有的名分。

在騙局進行到一半之際,龐茲甚至還差一點取得實際資產(尤其是他似乎差點騙倒海軍,讓美國政府把幾千艘船隻以極低價格賣給他),幾乎謀得暴利。能促成他得手的唯一條件,就是設法讓大批投資人放棄累積孳息,在到期以前就拿回本金。但如果他真能辦到,也會導致他手頭現金短缺。但他所面對的兩難在於,如果想要賣出更多債券來解決現金短缺問題,卻又會導致潛在問題變得更嚴重。由於利息是採取複利計算,每九十天就能獲利百分之五十,這負擔對他來講實在太過沉重。儘管他宣稱自己曾經想要一走了之,但這最多只不過是一種可能而已。而且這就是「龐氏騙局」的核心:後來所有類似詐騙案都是如此,因為弄到新資金的速度總是比償付舊債還要快,所以不可能像一般騙徒那樣「騙了就跑」。

老鼠會

如果龐氏騙局原有的架構是威尼斯宮殿，那麼有「老鼠會」之稱的現代詐騙案與之相較，簡直就是一堆亂石。龐氏騙局就像用優雅的舞步遊走於各種風險之間，屢屢靠計謀脫身，但老鼠會卻根本毫無計畫可言，既看不出騙徒的才智，也幾乎無法預測騙局何時崩潰。老鼠會與龐氏騙局唯一相同之處在於，行騙過程中都是以粗糙手法騙倒群眾，而且都是利用人與人之間的親近感。例如，美國各地的教堂就是老鼠會猖獗的場所，教會甚至編印防詐指南給牧師參考，教他們如何找出會眾中的老鼠會主謀。在指南裡引述經文來告誡會眾，千萬要當心那些詭稱要讓他們致富的人，例如《聖經・傳道書》第五章第五節：「你許願不還，不如不許。」

最簡單的老鼠會騙局甚至不涉及貨物易手的過程，在過去是以信件流通，現在則是靠電子郵件與臉書來串連。例如在一九八〇年代曾流行過，以自助助人與新世紀思想研討會為賣點的「無限遊戲」（Infinity Game）。這種老鼠會以飛機的比喻，來解釋整個組織的財務操作機制。一開始，有一名「機長」、兩名「副機長」、四名「機組員」與八名「乘客」就能組成一架「飛機」。[4] 每名「乘客」交給「機長」一千五百美金，接著就開始施展「分身術」：整個組織分家，兩名「副機長」都各自升遷為「副機長」，掌管兩架新的「飛機」。所以「機組員」也就升遷為「副機長」，分別隸

屬於兩名新的「機長」,「乘客」一樣也升遷為「機組員」,負責找人來填補兩架新「飛機」的「乘客」空缺。同樣的程序屢屢重複,所以一開始加入當「乘客」的人只拿出一千五百美元本金,最後卻能拿到一萬兩千元的回饋。

錢到底從哪裡來?嘿,會有這一大筆錢是因為遲早會有人上鉤,成為新「乘客」,而且總計有一大批人會把自己的一千五百美金送給某人,但他們卻沒有能力招募到足夠乘客,自己做到「分身」。但「無限遊戲」掩蓋這個事實的方式是,鼓勵已經獲利的「機長」加入新成立的「飛機」組織,成為「乘客」,這種運作方式跟龐氏騙局相同之處在於,主謀拿到錢後之所以不會有問題,是因為找到了新「乘客」,帶來了新的資金。

在不斷「分身」的過程中,只要有越多人加入,就能募得越多資金,頂端的「機長」也就拿得到越多錢,但拿的錢越多也會越快導致「飛機」組織整個崩塌。所以老鼠會主謀可以盤算自己能拿走多少錢,在這過程中把利潤給最大化,但又讓組織不至於一下子崩塌,讓自己有足夠時間脫逃。這是騙徒必須做出的商業決定:決定要施行「長期」或「短期」詐騙案。

從以上案例我們可以得知,這種詐騙組織在出現財政困難

4　這種代號往往是老鼠會的特色。例如,有個老鼠會叫做「原創晚宴」(Original Dinner Party),會員可以從「沙拉」升遷為「甜點」。「贈與的世界」(World of Giving)則有「播種者」、「園丁」、「割草者」與「收穫者」等層級。但簡單來講,老鼠會的層級一般都可分為「笨蛋、招募人員、分離出去的會員、騙徒」。

時，問題總能自行解決，而這對於詐騙主謀可以說是好事一樁：理由在於，如果在他們拿錢脫身後，這組織又繼續「分身」個五、六次，組織也許已經拓展到另一群人，有關當局也就難以層層回溯，確認原始主謀究竟是誰。

這種形式的詐騙案實在是醜陋、愚笨，只會讓一些不太吸引人的詐騙犯感到有興趣。理由在於，任何人只要稍稍懂得未雨綢繆，或只要知道這世界上的人口是有限的，就不會用這種方式來行騙。因此，這類老鼠會往往會找脆弱的人下手，例如「無限遊戲」往往特別針對會去參加研討會的人，因為他們對自己的人生有所不滿。美國南方各州執法當局則是屢屢表示，來報案的老鼠會受害者，有大約一半都是貧窮住宅區的教會會眾。[5]

進化版的老鼠會是把實體貨物帶進行騙過程中。除了付錢之外，老鼠會也鼓勵招募人員購買各種商品，轉賣給民眾，並且招募其他銷售員，只要招募來的人賣出東西他們都能「抽佣」。這

---

[5] 親愛的讀者們，可別幸災樂禍啊。二十一世紀初，一個叫做「女人挺女人」（Women Empowering Women）的老鼠會隨著社群媒體興起而出現，像野火般蔓延，受害者往往鎖定職業婦女，或是那些有能力捐出五千美金，自己成立老鼠會組織的女性。儘管受害者以貧窮教徒與失智症病人居多，但似乎沒有任何社會階級與關係緊密的團體得以倖免。說句稍微離題的話，我們隨便一算就能估計，「女人挺女人」的創始人可能賺了大約五十萬美金。儘管她害苦了別人，我們還是可以跟她說聲恭喜，而且她除了是本書少數的女騙子之外，還很可能是唯一沒被發現行騙的騙徒。她創造的詐騙組織後來已與她無關，而且在歐美各地都有許多不為人知的受害者——但持平而論，倒也有不少人因為她而海撈一筆，獲利至少上萬到數萬美金。

對整個騙局大有好處。首先，像是投出煙霧彈，這讓整個騙局變得比較不像那種只要求「贈與」的老鼠會，即便是那些能夠很快洞悉騙局的人，也以為這只是一般的生意。與那些「只求付出，不求回報」的贈與式老鼠會相較，這種模式比較不會讓人起疑，因此容易招募到新人入夥。

其次，如果賣的產品夠好，老鼠會甚至還可能洗白成為合法公司。如果老鼠會會員們賣給大眾的東西真的有用，那組織就不需要藉由持續吸收新會員來吸金。在生意穩定的狀態下，儘管真正賺大錢的還是上層會員，但下層會員的錢並非有去無回。事實上，的確有某些合法公司在招募銷售人力時，就是宣稱他們可以靠自己的「下線」來抽佣——只要他們招募來的人賺錢，他們也能跟著賺。這創造出很奇怪的灰色地帶，很可能讓某個公司得以持續存活運作，任誰都不知道它到底是不是老鼠會。

當然，合法未必沒有問題：在多層次傳銷業界，有些公司像特百惠（Tupperware）一樣踏實，專門銷售食用容器，但也有一些公司很糟：以安麗（Amway）為例，表面上看來是賣清潔產品，而且通過了各種正式的調查，沒有人把它當成老鼠會，但還是有大量會員感覺自己被親友騙了才會入錯行（其中許多人似乎還為了賣東西而架設網站）。這是老鼠會與合法多層次傳銷共有的惡劣特徵之一，因為兩者都是在關係親近的團體裡拓展業務，甚至會發展出幾乎像邪教一樣的氛圍，只有相信組織的獲利模式，才能確保自己的成員地位，不相信的人就會遭「排擠」。靠多層次

傳銷發達的大有人在，但一般而言，沉默寡言與品德高尚的人不會喜歡這種賺錢方式。

騙局難以收拾

讓老鼠會崩潰的重要特色，是這種騙局具有「滾雪球效應」——任何騙局只要實施期間較久，不像短時間的「長期詐騙案」那樣騙了就逃，就會有這種特色。這也是資本主義的關鍵：用錢來做生意，賺得更多錢。把利潤投資在商業資產上，錢越滾越多。就算利潤相當微薄，時間一久往往也會變多，就像把錢擺在銀行裡生利息。不過做生意與行騙還是有一個重要的差異。對於正當生意人來講，複利是推動公司成長與獲利的要素，但複利卻會害慘騙徒。

理由在於，騙局跟正當生意不同，沒辦法衍生足夠利潤，讓組織持續運作，主因是錢都被騙徒拿走了。所以每次到了該付錢給投資人那一天，騙徒都必須做出選擇：到底是該見好就收，還是要玩得更大？如果要做大，那就必須越騙越多錢，才能夠讓騙局持續下去。

以簡單的投資詐欺案為例，像是龐氏騙局或者我即將在本章介紹的馬多夫（Bernard Madoff）詐騙案，都是省略掉所有細節，對投資人強調利潤可觀。從投資人身上詐取一百萬美元後，騙徒承諾他們可以獲得百分之二十五的利潤，但把錢占為己有。一年後，為了繼續騙下去，騙徒又從另一群肥羊身上募到新資金。他們找

個聽話的會計師「簽證」,證明真有百分之二十五的利潤,再用這些驚人的投資績效數據公開募資……結果得要募集多少錢?

　　至少一百二十五萬美金,因為不只需要把本金還給投資人,騙徒還要湊到他們宣稱但實際上並不存在的利潤。如此一來情況就更糟糕了。就算他們並未把錢據為己有,到了第二年年終,原本只投資一百二十五萬的那一批人,會要求騙徒償付本金加利息,總計一百五十六萬兩千五百元。如果這樣騙了五年,騙徒儘管只偷了一百萬,卻必須另外騙取三百多萬才能填補缺口。過一段時間後,償還資金的壓力會大到他們無法承受,導致騙局垮台。

　　這種詐騙特色在龐氏騙局最為明顯。但只要是需要做兩本帳簿的騙局,都很容易出現一個類似問題。錢騙到手之後,騙徒會做「內帳」與「外帳」各一本,兩者差距甚大。所謂「內帳」其實就是做假:若非在數字上動手腳,就是詭稱錢還在,但實際上沒了。「內帳」與「外帳」的差距會越來越大,而「外帳」則是會顯示出盈利與有價值的投資,藉此博取信任。在此同時,「內帳」上面不會出現類似的盈餘,這首先是因為表面上的業績是虛構的,實際上不是那麼一回事,其次則是因為現金與貨物被騙徒弄走了。所以到後來,騙局像滾雪球一樣越滾越大。

　　如果騙局涉及到借貸,複利通常會是關鍵要素。貸款後必須每月償付,但欠債是真的,總不能用假鈔來還債。所以騙徒通常會借第二筆貸款,「挖東牆補西牆」。不幸的是,第一、二筆貸款都必須償還,而且「外帳」上的假資產看起來穩健成長,但實際

上並未帶來任何現金。信用卡詐騙通常就是這樣越玩越大，本來只是跟某家銀行借了一小筆錢，最後卻在好幾家銀行欠下債務。OPM電腦租賃公司本來只是欠小錢，最後卻因為滾雪球般的貸款問題，騙局越弄越大，掉進了犯罪的深淵而無法自拔。

　　這一點容易讓許多業餘罪犯與菜鳥陷入困境。如果是偷竊店家的扒手或搶劫犯，犯下一兩樁案子後他們大可以休息一下，暫時避風頭。像這種藍領罪犯如果不想被抓，只要試著撇清自己與案子的關係就可以。但若是侵占公款、當交易員卻趁機A錢，或者逃漏稅，就必須想辦法掩飾，避免東窗事發。這意味著，任誰只要盜取公款一次，後面就需要盜取更多公款來掩飾。因為犯了第一樁案子，後續必須犯下更多案子，而且案情通常越來越嚴重。小咖的白領罪犯在被捕時，往往因為鬆了一口氣而突然流下眼淚。就像萊斯利·佩恩所說：

　　這些事業的經營者都是精力充沛、聰慧睿智的人，本來大有可能功成名就。有些犯下詐欺案的公司經營者其實事業都做得有聲有色，但這種案例卻是最令人悲嘆惋惜的。在貪了第一筆錢之後，他們必須想方設法償付，但薔薇一旦生了病，不可避免的將會擴及整個花叢，導致全部爛光。

　　順帶一提，如果想要把虧空補起來，有個方法是鋌而走險，拿還沒有虧空的錢來賭一把。這就是（霸菱公司的）尼克·李森

之流的「虧空交易員」為什麼很容易讓虧空逐漸擴大，到最後甚至導致銀行倒閉。還有，某些虧空小額公款的人為了脫身，情急之下也會拿公司的備用現金去賽馬場或賭場孤注一擲，這種事可說屢見不鮮。

但如果複利很容易讓騙局崩塌，為何很多騙局還能夠撐那麼久？對於野心很大，想要海削一筆或者連續騙取好幾批資金的騙徒來講，最大的問題之一，就是必須設法解決滾雪球效應帶來的問題。如果想要海削一筆，就得讓騙局持續下去。而且若還沒想出脫身之道，或者騙錢只是臨時起意，根本沒有做好計畫，那一樣必須持續行騙。不過，要讓騙局持續下去就必須越騙越大，騙徒積欠別人的利潤與定期還款，也會以複利的速度擴張，所以不得不越騙越多錢，以免騙局倒台。在行騙之際如何面對滾雪球效應，可說是所有騙徒的一大挑戰。

鴿子大王

許多現代版的龐氏騙局跟龐茲一樣，騙徒都會挑選那些完全沒有管控措施的市場。從行騙之初，龐茲最在意的，就是他使用的詐騙工具（郵票卷）並未受到麻州「藍天法令」（bluesky laws）[6]所規範，而這一類法令之所以會實施，就是為了預防證券交易員「以前所未見的方式進行證券交易」。為了兩個充分的理由，龐茲

6　譯注：「藍天法令」指美國各州針對州內證券交易所進行的法律規範。

的徒子徒孫們將會遵循他的路，挑選那些不受財經法規管制的資產來犯案。首先，由於騙徒使用的行銷材料不受法規管制，他們大可以信口開河，應用無恥的話術。其次，證券管制人員在執法時往往冷酷獨斷，而且規定多不勝數，只要違反了技術性規定或者無法通過稽核，他們隨時可以中斷任何投資計畫，但龐氏騙局往往能夠避開這麻煩。如果在一個不受管制規範的領域裡行騙，騙局就可以偽裝成一個漏洞百出或者天馬行空的投資計畫，所以只有能夠證明它是騙局時，有關當局才能夠插手——但是除非騙局實在太過膽大妄為，否則一般都很難在東窗事發之前就搜集到犯罪證據。

　　某類有趣的龐氏騙局案例，是騙人拿錢投資農業或者禽鳥牲畜。動物對於大膽的龐氏騙局來講非常合用，禽鳥由於繁殖周期很短，尤其適合。理由在於，即便有人利用販售禽鳥來進行投機性投資，但卻基本上不受管制，再加上牠們繁殖力強，容易讓人誤以為能夠輕鬆獲得百分之十以上的高額利潤，投資人難免會開始夢想著搭乘自己的遊艇到陽光普照的島嶼優遊，這也促使他們放下了戒心。

　　例如，一對賽鴿往往可以生兩顆蛋，只要運氣好加上細心照料，主人也許在一年內就能讓一對賽鴿變兩對。如果把這當成投資，回報率等於百分之百，不過前提是：鴿主必須以大約相當於第一對鴿子的購入價格，賣掉第二對鴿子。

　　有些人的確是靠這種方式賺錢，不過任誰只要有閱讀報紙社

會版的習慣就知道，不曾有人靠賽鴿變成億萬，甚或百萬富翁。所以我們可以非常確定，沒有任何人能用三萬美元的第一筆投資，連續十五年獲得百分之百的複利回報。理由在於，全球的賽鴿市場不大，而且年增率極低。不過，若是小額投資且沒有複利額度限制，繁殖鴿子的確可以獲得高額報酬。

加拿大「鴿子大王」亞倫‧蓋爾布瑞斯（Arlan Galbraith）之所以能夠騙倒那麼多人，正是因為他的受害者不太了解投資鴿子這件事。一來，他們不知道這類投資不一定能夠獲得複利式回報，二來也不知道這市場的規模可能很有限。亞倫曾是個農夫，在一九九〇年代破產後，開始巡迴加拿大的農村地區（本來也在美國活動，直到愛荷華州檢察總長把他找來問話），吹噓他的「斯特拉斯克萊德[7]養鴿法」有多厲害，並且慫恿人們去借貸至少十萬美元，跟他購買大約一百六十五對鴿子來繁殖。由於蓋爾布瑞斯承諾，未來十年內會用原價回購他們繁殖的所有鴿子，因此在買家看來，這筆生意似乎穩賺不賠。許多人用農莊去借抵押貸款，也放棄了自己的副業。

這投資計畫行之多年，一直很順利。亞倫的鴿王國際公司（Pigeon King International）在早年讓投資人以為，他們只會把這種養鴿法賣給最多幾十人——如果要把鴿子賣到賽鴿市場上，的確有必要做出這種限制。[8]但鴿王公司很快就背棄承諾，採用

7　Strathclyde，位於蘇格蘭的地名，是他的祖籍所在地。

許多廣告行銷措施，公司官網上還貼出知名愛鴿人士拳王泰森
（Mike Tyson）依偎著該公司某隻鴿子的照片。鴿王國際還祭出猛
烈的「龐氏」攻勢，以高額獎金招募銷售人員，大量吸金。鴿王
本人把販售鴿子的地點當成最高商業機密，只是暗示他賣給了一
些中東財團，還讓廣大的養鴿戶深信，公司的成功關鍵在於他本
人對於全球鴿子買賣市場了解透徹。但事實上，亞倫回購鴿子之
後，基本上只是立刻轉賣給更多新投資戶。

　　很荒謬的是，由於公司的推銷大軍比鴿子更具「生產力」，
有好幾年還真的有許多人等著加入這養鴿騙局。養鴿戶數量以倍
數成長，所以供過於求只是遲早的事。到了二〇〇八年，由於美
國政府開始出手干涉，再加上《優質農業》雜誌（Better Farming）
做了一些負面報導，鴿子的銷售量大跌，騙局也開始逐漸崩塌。
亞倫開始沒辦法回購鴿子。鴿王國際建了一個「中央工廠」，用
來製作鴿肉[9]，對養鴿戶則宣稱那是公司的肉品加工廠。最後經過
幾名記帳員集體施壓，鴿王國際才寄發信函給所有投資人，宣告
破產，公司無法繼續回購鴿子，所有人的發財夢也就破碎了。

　　這一樁加拿大鴿王詐騙案，充分印證了一個有利於龐氏騙局

8　順帶一提，事實上根本不可能限制養鴿戶數量。在賽鴿圈，所謂「斯特拉斯
　　克萊德養鴿法」根本就被當成笑話。亞倫的頭號銷售員後來還倒戈相向，轉
　　為檢方的證人，之所以這樣，是因為他偶然間遇上了一群根本沒有聽過鴿王
　　國際公司的賽鴿迷。

9　他的鴿子也不適用來製作鴿肉，因為繁殖出來的鴿子是賽鴿（但飛行能力
　　不佳），體積較小，所以肉量不足。

的特色：騙徒都會承諾投資人，永遠可以贖回投資金額。要不是大家相信亞倫能夠幫忙賣出所有鴿子，也不會有那麼多投資人趨之若鶩。另外，由於在初期都能夠固定拿回現金，這也讓投資大眾對鴿王公司更有信心，甚至加入推銷大軍，為亞倫招募到最後一批血本無歸的投資人。

有些最早期投資者賺的錢甚至比亞倫還多。在騙局瓦解之際，亞倫騙取的總投資金總額大約四千兩百萬美金，但其中有三千萬還給了投資人，所以是吸金一千兩百萬。不過為了吸金，他必須欠下更多債務，也就是他承諾要在未來回購鴿子的金額，所以公司倒閉時所註銷的債務，是稍高於三億五千萬美元，等於他騙得的金額還不到債務的百分之五，其他百分之九十五全是空話與鴿屎。法官在判刑時所根據的，大致上是較高的金額，但受害者實際的損失沒那麼多，大約是兩千萬美金。

即便是那大約兩千萬的詐騙所得，也不是全由鴿王國際公司拿走。推銷員的抽佣占總收入的百分之十到二十之間，換言之，騙取的投資金額裡，最多有六百萬美金是給他們的佣金，而鴿王國際公司全部的資產也只有一些鴿舍、箱型車，還有一些並非共犯的員工——他們對行騙的唯一貢獻就是幫忙清理鴿糞。在公司最風光之際，亞倫也只不過付了四十萬的薪水給自己，雖說對於一個曾經破產的農夫來講這是優厚酬勞，但看在貪婪騙徒眼裡，可能連塞牙縫都不夠。這怪異詐騙案對他的真正好處，是讓他當了十年的「鴿子大王」，讓他可以全心付出，實踐自己的奇特養

鴿理論。雖說亞倫鑄下大錯，但他對鴿子的愛卻是貨真價實。因此令人萬分惋惜的是，他的騙局除了讓許多人痛失房舍農莊，還直接導致許多破產的投資人最後不得不用毒氣毒死或勒死鴿子，總計十七萬五千隻。

鴿王國際公司無法掌控投資人的「贖回金額」，因為這一切都取決於鴿子的繁殖力，只有回購鴿子時才必須花錢。所以為了面對騙局的滾雪球效應，鴿王採取的策略是積極招攬投資。不過這並非上上之策。從投資詐騙案件的歷史看來，問題的最佳解決之道，還是直接減少外流的現金。如果投資人幾乎不會把錢拿回去，那騙徒就可以高枕無憂了。至少可以暫時不用擔心，這就是接下來我要介紹的伯納·馬多夫（Bernard Madoff）詐騙案。

避險基金詐騙案

「伯納·馬多夫」這個名字在二十一世紀幾乎就是避險基金詐騙案的代名詞。馬多夫採取的是「放長線釣大魚」的長期詐騙策略，但一般來講只答應給投資人百分之八到十二的報酬，回報率不如一般龐氏騙局案例那樣驚人。但就是因為這樣悉心管理，才促使投資人選擇把錢交給他，不去贖回。他的基金不曾暴起暴落，因此沒人搶著贖回。不過諷刺的是，複利的滾雪球效應，也導致他的長期騙局最後必須做出龐大假帳。為了侵占區區幾億美元，馬多夫最後不得不吸金兩百億，把基金總額灌水成為六百五十億，這意味著詐取金額占灌水總金額的不到百分之一。

不過，我們必須先假定只有馬多夫是騙子，即便那些早期的基金投資人（也就是所謂的「純利贏家」，由於他們投資時間較久，最後拿回的報酬是原始投資金額的好幾倍）都是受害者，而非共犯。必須強調的是，情況應該是這樣沒錯，但根據法院的判決，馬多夫在基金營運最後一年，還給投資人的報酬總計一百三十億（與投資人投入的現金總額相較，算是很大的數字），可能是「被轉移他處的詐欺所得」（fraudulent conveyances）[10]，因此是否該退還給破產管理人，到目前仍然在爭訟中。

不過，在金融危機屢見不鮮的年代裡，馬多夫基金並非第一個垮掉的避險基金，也不是最引人入勝的個案，所以我們將會把焦點擺在另一個人身上。在人們對於金融危機已經習以為常之際，馬多夫騙局之所以把投資大眾搞得人心惶惶，是因為在他之前已有許多人突然開始害怕那些投資報酬極為穩定，但卻專門找小型或不知名會計師事務所來稽核帳務的私人基金。這股恐懼情緒的源頭，是二〇〇五年的巴尤資本公司（Bayou Capital）倒閉案。幾乎所有發生在馬多夫騙局裡的問題，都早就在巴尤公司詐騙案出現過，這些問題也讓我們能看清資金贖回管理的主要問

---

10 被告的人當然對這法律名詞感到怒不可遏，但事實上「被轉移他處的詐欺所得」一詞並未暗示那些幸運的投資人是詐騙共犯。「詐欺」只是指涉馬多夫本人，所以「轉移」那些所得的人是騙徒馬多夫，目的是為了持續行騙。不過為了維護整體的公正性，破產法往往會採取溯及既往的原則，要求返還這些已經轉出的錢。

題，了解避險基金式的龐氏騙局有哪些特色。打個比方，巴尤公司的案例，就像好萊塢某電影公司找人寫的「馬多夫騙局」劇本，交給名導昆汀‧塔倫提諾（Quentin Tarantino）執導，而且老闆吩咐要拍得誇張一點的電影。

巴尤資本公司

　　山姆‧以色列（Sam Israel）在行騙以前，早就深信在這世上賺錢的確可以輕輕鬆鬆。他在當證券交易員時，就以炒短線與投機投資為專長，早年曾深受許多華爾街傳奇人物親自調教，可惜也跟他們學壞了。後來山姆自創避險基金，鎖定的收益來源主要有兩個：首先是他自己設計的「向前傳播演算法」（Forward Propagation，這是個可以利用股價歷史紀錄來預測股價的電腦程式），其次則是努力尋找大公司內部的線民，靠行賄來獲得內線消息。

　　儘管這個投資計畫看來深具吸引力（而且他自己還出身自紐奧良的期貨交易世家），但山姆發現要募資實在極度困難。巴尤公司草創時期只管理六十萬美元的資金，跟顧客收取小額的固定管理費，另外也針對交易收益收取百分之二十佣金。這些錢不足以支付氣派辦公室的租金，事實上就連寒酸的辦公室也租不起，所以山姆只能租地下室辦公，因而很難說服任何潛在客戶把錢交給他管理。

　　為了募得更多資金，巴尤公司必須維持帳面上的交易收益。

草創第一年，為了達到這目標，公司就採用了一個就算並未完全違法卻很狡猾的方式：收益之所以增加，是因為山姆自己也開了一家證券交易公司，他選擇不抽佣，把佣金退回給避險基金。為了說服基金的稽核員葛蘭特‧松頓（Grant Thornton）接受這形同作帳的會計手法，山姆花了不少時間與金錢。結果稽核報告晚了兩個月才出爐，這讓投資人大感不滿，山姆則是不爽自己被敲了五萬美金竹槓。到了第二年，他打定主意，要找一家可以花少一點錢就能輕易打通關節的事務所，來做稽核工作。

所以稽核巴尤資本公司的就改成了「里奇蒙－費菲爾事務所」（Richmond-Fairfield）。這是一家比較小的事務所，不過與其說它小，不如說它根本就是假的。這事務所純屬子虛烏有，是丹‧馬利諾（Dan Marino）[11]憑空創造出來的。馬利諾是個窮途潦倒的會計師，後來獲山姆聘為避險基金的營運長。這顯然省下了很多費用，同時也讓山姆與丹能夠在第二年與後來每一年讓基金維持亮眼表現，而且作弊的方式很簡單：只要在數字上動手腳就好。

不過，為了在經過稽核的避險基金帳目中創造出假的投資報酬，他們必須回答「錢到哪裡去了？」在解決這問題的同時，丹‧馬利諾也成為犯罪史上頂尖的智多星。他的解決方案分成兩部

---

11 在這個網路紀錄無所不在而且永久保存的年代，如果你跟某個名人同名，而且那個人又幾乎不可能來找你麻煩，那你的名字可說是非常重要的個人資產。不過，這個騙子會計師跟美式足球邁阿密海豚隊（Miami Dolphins）的傳奇四分衛丹‧馬利諾沒有任何關係。

分,其中第二部分比第一部分高明多了。

巴尤騙局的第一部分,是個絲毫不加掩飾、很容易出現破綻的謊言。為了讓帳面平衡,創造出一個與虛假投資報酬相應的資產,馬利諾開始把「來自證券交易公司的應付款」這個會計項目寫進資產負債表。一般來講這只是小額款項,反映出某些交易恰好在關帳那一天正要成交。[12]結果在巴尤公司的帳目裡,這些款項不斷累積達數億美金。

這實在是很容易拆穿的謊言,一來只要有人粗略檢視一下帳目,就會立刻驚覺不對勁,另一方面則是因為這顯然意味著,在交易公司的帳簿裡,應該也會有個金額相當的項目叫做「預計付給巴尤公司的應付款」。而且巴尤公司必須把帳簿送給他們的主要交易公司,也就是SLK證券(SLK Securities),還有與交易相關的其他各方。馬利諾解決這問題的方式,是選擇在星期五快要下班時把帳簿送過去,因為他認為到了週一早上,帳簿就會被其他在週末送達的東西給淹沒,沒有人會仔細核對。這表示他非常了

---

12 所謂成交,其實是一個過程,程序包括核對這筆交易的文件、更新股票持有人的登記資料,然後把款項從買家的銀行帳號匯給賣家,這才算成交。即便是資深交易員與投資人,都會覺得這程序是理所當然的,不做多想,更何況一般人?業外人士往往覺得這過程會自動發生,像魔法一樣,只要有複雜的大型電腦就能搞定。不過,一旦他們發現完全不是這麼一回事,都會感到詫異甚至驚恐。事實上,自從二〇〇八年之後,情況已經大有改善,不過這只意味著如果你現在想要行騙,就不能挑紐約證券交易所下手,而是要鎖定新興市場,或者挑選信用衍生性金融商品,抑或其他成交系統比較沒有效率的市場。每次只要有大型詐騙案發生,成交系統就會稍微改善一點。

解證券交易這一行的運作方式。[13]

　　但馬利諾的第二個解決之道真可說是妙計。與傳統的龐氏騙局有所不同，避險基金騙局可以不斷騙下去。龐氏騙局的基本原理，是用新的現金收入，來掩蓋投資人收回投資金後造成的現金損失，而且由於承諾給投資人的報酬會以複利方式成長，騙徒就必須持續尋找越來越多新肥羊。但如果沒人撤回投資金額呢？如果避險基金（在帳目上）表現穩健，當然不會有人要求贖回投資金：如果基金運作得很好，那就持續投資。龐茲的騙局會崩塌，是因為他承諾投資人可以在到期後贖回他開的「票據」，鴿王國際會垮台則是因為鴿子生個不停，但公司已經沒錢回購鴿子了。但基金投資並沒有設定好的到期日。

　　山姆・以色列也非常了解那種高淨值的投資遊戲，所以鎖定了最適合的投資人：主要都是工作量太大的投資機構，它們一方面是用別人的錢在運作，另一方面則是照章辦事，查核程序都很固定，完全是根據「稽核過」的帳目來進行分析。吸金時他盡可能避開有錢人，因為他們的兒女往往閒來無事，有時間會自己進行現場調查，或是到華爾街去找人問話。

　　巴尤資本公司持續壯大。九一一事件也沒拖垮它，但馬利諾曾懇求山姆，利用紐約世貿中心（World Trade Center）恐攻與暫

13 你也許以為證券交易公司應該肩負查核責任。也許應該，也許不用。結果SLK證券交易公司沒有選擇上法院，而是付了兩千六百萬美元，與受害人達成仲裁協議了事。

時的市場亂象為藉口，宣告基金蒙受巨大虧損，停止營運。後來美國證券交易委員會（SEC）要求巴尤交出詳細的交易紀錄，並且提出許多問題，他們也撐過去了。（不過證交會想要調查的問題，是他們是否向客戶收取過高佣金，所以並未查核那些交易紀錄是否與帳面上的基金績效相符。）真正的投資報酬金額與給投資人看的帳面資料，彼此差距越來越大。到頭來害慘山姆的，竟是因為他堅信可以輕鬆賺錢。

為了彌補龐大資金缺口，他企圖購買一個能監控全球所有銀行交易的電腦程式，據說程式是美國中情局（CIA）研發出來，由賣家非法取得。如此一來巴尤資本公司就可以比聯準會（Federal Reserve）提早洞悉一切。不過世界上當然沒有這種電腦程式，而此舉也引發了公司開始垮台的第二階段，而且起因與經濟犯罪的分析比較沒有直接相關，但卻奇怪又有趣（也很可怕），所以值得在此略述。（值得一提的是，在後來一連串事件發生時，山姆變得越來越疑神疑鬼，因此吸了很多毒品來緩和情緒。）

販售那電腦程式的賣家叫做勞勃‧布斯‧尼可斯（Robert Booth Nichols），他的自我介紹總把自己描述成中情局的頭號殺手，對這世界的祕密政府非常熟悉，但其他人則是知道他前科累累，喜歡做白日夢。不過，只要稍微了解美國的情報機構史，就會知道他們的殺手的確有可能前科累累又會做白日夢。在與尼可斯碰了幾次面，每次的經過都像諜報驚悚電影的情節那樣充滿戲劇性之後，山姆深信那祕密電腦程式只是小菜一碟，真正能讓巴

尤賺大錢的市場是「主要銀行證券」（prime bank securities）。那是什麼東西？嘿，問得好！

「主要銀行證券」又叫做「主要銀行擔保」或「主要銀行高收益工具」等等，事實上是一種通行全世界的騙局，其根據是與這種證券共存的一種陰謀論，主張聯準會已經破產，由政府發行的貨幣在金本位制度崩壞後已經毫無價值，因此聯準會已經淪為世上少數幾個巨富世家的禁臠。[14]這頗為常見的陰謀論一經延伸，許多人便相信各國中央銀行操縱貨幣供應的方式，是把債券賣給一些「主要銀行」，債券面額往往達數十億美金，卻只以極低價格賣出，所以任誰若有幸獲准進入這個利潤像天文數字的私密市場，就有機會賺取巨富。

仔細分析起來，這甚至算不上是商業騙局，只是個簡單的騙人遊戲，基本上就是找個多金又貪婪的肥羊，從他們身上敲一大筆佣金或「引路錢」，聲稱可以幫他們「進入」某個祕密市場，然後用各種藉口搪塞拖延一陣子，最後找到脫身之道後就銷聲匿跡。[15]而且在許多專家看來，靠「主要銀行證券」陰謀論行騙的

14 類似羅斯柴爾德（Rothschilds）、高曼（Goldmans）等世家，而且為了避免讓猶太人單獨扮演邪惡角色，看起來太過反猶太，還特意加了幾個盎格魯－薩克遜與華人血統的姓氏進去。這些世家的數量一般都是十三個，最多不會超過十八，最少不會少於八。這理論的相關陰謀論還包括蜥蜴的後代子孫、金字塔建造與二次世界大戰的責任等各種傳說，但有些人不是想靠這種陰謀論來寫暢銷書或者衝Podcast訂戶數，而是想要直接靠它賺錢，所以會略去那些太誇張的部分。

像伙遍布全球，其中許多人看來真的相信有這樣一個祕密市場，而且這些騙徒大部分時間都在互相收取佣金或者彼此編造藉口，深信有天他們真的可以獲准進入那聖殿一般又**貨真價實**的「暗黑市場」。勞勃・尼可斯就是這樣，他似乎把他從山姆身上騙來的佣金，投資在「主要銀行證券」與相關計畫上。[16] 尼可斯還把巴尤公司介紹給幾個跟他一樣腐敗的傢伙，說他們也可以幫忙賺大錢。所以在巴尤一案中，我們看見騙徒騙來的錢又被騙走，投入另一個騙局中。

山姆・以色列的故事最後以假自殺與亡命天涯，還有漫長的刑期告終，目前他仍身繫圇圇。不過巴尤公司垮台的過程令人感到相當諷刺，甚至有點「天網恢恢」的味道。說來也是勞勃・尼可斯與其他那些「主要銀行證券」騙徒的運氣有點差，居然把山

---

15 最好能夠編造一個神祕又可怕的故事，而且要與祕密組織有關。山姆・以色列深信，在與尼可斯鬧翻後，他曾遭刺客暗殺未果，他還開槍打死了那個刺客——不過沒有人發現過屍體，也沒有任何相關的報案紀錄，所以幫他立傳的作家深信這事件根本是他掰出來的。

16 這裡提到的「相關計畫」包括一些尋寶冒險行動，寶物是一批據稱本來要用於金援蔣介石麾下國民政府，但在運送過程中卻消失於東南亞某處的美國財政部債券。與這些債券和所謂「山下寶藏」（Yamashita's gold）有關的詐騙案很多，其中有一大部分騙徒也會靠「主要銀行證券」陰謀論來行騙，而且在巴尤公司急遽覆滅的過程中扮演著跑龍套的角色。不過啊，我們現在已經離題太遠，真的該言歸正傳了。我在書末的參考書目裡列了幾本供讀者參考，不過我勸大家還是別去找來看：那些陰謀論就像兔子洞，越深的地方越令人困惑惱火，而且我還真怕有人會不小心上鉤，居然信了那些鬼話，那就真是鑄下大錯了。我甚至覺得那些書售價太貴，沒必要去買。

姆與其他幾個有錢人介紹給一家誠信的證券交易公司,也就是倫敦的 ODL 證券(ODL Securities)。他們以為自己有辦法操控這證券公司,讓它變成詐騙共犯,結果打錯了如意算盤。負責最後成交業務的 ODL 證券員工仔細核對了證券編號,所以無法確認交易內容無誤,而且執行長即便遭人施壓也堅拒進行銀行轉帳。[17]

　　二○○四到二○○五年間,大部分時間山姆被騙走的錢,就這樣被凍結在一個倫敦的戶頭裡,巴尤公司的員工基本上什麼都不能做,山姆的憤怒已經到了臨界點。最後 ODL 證券終於無法繼續推拖,不能扣住山姆的基金資金,所以在他的指示下,轉進某個由另一位騙徒控制的帳戶。那騙徒詭稱,要把一座價值一千五百二十億美金的亞利桑那州金礦,賣給巴尤公司。不過,彷彿像鬧劇一般,這正巧驚動了該州檢察總長辦公室,因為他剛好有個手下就是追查「主要銀行」詐騙案的專家。投資人總計遭巴尤公司詐取四億五千萬美金,就這樣因為運氣使然,其中居然有一億美金得以保留下來——不過區區一億美金也許無法安慰他們,因為他們還以為巴尤的基金總額已經高達七十一億美元,不知道那是丹・馬利諾做的假帳。

　　巴尤資本公司詐騙案就像鬧劇一樣結束了,緊接著就換馬多夫的大戲上演,兩個騙局的基本架構相似,只是馬多夫騙局的金

17 但有時候好人真是沒好報。ODL 證券有充分理由後悔自己與這些騙徒客戶認識:他們偷走了 ODL 的一疊公司用箋,隨後幾年內那些用箋持續出現在另外幾樁詐騙案裡。

額遠遠多於巴尤，但情節的精采度卻有所不及。馬多夫也有個像
丹・馬利諾那樣的跟班：法蘭克・迪帕斯卡里（Frank DiPascali），
他也是個偽造高手，許多交易紀錄都是他的「傑作」。若說山姆
與馬多夫是唐吉軻德般的人物，他們的跟班也都像桑丘・潘薩
（Sancho Panza）那樣，是畫龍點睛的關鍵配角。所以在介紹下一
個詐騙案之前，我想花點時間談談這種夥伴關係。

騙徒與他們的親信

在騙局中，腐敗稽核員的價值在於他們可以幫假帳簽證。任
何會計師（就像巴尤資本詐騙案中的丹・馬利諾）也都能幫忙提
供有用的專業建議，幫騙徒掩飾騙局，創造出無懈可擊的收支帳
目，把錢搬走也不會被發現。但通常來講，只要是有經驗的騙
徒，這種事都能自己辦到，只是他們自己無法為會計紀錄簽證，
而這種紀錄只有在簽證後才有效，才能取信於投資人、債主與
社會大眾。

專業能力讓律師、會計師與精算師等各類人物在商界獲得特
殊身分。某些文件只有經過會計師簽證後才有效力，一旦簽證後
就會被當成「經過稽核的帳目」，比較不會有人另做查證或核對。
類似的，如果文件是由某位律師起草，經過公證人認證，也會比
一般人起草的文件更具效力，即便文件內容根本與法律專業無
關，只要做一些事實查核即可——例如，一塊土地的賣家是否真
是土地所有人，這不需要律師也能查核。

　為何會這樣？當然是因為這些人在社會上信譽良好。理由之一在於，他們接受專業訓練與實習的過程很長，照理說應該足以培養出誠信美德，不適任者都會遭淘汰出局。另一個理由則是，專業身分對任何人來講都是珍貴資產，但只要稍有踰矩，卻很容易遭專業協會的懲戒委員會剝奪，所以想要用錢買通專業人士，所需的錢遠遠多於買通一般人。賄賂金額除了包括遭逮的風險與必須繳交的罰金，還有失去專業執照的風險，以及因為失去資格而無法賺得的畢生豐厚收入。假設某位專業人士能賺的錢，比他在沒有執照的狀況下能賺的要多數萬美金，而且他可以執業二十五年左右，這下我們就不難看出，律師與會計師即便再無視道德，有機會就想大撈一筆，但他們絕大多數還是不會輕易以身試法，除非參與騙局後能夠分得至少百萬美金的黑錢。

　以巴尤案為例，任誰都可以查證山姆・以色列的相關資訊，而且事實上資料就在那些有能力又有動機查核的人手裡。丹・馬利諾把巴尤公司的所有交易紀錄，都交給了證券交易委員會，供委員會審查是否有超收佣金的嫌疑。倘若有人看一下那些紀錄，把每一筆盈利與損失加總，就會看出他們顯然做了假帳。SLK證券公司的成交程序承辦人若要查核，更是輕而易舉，任誰只要核對一下，就能發現帳目上有一筆金額叫做「來自證券交易公司的應付款」，那顯然比實際金額還要多好幾億美金。

　但如果那些帳目是經過會計稽核的，為什麼還要多查一遍？那也太奇怪了。而且馬利諾為了減少遭仔細檢查的風險，特別選

在每週五下午快下班前,把假帳送到SLK證券公司,因為他料事如神,知道如此一來送過去的帳目會被壓在收文籃的底部,而且到了星期一證券公司又會遭電子郵件淹沒,根本不會看。這還是有風險存在,但卻是成功機會頗高的策略,理由很簡單:任誰都不會查核這些「一眼就可看出真偽的帳目」,除非是心裡已經強烈懷疑了。而且,實際上也不可能針對每個避險基金進行仔細查核,如果真要那樣,必須先聘請一支會計師大軍,確認每一筆帳都正確無誤。而且若目標是山姆‧以色列,你還得要有額外的眼線,知道他有嗑藥酗酒的問題,而且這麼一查,更會讓你發現另外還有「幾個人」也大有問題。[18]

當然,另一個博取信任的方式,是在關係密切的群體裡下手,就像我們先前所看到的那些老鼠會案例。原則上,這從利益取捨的角度看來是合理的:如果某人與一群人的社會關聯性很強,共享的旨趣與關係也很多,那麼他為了行騙而必須付出的代價,照理講是非常龐大的,所以他應該不會這麼做。先前論及「加拿大悖論」時我們曾舉希臘船東為例,他們之所以能夠在喝完白蘭地後握手成交,是因為彼此熟稔,不但天天見面,也靠聯姻強化關係。如果有個希臘船東行騙使壞,他不但會永遠遭逐出商界,連所有社交關係也一併毀了。但這種圈子之所

---

18 說實話,應該是「很多人」。不少避險基金交易員都有古柯鹼的毒癮,所以我們必須假設毒癮嚴重才會引發問題,否則市面上能讓人放心的避險基金會剩下沒幾家。

以有很高的風險，是因為這社交圈成員彼此認同，即便實際上他們並非命運共同體。除了同樣來自義大利之外，波士頓的義裔美國人實在沒什麼理由信任龐茲。同樣的，那些遭騙的廣大波士頓寡婦與未婚熟女，也沒有理由信任莎拉‧豪爾——除了她一樣是未婚女性。這當然就讓她們成為一群肥羊，而且莎拉也懂得操弄她們的心理。

波士頓的「仕女存款公司」

對於那些「無親無故」的女性而言，一八七八年還是個很難捱的年代。一般女性的財產都登記在丈夫名下，但她們不是，所以變成社會上比較特別且容易受到傷害的女性族群。如果她們以前都是由父母或丈夫「供養」，沒有一技之長可以謀生，那狀況就更糟了。想要靠遺產或一筆資本過活也不是不可能，但生活條件通常不會太好，而且她們如果是靠存款孳息度日，更必須面對孳息金額不變，但物價上漲的問題——儘管當時物價波動不大，但仍有一定影響。這意味著此類女性如果只是做一些比較安穩的投資，通常都難以維持自己的社會地位。何況有時候就是會出現某些預期外的開銷，那也許就會讓她們「動用本金」[19]，導致往後的孳息減少。

19 十九世紀的這一類波士頓婦女往往必須節儉度日，她們甚至淪為一個下流笑話的笑柄：某天茉德與莎莉在城裡的紅燈區約好見面，其中一人說，「親愛的，如果你不肯下海，那就只能動用本金啦！」

　　因此，令人深感訝異的是，為了取得比較高額的分紅，當時一些寡婦與未婚熟女都願意做高風險投資。當時美國第一批鐵路公司剛剛問世[20]，經營狀況起起伏伏，至於律師與銀行家建議的那些投資方案儘管「穩健可靠」，最後卻肯定會讓她們淪為女家教才得以餬口。在許多肥皂劇裡，為了讓那些倫敦證券交易所（Stock Exchange）的維多利亞時代惡徒更顯得十惡不赦，受害的投資人中往往有很高比例是孤苦無依的婦女。當時的女性也許不像編劇筆下那樣都是投資白癡，但受害人數頗多是不爭的事實，而且很多這類女性往往不排斥高風險投資。

　　但如果有人掛保證，投資安全無比，每月只要付百分之八的投資金，而且每投資一百美元就能享有九十六美元的年收，她們當然都會心動。何況每個投資人還可以預先拿到前三個月的利息。莎拉‧豪爾的仕女存款公司於一八七八年問世，很快就讓許多人趨之若鶩。

　　豪爾小姐不見得需要自己開口，自然有人會幫她散布謠言，說銀行的金援事實上來自一個基督教貴格教派的慈善團體，想要藉此提倡勤儉儲蓄的美德，而且也因此設下了一些限制。存款人

---

20 或者比鐵路更浪漫的投資標的。小說《白鯨記》第十六章曾提及，捕鯨船皮廓號（Pequod）的船東除了幾個老資格水手之外，「其餘小股東是一大群領養老金的老人、寡婦、無父孩童，以及受到衡平法院監護的未成年人，這是此類海港偶爾可見的慣例，他們每個人的持分都相當於船上一塊木頭、一片木板或者一兩根釘子的價值。」社會地位相當的德裔仕女甚至渴望著擁有一家「小工廠」當嫁妝，或者可以賺取一些閒錢。

必須是寡居或者未婚的女性，而且必須同意只領利息，不會提領存款。[21] 仕女存款公司很快就靠口碑快速成長，只要介紹一個顧客，豪爾小姐就會支付五美金介紹費。公司隨即吸引了廣大投資群眾，都是來自社會各階層的女士，包括女僕與女店員都拿出低額本錢來排隊存款，也有富裕的寡婦投資了所有資金。

由於這詐騙案不像龐氏騙局那樣，沒有用郵票券或者類似藉口來做掩護，所以明眼人應該可以識破。有讀者投書《波士頓廣告日報》(*Boston Daily Advertiser*)，標題是〈仕女存款蔚為風潮：這到底是怎麼一回事〉(Ladies' Deposit Banking – How it is Supposed To Work)，詳細解釋了莎拉・豪爾的把戲，還用圖表加以說明，並且預測大約在三年後，這銀行就會因為找不到新的投資人找而倒閉，而且果然料中。在讀者的敦促之下，《波士頓廣告日報》調查了莎拉・豪爾的背景，發現她是個算命師，也是會上舞台表演的靈媒。既然如此，全美最大的慈善團體怎麼可能找她當這種財務計畫的管理人？

面對媒體抨擊，莎拉宣布，為了證明那些質疑的人都錯了，她將會改變規則，如果投資人後悔，大可以把所有本金與累積的利息全都提走。結果她嚴重失算，由於手上的現金嚴重不足，她的公司不得不宣布倒閉，她當然就鋃鐺入獄了。但令人費解的

---

21 換言之，他們就不會「動用本金」了。波士頓人真的很在意「動用本金」這件事。不過，由於利息非常高，只要存個兩三年，就算本金很少，拿回的利息也很可觀，所以儘管看起來很像，但事實上這並非銀行的避免擠兌措施。

是，莎拉在出獄後又如法泡製同樣的騙局，在一八八四年成立波
士頓婦女銀行（Boston Women's Bank）。不過我們不能說她沒有學
到教訓：《波士頓廣告日報》又於一八八七年爆料，揭發該銀行
的經營人實際上並非J. C. 埃威爾女士（J. C. Ewell），而是莎拉・豪
爾。這次莎拉並未坐以待斃，而是早一步溜出波士頓。她拿著投
資人的五萬美元抵達芝加哥，要不是企圖在那裡組織「仕女互助
會」（Ladies' Provident Aid Society），搞不好真能持續逍遙法外。最
後她在一八八九年出獄，回到了算命的老本行。

4 偽造案

Counterfeits

「不是穿上僧袍你就會變成和尚。」
——法國小說家拉伯雷（François Rabelais）

葡萄牙偽鈔事件

提到偽造物品的詐騙案，大家最先想到的就是偽鈔，假的名牌牛仔褲雖然排第二名，但也是遠遠落後。但如果製造的假鈔票幾可亂真，那還能叫「偽鈔」嗎？重點並非模擬製造物品的行為本身[1]，而是擬制之後宣稱那是「真品」。就算有人能把梵谷（Van Gogh）的畫仿得維妙維肖，絲毫不差，並宣稱那是真畫，那假畫也不會變成真畫。某條牛仔褲即便是由鱷魚牌（Lacoste）的外包商製作，布料、圖案都一樣，製作者也是同一批員工，仍會被當成假貨。

相似的，即便用政府印鈔廠的印鈔機製作出完美的鈔票，那還是偽鈔，不會變成真鈔，因為製作鈔票並不是由中央銀行授

---

1 這情況跟剽竊軟體或盜用專利不同，因為這兩種犯行的罪都是模仿本身。

權。這類偽鈔案還真的發生過幾次，而且可說是對於國家政經情勢影響極大的詐騙案類型。我指的是一九二五年的葡萄牙偽鈔案，這案件堪稱詐騙狂徒亞瑟・多斯・雷斯（Artur Virgilio Alves dos Reis）短暫詐騙生涯的高潮。

一九二〇年代初期，全球進入經濟起飛的「咆哮年代」（Roaring Twenties），但亞瑟與葡萄牙卻都在經濟上陷入進退維谷的困境。一次世界大戰後，葡國政府選擇大量印鈔來解決財政赤字問題，為此還改變了葡萄牙央行（Bank of Portugal）的法規。至於葡國央行則是沒辦法持續投資現代的防偽技術（例如鈔票序號），還把印鈔業務外包給英國的華氏父子公司（Waterlow & Sons）[2]。另一方面，亞瑟則是家道中落，不得不前往葡國殖民地安哥拉（Angola）追求發財夢。

他決定拿某家葡國大學的學位證書來仿造，改成「牛津大學理工工程學院」的畢業證書，上面還記載著他受過工程學、地質學、幾何學、物理學、冶金學、數學、古文字學、化學、機械學與建築設計等各種專業訓練。這個經驗不僅讓他發現葡國公證人會在任何文件上蓋印認證，也助他獲得安哥拉鐵路系統總工程師的職位。儘管學位是假的，但為了避免釀成大禍，亞瑟倒是自學工程有成，最後在一九二三年帶著一點積蓄與不錯的名

2　無論是當時或現在，鈔票印製都是非常競爭的行業。華氏父子公司創立於一八一〇年，卻馬失前蹄沒拿到「波亞斯國」的鈔票印製合約，被柏金斯暨培根公司（Perkins, Bacon & Co）搶走。

聲返回祖國。

但不管是錢財或名聲都沒能撐多久。他野心勃勃，想要進入金融業，卻因為用不法手段收購了一家叫安巴卡（Ambaca）的公司而鋃鐺入獄。在獄中他靠讀書來充實自己，但讀的書不是《聖經》或莎翁劇本，而是葡國央行的相關法規。

接下來的案件之所以會發生，主要肇因於一九二〇年代葡國貨幣體系的幾個特色。儘管葡國央行壟斷著印製該國貨幣「埃斯庫多」（escudo）的權力，但卻是一家有股東的私人公司。不過這並不罕見，像英格蘭銀行也是在一九四五年才國有化，至於美國的聯準會到現在仍是名義上的私人機構。[3]其次，安哥拉使用的貨幣叫做「安哥拉埃斯庫多」，幣值只有葡國埃斯庫多的十分之一。但安哥拉使用的貨幣仍跟母國葡萄牙一樣是埃斯庫多，只是上面印有「安哥拉」字樣。沒有人會全面清查市面上埃斯庫多鈔票的序號。所以，偶爾葡國政府有特定需要，但又知道公開後會被罵翻，就會「私下」委託各方人士印製鈔票。

再加上亞瑟已經知道，當時葡國公證人會在幾乎任何東西上面蓋印公證，於是他想出了一個騙局。他先偽造一張合約，使用幾可亂真的葡國政府用箋，請四、五個公證人在上面用印。簡而

3　名義上！各地區的聯準會是由當地銀行擁有。因為付款系統要求各種存款，他們有時候會用這些存款的孳息收入來支付股息。不過銀行股東已經不再享有控制權了。但是可別想太多啊，如果你對聯準會的運作太有興趣，有了過多聯想，恐怕會淪為「主要銀行」騙局的受害人。

言之，合約內容表示葡國央行行長授權亞瑟籌組一個投資團隊，借錢給安哥拉殖民政府，該團隊的報酬則是可以印製五百萬安哥拉埃斯庫多鈔票。亞瑟帶著合約去找葡國的尼德蘭大使，表示安哥拉借款案是祕密，央行總裁不希望其他股東知道，因此他需要幾個有錢且手裡又有葡國官方用箋的朋友幫忙印鈔。不知是亞瑟運氣好或者故意挑上那位大使，總之大使是個貪官，再加上他信了亞瑟的故事（或者被亞瑟承諾的佣金給說服），所以就幫忙籌組了一個國際借款團隊。

這團隊找上威廉・華特婁爵士（William Waterlow），爵士馬上就起了疑心。像這種交易，他顯然需要葡國央行總裁親自授權，但令人不解的是，他並未連絡總裁，而是要借款團隊提供總裁的私人信件給他。信件馬上到了他手上，但當然又是亞瑟偽造的。[4]最後一個要解決的問題就只有序號了。

亞瑟說服借款團隊預付他一大筆現金。如此一來，他就可以藉由幾十張面額五百元的埃斯庫多紙鈔，去研究如何偽造葡國鈔票的序號格式。他表現得很不錯，但不幸的是未能掌握鈔票的序號清冊，因為清冊由華氏父子公司持有。某些他要求使用的序號肯定已經使用了。但他腦筋動得很快：既然這些紙鈔不會在安哥拉流通，就不會有問題啊！華氏父子公司接受了他的說詞，開始印鈔。亞瑟當然完全不想在他的鈔票上面蓋上「安哥拉」字樣，

4　要偽造央行總裁的簽名並不難，因為流通的鈔票上通常都有非常清晰的簽名。亞瑟用縮放儀放大總裁的簽名，加以模仿。

以免幣值縮水成十分之一。他之所以確定這些假鈔不會被查出來，是因為沒有人會全面清查鈔票序號。

紙鈔運回里斯本後，在一小群黑市洗錢混混（綽號「懶漢」〔zango〕）的幫助之下，開始在市面上流通使用，擾亂了葡國經濟秩序。這批偽鈔的總金額將近該國國內生產毛額的百分之一，造成了些許影響。亞瑟的三個合夥人似乎也沒問過為什麼沒有借款給安哥拉，只要能夠分得四分之一的鈔票就很高興了。而亞瑟則是開始圖謀更大膽的計畫。

前面我們曾說到，葡國央行是唯一有權力清查偽鈔的單位，還有它其實是一家由許多股東持有的私人銀行。亞瑟在一夜之間暴富，甚至用那些偽鈔自創葡屬安哥拉銀行（Bank of Angola and Metropole），所以幾乎理所當然的下一步，就是試著取得葡國央行的股份，成為總裁，確保他的假鈔騙局不會東窗事發。

這種事顯然會鬧得滿城風雨。由於黑市「懶漢」突然之間動了起來，民眾很快就會聯想到市面上有巨量偽鈔流通，可能是外國勢力干預，而葡國央行只能盡全力闢謠。不過，葡國央行為了維持民眾對於本國貨幣的信心，持續檢測可能的偽鈔，結果當然發現里斯本流通的，都是英格蘭華氏父子公司印製的真鈔。

這騙局會事跡敗露純粹是出於巧合。許多人唯恐葡屬安哥拉銀行真的取得央行經營權，於是在報紙上惡意散布謠言。在媒體的施壓之下，有關當局不得不檢測亞瑟存放於金庫裡的紙鈔。儘管檢測結果是真鈔無誤，但一名稽核員恰巧發現有兩張鈔票使用

同一個序號——兩張使用同樣序號的「真鈔」剛好疊在一起。一旦發現問題所在,就很容易了,接著他又發現更多同樣的情況。亞瑟再度鋃鐺入獄,不過這次他真的開始讀起了《聖經》。

由於人民對於貨幣的信心崩盤,馬上開始出現嚴重通貨膨脹。最後央行不得不回收所有面額五百元的埃斯庫多紙鈔,以千元紙鈔替換。接著軍方發動政變,創建號稱第二共和的「新國家」(Estado Novo),這獨裁政權就持續統治葡國到一九七四年。這四十年之間,該國大多是由安東尼歐‧沙拉薩(Antonio Salazar)統治,曾為經濟學教授的他,應該偶爾會想起那一連串促使他上台執政的事件,覺得不可思議。

葡國央行偽鈔事件迄今仍是最悲劇性的案例,讓我們看出高信任度的社會如果出現某個突破點(在這事件中,突破點是那些公證人),最後會拖垮整個信任體系。一九五五年亞瑟去世,《經濟學人》週報為他刊登的訃聞表示,從凱因斯經濟學的角度看來,他的騙局對葡萄牙有益——不過這大概是該期刊有史以來最愚蠢的言論了。

鈔票當然是一種很特別的東西,因為它只確保自己的價值。所以偽鈔案相對來講較為單純,只要印出偽鈔後,騙局就已經完成。不過,在偽造類詐騙案中更常見的狀況,是利用了一個層面更為廣泛的信任體系,而這體系一般會使用紙本文件與獲得授權的一些類似單位,來認證確保其他東西的價值,例如金礦礦藏。

Bre-X公司的金礦騙局

由於一些特別之處，礦業很容易淪為騙徒的工具，其中又以貴重金屬礦藏為最。一方面，只要一聽到「金礦」，往往足夠讓投資人卸下心防，因為誘惑力太強了。另一方面，採礦人就算正直不欺，還是會自欺欺人，寧願相信只要再挖個幾百甚或幾十公尺，就能挖到礦脈，這往往會讓他們說出善意的謊言，為了多開挖一些地方而向投資人募集更多資金。溫哥華證券交易所（Vancouver Stock Exchange）[5] 曾經流傳一個笑話：礦藏的定義是指「地上的一個洞，洞的頂端坐著一個騙子」。

參與礦業這個經濟部門的人有好有壞，詐欺者不在少數，但偏偏這行業所需資本非常龐大，而且投資人不會要求立竿見影的績效，在挖到礦脈前可以募資很久。所以毫不令人意外的是，很多從事礦業的人無論一開始是否真誠不欺，卻都在歷經失望挫折後變成騙子。挖金礦不難，真正的難處是怎樣假裝你找到了金礦，然後從投資人口袋裡掏出現金。

在過去，金礦詐騙的慣用手法是拿一顆霰彈槍的子彈，拿掉所有霰彈，換成金粉，裝彈後朝著礦坑瞄準岩石發射。把瞄準的

5　改制後，溫哥華證交所已經不復存在，這讓加拿大其他證交所都鬆了一大口氣，因為溫哥華證交所向來惡名昭彰，礦業公司募資案以詐騙案居多，正經生意反而較少。正因如此，在詐騙風氣鼎盛時，溫哥華才會被財經記者命名為「世界詐騙之都」。

岩石拿起來後擊碎，送去檢驗。天靈靈，地靈靈，這下子檢驗報告上會用白紙黑字寫著，你礦坑裡的岩石樣本上驗出了金粉。如果報告是由信譽卓著的礦業化學家與實驗室簽證背書，你就可以拿著它去找人投資，走上吸金致富之路。這就是所謂的幫礦坑「加料」（salting' a mine）。

　　至於現代的行騙手法，嗯……，好像跟一八四九年淘金熱那個年代差不多，沒有比較高明。跟過去一樣，金礦詐騙案的關鍵，還是在於操弄檢驗結果與地質學家的報告內容，作法依舊是在礦坑的岩石樣本上「加料」。樣本上只要驗出幾微克金粉，報告就會載明每公噸岩石藏有五公克黃金，礦脈深具商業價值。這一切可以是如此輕鬆簡單。

　　但是到了二十世紀以降，檢驗程序已經有了些許改善。採樣程序已經標準化，而且樣本必須彌封起來，放進（照理說可以）防止竄改的袋子裡，並記錄下時間、地點。採樣時必須使用岩蕊鑽頭鑽進礦坑深處採樣，而且最好「剖半」，以便在稍後進行二度檢驗。而且地質學家與檢驗單位也都專業化，充分受到規範。但不變的是，如果你能找到某個不正直的地質學家，礦坑地點很偏遠，阻礙檢查人員來抽查，還是有很大的作弊空間。直到一九九七年，還是有一個幾乎沒有價值的印尼礦坑，居然讓廣大的加拿大投資群眾投入一百二十億美金挖掘，只因為檢驗報告上寫道，這似乎是史上發現的最大金礦。

　　Bre-X公司宣稱在印尼加里曼丹（婆羅洲島上屬於印尼的部

分）的布桑（Busang）發現金礦，後來卻演變成有史以來行騙金額最高的採礦詐騙案，整個過程也非常具有代表性，能讓我們充分了解此類偽造詐騙案的運行機制。米蓋爾・德・古茲曼（Miguel de Guzman）是個志向遠大但運氣不佳的地質學家，而雇用古茲曼的大衛・華許（David Walsh），則是個幾乎身無分文的股票推銷員，辦公室就設在他那即將遭法拍、位於地下室的住家。他們設法募集足夠資金租用設備，在婆羅洲叢林裡用岩蕊鑽頭在地層深處採樣。古茲曼在現場嚴格監督，採集樣本後彌封起來（但沒有剖半，因此留下爭議空間），送往實驗室檢驗。

結果是大家都同意的：他們挖到了金礦。當地村民有時候會在河邊淘金，貼補家用。但每個曾在加里曼丹進行地層探勘的採礦公司最後都認定，地底沒有具備開採價值的金礦礦脈，真正有價值的地方在別處。當然也就是因為這樣，幾乎破產的加拿大股票推銷員大衛・華許才能夠以低價，買下布桑地區的採礦權。

古茲曼自有一套理論。在採礦地質學界，他最有名的專長就是所謂的「碎礫火山筒」（diatreme）：這種石英地層就像是個顛倒的漏斗，有可能位於地層極深處，蘊含豐富的金脈。華許雇用他不久後，他開始深信布桑的地底就有碎礫火山筒。他為此撰寫帶有學術味道的探勘論文，並在採礦研討會上發表學術性論文。（順道一提，一些小型採礦公司負責地質調查業務的員工，往往也會這麼做。做為集資過程的一部分，這種事本身絕對不是要用來詐財。但就像撞球館本身不會惹麻煩，把球館跟酒吧開在一起才

會，地質研究發表會本身也沒問題，會惹事生非是因為與投資說明會一起舉辦。）

不過，等到古茲曼採樣樣本的檢測報告結果出爐後，Bre-X公司的股價也水漲船高了起來。[6]報告顯示，將岩石樣本擊碎並加熱後，岩層裡的含金量甚高。Bre-X公司的投資說明會開始使用一些新的微縮相片，明顯可以看出那些碎掉的岩石之間夾雜著表面光滑的顆粒狀黃金。

具備地質學背景的讀者們看到這裡，也許已經發現不太對勁：如果在岩石中發現黃金，不會是表面光滑的顆粒狀黃金，只有經過加工並且用流水淘過才會那樣（也就是一般所謂的「砂金」）。舉例說來，如果是從布桑礦區下游的村民手上，購買他們淘洗出來的砂金加進樣本裡，才會這樣。不過，Bre-X公司的案例堪稱礦藏詐騙案的典範，因為他們基本上只犯了這個錯。利用證明文件來詐騙時，關鍵是必須見縫插針，從整個環節中找出弱點下手。就這案例而言，初始紀錄與岩蕊的彌封，都是在印尼高

---

6 Bre-X公司原本是在亞伯達證交所（Alberta Stock Exchange）掛牌上市，股票暴紅後為了販售更多股票，才轉到多倫多證交所（Toronto Stock Exchange）。該公司垮台促成一個調查委員會成立，其主要目的是找出為何先前一連串保護股民的措施沒有奏效。明明在溫哥華證交所因為礦藏詐騙案頻傳而關門後，才提出那些措施的，不是嗎？對管制措施有興趣的讀者應該會想知道，儘管加拿大各省的證交法規不太一樣，但金融詐騙案是統一由皇家加拿大騎警隊（Royal Canadian Mounted Police）調查偵辦。據說他們出動去抓內線交易嫌犯時並不會戴帽子。

山叢林的礦脈探勘營地進行，現場只有一些粗工，還有古茲曼自聘的菜鳥地質學家，沒人敢說些什麼。一旦有人對那岩蕊樣本動了手腳，就再也沒有打破騙局的機會了，而即便那是個完全虛構的礦藏，隨後還是會有所謂「公正客觀」的第三方機構認證背書，結果就好像早已寫好的劇本，不會有任何改變。遠在加拿大的分析師與投資大眾深信，Bre-X公司的數據是經過三位不同顧問分析過的，但卻不知道他們三人只能接觸到該公司提供的假資料。

　　不幸的是，任何體系都有脆弱的環節。認證體系存在的目的，是為了讓大家不用花太多時間、心血親自查核，省事省力。這代表查核過程本身就是艱難的苦工。理論上，沒有人希望查核過程要歷經太多階段，也希望都由同一個組織來做。可悲的是這通常不可能。如果要檢驗公司派一名專人到探勘地點去，從岩蕊出土那一刻就開始監督，需要龐大經費，實在沒有道理。（但話說回來，Bre-X公司詐騙案涉及的金額是天文數字，所以有人可能會說這筆錢是該花的。）

　　有些錯誤極可能發生。許多加拿大採礦分析師都不太願討論的問題是，為什麼大家在過了那麼久之後才注意到，Bre-X公司提供的岩蕊樣本照片裡出現的其實是砂金？在騙局崩盤後，去過布桑探勘營地的人才意識到自己其實早該起疑，因為黃金在那樣本裡分布的模式也太整齊了。這證明他們不是採出樣本後就直接封袋。他們給樣本加過料，而且小心翼翼地製造出黃金平均分布在地底礦石結構中的「模式」。如果在某個鑽孔裡取出的岩蕊含

143

有大量黃金,但一、兩公尺外另一個鑽孔取出的卻完全沒有,那肯定有鬼。

認證本來是一種能幫人省時省事的信任機制,但這認證程序本身是否值得信任,我們多少也要存疑。認證程序實際上到底能夠認證些什麼,我們最好搞得非常清楚。例如,檢驗能夠驗證的其實是那岩蕊樣本裡含金,但沒辦法掛保證地底岩層也含金。

我們以為驗證機構能夠確認什麼,這是一回事,但實際上它們能夠確認什麼,往往又是另一回事。而這兩者之間的落差往往導致偽造詐騙案發生。取得一些認證結果後,騙徒很快就會敲鑼打鼓,促銷自己的騙局,彷彿所有東西都已經經過認證無誤。Bre-X公司就是這樣,而且成果可觀。儘管公司方面未曾具體宣稱「含金量」,因為這樣的聲明是技術性的,需要經人查核才能提出,但古茲曼與他老闆約翰・費爾多夫(John Felderhof)卻總是高談闊論,「粗估」布桑礦脈如果真的存在,會是全世界最大的金礦。有一段時間,Bre-X公司簡直像是「水餃股變股王」的童話故事,公司股價從幾分錢攀升為一股超過兩百六十四美金(經過除權後的股價)[7],數以百計的加國股市交易員跟投資人都因此致富。

但東窗事發終究不可避免。印尼政府要求Bre-X公司不能只是繼續鑽孔探勘,要趕快舉辦股市發布記者會。該公司辦不到,所以被迫與一家知名的採礦公司進行共同開發。與Bre-X公司合作的自由港－麥克莫朗公司(Freeport-McMoRan)想要先自行鑽

孔探勘,藉此確認礦脈。採樣後自然是並未含金,於是古茲曼獲
召前往討論這件事,沒想到卻掉出直升機身亡,這事故的起因也
未曾有人提出滿意的解釋。野豬把他的遺體破壞得面目全非,調
查人員必須靠牙醫病歷才能驗明正身。時至今日,在多倫多一些
新奇商品店裡,仍可購得Bre-X公司的股票證書,本來的持有人
大多是當年被捲入這場「淘金夢」,結果財產大幅失血的加拿大
中產階級家庭。

　　Bre-X公司的鬧劇已經非常令人髮指,但靠證明文件來行騙
的案件則更是惡劣。有些詐騙案最終會演變成暴力犯罪,這種案
件就是其中之一。認證體系能擔保的不只是價值與真偽,也有一
些信任關係的圈子是靠安全與純粹性的擔保,才能建立起來的。
一旦這種擔保遭人偽造,就會有人受害喪命。

醫療證明與詐騙案

　　即便像偽鈔案這種那麼單純,只要印出偽鈔就完成的詐騙

7　又再次過度簡化了。Bre-X公司發行了幾種不同等級的股票,而且該公司也不
　　是布桑金礦所有權的唯一擁有者,還有好幾家公司都要求要分一杯羹,因此
　　是共同開發的計畫,另外印尼政府也保持模糊態度,盼能藉此從中取得最大
　　利益。因為兩個理由,這種混亂的情況往往對騙局有所幫助。首先,就像我
　　不斷提到的,如果能把騙局搞得層層疊疊,非常複雜,很可能會讓陪審團感
　　到不耐困惑,因此獲判無罪。其次,資本市場裡有太多令人困惑的垃圾訊息,
　　因此往往會把事情簡化成一套無所不包的說法。在這案例中,我們看到的說
　　法就是:Bre-X公司＝布桑金礦＝世界上最大的金礦。

案，也是一種攻擊認證體系的深層犯罪結構：我們以為偽鈔的來源與出處無誤，但事實上卻是用其他比較便宜或不誠信的方式製造的。經濟體系中，如果牽涉到真偽的認證、監控與驗證，最耗時費神的莫過於醫藥產業。在本書序言我已經提過詐騙是一種「均衡數量」的現象，因此我們可以猜想，人們之所以要建立一個龐大的認證體系，為此耗心費神，是因為醫藥產業可能會發生很多詐騙案。而這也的確沒錯。事實上我們可以說，醫藥產業的詐騙案主要有兩種：一種是用來向醫藥產業詐財，另一種是醫藥產業的成員自己詐財。我們無法輕易斷定哪一個問題比較嚴重。

不過，助長這兩種醫藥詐欺的，是認證過程的特色：也就是認證只要做一次。跟公證人與其他專業人士的角色一樣，醫藥專業人士的角色是為相關各造人士提供保證，讓他們信任、安心，不用再自己費神查核。因此，有些嚴格的社會規範不容專業人士的判斷或意見受到質問或懷疑。除了這些社會規範，關於疾病與病症我們又不免夾帶著許多情緒與文化包袱，兩者加總的結果，就是讓大眾無法好好思考相關問題。

以健保體系為例，為什麼沒辦法建立起有效的詐欺管控機制呢？理由之一就是：沒有人想要直接說自己不信任醫生，就連暗指也不願意。健保制度本來就必須面對各種艱難的政治問題，再加上這制度必須讓一些管控成本的公務員介入醫病關係，情況當然就更糟了。負責理賠的行政人員的社會地位當然不及醫生，因此即便是正直不欺的專業人士，也肯定不會準時提交整理好的申

請文件。而這更助長了一種文化，就是只要出現異常現象，通常只會被當成「行政疏漏」或「錯誤」，理賠人員往往不覺有詐，直接把文件丟回去給提供照護的醫療院所重新核對。簡言之這就是一種影響慘重的政策，因為會助長我在第二章提過的詐騙方式：「亂槍打鳥，接著瞄準射擊」，如此一來，理賠的行政程序就像在幫詐騙犯做職業訓練，他們多試幾次就能找到行騙竅門。

光是對醫生畢恭畢敬的錯誤文化就已經夠糟了，大眾對於醫生的那種特別觀感與信任，甚至還延伸到醫藥產業的所有提供者。醫藥專業人員應該是絕佳守門人，因為他們經過了長久的訓練過程，必須遵守嚴格的醫療倫理，而且一旦行騙遭逮實在是損失慘重——但醫療儀器公司的老闆、輪椅商或者養老院經營者等，可不用遵守希波克拉底誓言。儘管這種公司遭行騙定罪後負責人很可能另設商號，經過幾道粗略驗證程序就能再度成為健保特約商家，但它們卻跟醫院或家醫科診所一樣，被賦予了守門人的角色。只要是那些單位提供的東西，人們很容易就卸下心防。這就是為什麼健保制度最後會有三分之一支出，被虛擲在醫藥詐騙案上。不過這還不是最糟的醫藥詐騙案。

偽藥

流行樂巨星王子（Prince）猝死後，人們在他身邊發現了一罐維可汀（Vicodin）止痛學名藥，但裡面裝的是偽藥。偽藥成分包括酚太尼枸橡酸鹽（fentanyl），那是一種合成的鴉片類止痛藥，

藥效比嗎啡強好幾倍。最惡劣的偽藥行騙案與暴力犯罪無異,無辜的病人上當受害,吞下自己完全不了解的東西。

之所以有人會想要犯這種罪,是因為醫藥產業的產值與認證體系密不可分。製造藥品極為困難且競爭激烈,所以整個產業都背負著沉重的獲利壓力。根據這個認證體系,能夠賺錢的,唯有走完從研發到人體試驗成功這段歷程的人,過程中鉅額製造成本都可以先賒帳,只因為研發者是大公司或者受到專利保護。所以,只要是沒有品牌或專利,但卻懂得製藥的人,往往必須面對製造偽藥的強烈誘惑。

值得再次注意的是,偽藥案基本上還是在攻擊認證體系。即便偽藥的化學成分與「真藥」一模一樣,還是侵犯了專利該享有的利潤,因此偽藥就是偽藥。重點在於,藥品的認證體系也是個安全體系。能夠為整個研發、製藥過程認證的公權力機構,是整個認證體系的一部分,而這體系正是專利的基礎,但偽藥卻不用像真藥那樣接受查核,確保製程無誤、成分純正。一旦踏入這犯罪領域,你就很容易認識那種把酚太尼枸橼酸鹽放進藥丸裡,但卻聲稱裡面放的是可待因(codeine)的人。為什麼?因為他們是混蛋,不管別人死活。

透過對抗偽藥的過程,我們可以觀察到,想要創造一個零詐騙的體系真是困難重重。在製造業中,與製藥業相較,幾乎沒有其他行業為了掌控監督整個製程而耗費更多心力,而且常常造成自身許多不便。例如,盤商為了管理藥品庫存量,往往會在遊走

法律邊緣的「灰市」（grey market）彼此交易。這對他們的經營模式來講特別重要，尤其是因為藥品也有效期，不能一直囤著。但「灰市」往往充斥偽藥（尤其是像佛羅里達州那種地方，過去就算有詐欺甚或毒癮前科，還是可以取得盤商執照），最後在嚴密規範之下才幾乎消失，市場產值只剩原先的一點零頭。

不過偽藥案還是悄悄捲土重來。過去十年來，有越來越多國家採用「追溯管理」體系（track and trace）[8]，確保了每一包藥品都帶有隨機的序號，靠序號可以追查藥品在供應鏈中每個環節的查核紀錄。原則上，這應該阻絕了偽藥流入上面上的可能性。

但偽藥案之所以死灰復燃，可能是因為我用來解釋詐騙案起源的「均衡數量」現象。隨著供應鏈的查核程序變得越來越不便，效用也會變得難以彰顯。在已開發國家，如今絕大多數偽藥都是人們從沒有執照的網路藥局購得。甚至有人可能想當偽藥藥頭而上「暗黑網路市場」去批貨，結果碰上了「結束營業詐欺案」。就像圭亞那的諺語所言，「黑吃黑，上帝笑得嘿嘿嘿。」

而且，如果是信任體系裡的成員犯案，「追溯管理」體系根本無從保護社會大眾。例如，印度商雷貝克斯藥品公司（Ranbaxy Laboratories）就曾在二〇一三年認了七項罪名，坦承它為美國與世界各地製造的學名藥違反法規。該公司曾經屢屢在製程中使用不合標準的成分，而且為了偽造檢測結果而購買其他競爭廠商的

8　譯注：在農業即為「產品履歷制度」。

藥，偽裝成自己的藥送驗。

偉克適（Vioxx）

　　雷貝克斯公司可說罪大惡極，只不過顯然還不到應該逐出信任體系的地步，因此只是管理階層換新，如今公司還在，也仍可製藥販售。不過，會犯下偽藥詐騙案的，不限於小藥商或產業的非核心成員。過去也曾有先前紀錄毫無瑕疵的高層人物或公司犯案，例如默克藥廠（Merck）的止痛藥偉克適（這只是藥名，但藥理學家通稱它為羅非昔布〔rofecoxib〕[9]），已經由美國食品藥物管理局（FDA）批准為處方藥，但卻開始出現問題。

　　最早於一九九九年五月，偉克適獲准用於治療骨關節炎與嚴重經痛，但藥廠仍持續進行研究，希望治療範圍能擴及其他病症。其中一項試驗是偉克適是否適用於阿茲海默症，另一個研究則規模更大，希望能證明它可以治療風濕性關節炎，但是相較於另一種相互競爭的藥品那普洛先（naproxen），不會造成那麼多消化道副作用。這項「偉克適消化道副作用研究」（Vioxx Gastroin-

---

9　藥品的學名往往玄妙無比，跟爵士天后艾拉‧費茲傑羅（Ella Fitzgerald）的擬聲吟唱一樣神奇而無法破解。從偉克適主要成分rofecoxib字尾的coxib可以看出，它跟許多藥品一樣是一種「第二型環氧酶抑制劑」（cyclo-oxygenase-2 inhibitor）。當時全世界許多備受尊崇的醫藥研究人員都深信「第二型環氧酶抑制劑」很可能跟仙丹無異，可以用來治療身體的各種炎症。偉克適的問題，很大一部分似乎就源自於許多人對這個理論信以為真，所以就算有越來越多證據顯示不是這麼一回事，也沒有人願意盡責，好好檢視證據。

testinal Outcomes Research）計畫總計有八千名病人參與，一半服用偉克適，另一半服用那普洛先。

　　研究初期，研究人員開了兩次檢討會議，提出兩個重要發現。首先，服用偉克適的病人的確較少出現潰瘍與出血。但其次，服用偉克適後出現嚴重（甚至致命）心臟病的機率是另一種藥的兩倍。這顯然已經出現科學與倫理問題，但沒有明確的解決之道：有可能是那普洛先能夠降低心臟病發作風險，或者資料有誤。他們決定繼續實驗，但增加心臟病症狀的數據分析。研究團隊決定分析二月底以前出現的心臟病發案例，但只要在計畫結束前（三月底）出現的腸胃道症狀案例就納入數據研究範圍，理由為何他們心知肚明。這意味著他們在《新英格蘭醫學期刊》（*New England Journal of Medicine*）上面發表的論文可以誇大偉克適的療效，但把風險淡化。

　　這已是默克的慣用伎倆。他們極其誇張的手法把偉克適捧成「超級阿斯匹靈」，說它能讓關節炎患者重獲新生。該公司的行銷團隊受過訓練，深諳如何反駁各種關於心臟病副作用的問題，團隊甚至製作了一系列以「偉超人」（V-Man）為主角的科幻卡通行銷影片，讓他在外太空與懷疑偉克適的人決戰。將屆年底之際，美國食品藥物管理局抨擊默克公司把研究計畫的理論當作事實來宣傳，更重要的是行銷策略嚴重誇大，卻迴避心臟病風險。

　　儘管令人擔憂的證據越來越多，偉克適仍在市場上流通。有並非隸屬於默克的統計學家分析了偉克適研究計畫的數據，持續

發現同樣的心臟病副作用。他們也發現研究團隊隱瞞了三個心臟病病例，並未把他們寫進發表在《新英格蘭醫學期刊》上的那篇論文裡。默克反倒批評他們的分析方法不恰當，面對他們建議應該針對心臟病風險進行具體研究，默克也不予理會。

默克持續研究偉克適的其他處方藥用途，所以幾乎可說出於偶然，也持續累積了許多心臟病病例。默克的行銷人員接獲公司通知，指示他們用更為滑頭的新方式來推銷，而且不要跟醫生討論那些越來越多的爭議病例。美國食品藥物管理局要求默克改變偉克適的標籤，加上「本產品可能導致機率不明的健康風險」，公司也要求行銷團隊刻意放大強調「不明」二字。他們先是推出「障礙排除指南」來教行銷人員如何應對，後來又推出「主動出擊手冊」，總之戰略就是刻意聚焦在偉克適對於腸胃症狀的好處，徹底淡化心臟病風險。

壓垮默克的最後一根稻草，是二〇〇四年一份關於偉克適能否醫治大腸息肉與阿茲海默症的研究報告，裡面的數據非常不利。所幸默克的管控機制並未全面失靈，管理階層的態度從原本要設法把偉克適留在市場上，轉變為積極應對已經造成的傷害，並且把法律費用降到最低。偉克適就此下架，訴訟戰開打。後來有一份報告估計，由於偉克適的行銷成果極為可觀，在販售的五年期間可能已導致八萬名病人心臟病發，其中大約四萬人可能性命不保。

後來有許多規定變得更嚴格，尤其是擔任藥廠顧問的醫療研

究人員必須主動揭露利益衝突的情形，偉克適案是理由之一。但若我們把偉克適醜聞當成一種模式，同類事件是不會絕跡的。值得在此一提的是，儘管默克公司最後與受害者庭外和解，承認行銷手法觸犯刑案，但這案件跟其他偽造案一樣，並不存在「確鑿的證據」。偉克適醜聞給我們的教誨是，即便最普通的偽造案也是侵犯認證體系的罪行，這種案件攻擊的對象跟長期詐欺案不一樣，並非個人，而是整個信任體系。

在這案子中，製藥產業的可信度受到質疑之處在於，處方藥製程是由一套臨床研究與科學的機制在管理與規範，而非商業機制。服用偉克適的病人有理由相信，默克公司應該會用客觀而非樂觀的態度來面對臨床風險，也相信他們會用同樣客觀的態度，來與開處方藥的醫生溝通。偉克適聘用的那些資深科學家對於用藥風險有多了解？他們是不是因為發現一種神奇新藥，而被科學的榮耀蒙蔽了？關於這兩個問題的答案，不同版本的說法有不同答案。但從後續歷次庭外和解裡公司承認的事實看來，公司內部的制衡體系顯然已經崩解，才會任意編造科學無法支持的說法。

製藥產業有一種內在的衝突，因為藥物是科學產品，卻由商業公司來製造，不過這衝突就是該由整個體系來處理面對的。所以在偉克適醜聞中，偽造物並非藥品或警告標籤，甚至不是那一篇科學論文。他們所偽造的是「公司如何經營」這種形象。

5 做假帳

Cooked Books

「謝啦……我們很感謝……混蛋。」有人問起安隆公司為何
無法製作出資產負債表，總裁傑夫・史金林（Jeff Skilling）如
此回應。

為什麼騙徒需要作假的帳簿？理由很多，可能是要讓長期詐
騙案的肥羊覺得公司的財務狀況沒問題。也可能是盜用公款後，
要讓外界覺得那一筆錢是正當支出。但最常見的理由，當然是騙
徒希望把假帳拿給投資人看，藉此吸金。因此，任何會計詐騙案
都必然與股市詐騙案有關，因為作假帳往往是股市詐騙案的關鍵
環節，反之亦然。搞清楚這一點後，接下來我要回答的問題是：
到底要怎樣藉著在股市裡說謊來騙錢呢？

任何公司行號在股市裡獲得的服務沒有兩樣，因為在東窗
事發前沒人知道公司是否會行騙。這服務就是，把故事轉換成
現金。在一個股市健全運行的經濟體系裡，任何老闆的公司如
果有獲利能力，那就是手握「超級貨幣」（supermoney），而這
就是基金經理人喬治・古曼（George Goodman）在《超級貨幣》

（*Supermoney*）一書的論述重點。怎麼會使用「超級」這個詞？他的意思是，公司不僅提供穩定的現金流進帳，而且公司一旦上市，就可以讓老闆在真正賺錢以前就獲得大量財富，得以預先揮霍數年。

第一步很簡單：賣掉公司股票就好。很快粗略計算一下就可以知道運作機制。假設你是三明治店的老闆，公司每年盈利一百萬。你想買一艘售價五百萬的遊艇，但又不想存錢，也不想負債。所以你跟投資銀行家開了個會，對方表示，根據股民的投資意願看來，現在三明治公司在股市的價值，相當於公司年盈利金額的十五倍。既然你持有全部股份，你就可以當作自己持有一千五百萬的資產。如果你賣了三分之一股份，那就可以買遊艇了。這當然會導致你自己的年盈利金額縮水成六十六萬[1]，不過如果這金額不夠支應你的生活開銷，那你就不該賣股份，也別想買遊艇了。

這例子很簡單吧？簡單到用膝蓋想就能懂，而且這幾乎與另一個更簡單的例子沒多大不同：如果你有一棟可以收到一百萬租金的大樓，拿去抵押貸款。即便我們把範圍擴大到一些更刺激的例子，事實上也沒那麼難以理解，例如：你的公司目前沒賺錢，但它的股市價值的根據，是某天它有些微機會在網路零售市場上稱霸。重要的抽象觀念是，股市會把預期在未來實現的盈利金額**轉換成資金**（*capitalises*）：股市這種地方，就是只要你能說出未來

1　事實上，你的損失會稍多於三分之一。別忘了那位投資銀行家會抽佣啊。

盈利金額的預期值，它就有辦法幫你弄到白花花的一大筆現金。故事可以轉換成現金。

不過，這當然也意味著股市裡有些故事其實是謊言，於是就發生了詐騙案。如果公司在股市的價值達到每年盈利的十五倍，那就意味著在會計帳目上每浮報一元，可能就能直接轉換成十五元現金。

事實上，從理論的角度而言，這個「一比十五」的詐騙收益比率已經是極限了。儘管不是不可能，但任誰都很難在極短時間內賣掉一家假公司的所有股份，藉此讓騙局持續下去。[2]騙徒當然有能力把作假帳這件事轉化成詐騙所得，但所得多少卻取決於他們能夠把多少股份賣給大眾。不過話說回來，做假帳不太需要付出成本——所以如果靠帳面上一元的作假，就能得到三元現金，仍是挺迷人的報酬。

原則上，就是公司股票的買賣機制讓故事得以轉換成現金，而不是股市本身。以三明治店的股權交易為例，騙徒也可以選擇把股權賣給個人投資者，而且不是只能跟股市說謊行騙，跟私募股權（private equity）[3]的單位也可以。在我寫這本書時，如果有騙徒想要把關於網路的荒謬故事轉換成自己購入遊艇的資金，可能最好鎖定創投基金。但公開市場也有一些好處。

首先，對騙徒的查證過程並非某個個人的責任，而是由市場

2　而且就算你真的賣給了私募股權的單位，你拿到的錢還是得先扣掉佣金。

的許多不同角色來進行。更棒的是，查證者是很多不同的人，其中大部分只能看到詐騙故事的某個面向。跟很多偽造詐騙案的其他領域一樣，股市基本上也是看證明文件辦事的地方。任何一家公司在進入股市前，都必須面對很多查證程序（也就是「盡職調查」〔due diligence〕），不過一旦進入股市，就不會再面對什麼查證。事實證明，股市掛牌上市的公司，其實有很高的可能性會遂行詐騙，但相較於此，令人感到訝異的是，它們居然沒有受到多少監督。上市公司所提供的數字，大多會被外界當成事實，外人也很難反駁。

從公開股市的這一點特色，我們可以看出投資詐騙案的關鍵因素：時間。如果你可以騙過一開始的盡職查證程序，籌辦開設一家用來詐騙的公司，它就很可能存活下來，持續發布作假過的聲明，過了很久才垮台。等到現金用光，公司終於倒閉時，你在查證程序中所做的詐騙行為被查出來的機率，已經少了很多。喬登・貝爾佛（Jordan Belfort）的證券詐騙事業就是這麼一回事。

他是史崔頓・奧克蒙公司（Stratton Oakmont）的創辦人，寫了一本自傳叫做《華爾街之狼》（*The Wolf of Wall Street*），會用這書

---

3 「私募股權的單位」是由一群負責管理存款的投資人組成，他們購買公司股份，但並非在一般股市進行交易。主要有兩種方式：這些單位的管理人可以購買各種零售公司，或者某些公司盈利不夠，無法到股市公開募款，於是由「創投本家」來投資。前一種人往往會遭假帳詐騙，後一種人則很容易淪為空殼公司詐騙案的受害人。但兩者的共同點是都會積極否認自己被當成肥羊，因為他們必須在客戶面前維持一副好像是天才的形象。

名或許是因為更名符其實的書名「寄生蟲的故事」不太有賣相。書裡那些讓人倒胃口的情節真是看了就難忘，有太多假笑、竊笑、自我膨脹，就算懺悔也不真誠，而且開頭四章講的，都是他在自家前院草坪因為嗑藥而不省人事的那一段時間。不過書裡總算還有一段話得以扳回一城，讓整本書看起來沒那麼爛，而且透過那一段話我們可以大概了解「電話推銷股票」的商業模式：

> 史崔頓公司有什麼祕訣能讓這些他媽的毛頭小子數鈔票數到手軟？大致上我用兩件事就能講清楚。首先，美國前百分之一的富豪[4]私底下大多是變態賭徒，總是受不了誘惑，想要不斷擲骰子，即便他們知道骰子被灌了鉛也不怕。其次，儘管先前大家都不相信，但我說的事千真萬確：身體健壯的年輕男女，外型優雅，滿腦子想要打炮，就算智商像服用了三次迷幻藥的笨蛋阿甘（Forrest Gump），只要你幫他們寫下所有要講的話，然後不斷對他們洗腦，一天兩次，每天耳提面命，一整年下來他們都可以變成華爾街的股票大師。

史崔頓・奧克蒙推銷的股票，一般都是選自國防或高科技等拉風的產業，而且是正在募資的新公司，要不是嚴重膨風誇大，

---

4 即便在這幾乎可以幫他自己開脫的段落中，他還是用一種極度自私自利的方式在說謊。在自傳中他屢屢宣稱自己像是「現代羅賓漢」，只從富人手裡偷錢，但這根本不是真的：他的證券詐欺案受害者，有很多都是普通的美國中產階級。

就是做假帳，抑或根本沒賺錢，但特點是推銷的故事裡一定有個
即將上市的新產品。（生物科技公司很受歡迎，因為可以向醫生
推銷。想不到吧？他們可是非常迷信各種奇蹟般的癌症療法。）
史崔頓・奧克蒙的做法是跟各公司簽約，負責銷售它們的股票給
大眾，但他會拿走一大部分股票，當成銷售佣金。史崔頓擁有的
股票通常不會揭露持有人的身分，藉此規避股票交易法規（法律
規定必須公開大股東的名字），並且找一些人頭來當名義上的股
票擁有者，而這些人有個非常有趣的綽號叫做「鼠洞」（rathole）。

　　一旦公司完成募資，在股市掛牌上市了，第二階段的詐騙即
將展開。股市「作手」會先炒高這新上市股票的股價，吸引股民
的興趣，讓史崔頓可以把藏在「鼠洞」裡的全部股票脫手。這是
騙局「火力全開」的階段，就在股價飆升之際，貝爾佛手下那些
十幾、二十歲的交易員會勸肥羊購入更多股票。最後這些騙子交
易員拿錢遠走高飛，把那新上市公司與投資人都拋在腦後，讓他
們在稍後才發現，所有帳目都是假的，公司一文不值。[5]貝爾佛之

5　只有一個例外。史蒂夫・馬登（Steve Madden）是奧克蒙公司幾位合夥人的
　幼時好友，他們幫助他的女鞋公司掛牌上市。儘管馬登鞋業（Steve Madden
　Shoes）的首次公開募資也有做假，馬登自己也因為充當「鼠洞」而遭起訴，
　但沒想到他的公司生意興隆，所有壞消息都被好消息給壓了過去。史崔頓公
　司能夠幫這麼賺錢的公司募資，真是純粹出於巧合。而且有許多小規模的避
　險基金還為此痛失大賺一筆的機會，因為這些基金早已養成習慣，只要是透
　過史崔頓公司幫忙公開募資的股票，買到後就要趕快脫手，讓現金輕鬆入袋
　——馬登鞋業的股票自然也已經脫手了，沒賺到更多漲幅。

所以鋃鐺入獄，其大部分罪名的根據都是操縱股票，但這些都是「市場罪」：他違反的那些股市交易規則，由於後來變得越來越重要，足以決定整體經濟體系運作是否順暢，因此也變成了州政府與執法單位的施政要務。不過史崔頓·奧克蒙所犯下的真正詐騙案，其實是幫助許多公司掛牌上市：用假帳來騙投資人的錢。說到底，這又是另一種偽造詐騙案。有誰知道史崔頓·奧克蒙這種看似名譽卓著的股票交易公司，會幫作假帳的公司背書？因此這可說是一種認證詐騙。

最後，關於股市能把公司的未來營收轉換成現金，值得一提的是，股市未必總能有效做到這件事。原則上，大家應該都聚焦在現金上，而且要放眼長期的「錢景」。但這是很困難的，所以有些不得不賣掉股票的人往往會尋找做短線的機會。有些人做短線的方式是著眼在短期盈利，認為這有充分理由可以取代長期現金流。這意味著，作假帳詐騙的人就可以操控一年的盈利，即便不管未來幾年也無所謂，而這往往能夠讓股價上漲，讓他們騙到足夠的現金。另一個做短線的重要方式，是瞄準快速成長的公司，只看年收入（或年營業額），不看盈利；他們認定年收入更能反映公司長期走向，因為盈利必須扣掉新創成本，所以也許會顯得太低。這就讓作假帳的騙徒有機可乘，因為操控年收入通常比操控盈利還要簡單。資產也是可以操控的，有時候操控股市的方式很簡單（就像 Bre-X 公司詐騙案），只要大談那些甚至不在會計帳目上的黃金蘊藏量就好。但為了讓大家體會一下會計詐騙

案怎樣進行，我有必要先做一些技術性的說明。

作假帳有兩種類型。我們不妨稱之為「會計詐欺」與「會計操縱」，但其實兩種都是行騙。前者可以說是「必須欺瞞查帳員的那些事」，後者則是「查帳員會幫你的那些事」。順帶一提，第二種作假帳可不是在開玩笑，只是稍稍詆毀了一下查帳這個專業。資本市場誕生以來，負責查帳的會計事務所（其中不乏聲譽卓著者）幫助不正當的公司經理人做假帳這種事，屢有所聞。有些案例實在是太過離譜，帳目遭大幅扭曲，因此讓人難以相信他們真的覺得自己並未違反任何會計法規（雖然都是一些糟糕的法規）。儘管查帳是個專業，而且扮演著重要的守門人角色，但這種弊案始終無法禁絕，在本章稍後我們會探討為何如此，但現在我要大家記住的是：有些人是必須跟查帳員說謊，但也有人是在查帳員的幫助之下透過帳目說謊。各種做假帳的例子可以寫成一整本書，但在這裡我要列出七種常用伎倆，幫助大家了解可能會有哪些狀況。我採用的例子都來自做假帳的黃金年代，也就是一九九〇年代晚期到二十一世紀最初幾年，網路與電信業興起後又泡沫化的時代。

銷售數字無中生有

也就是指「東西沒有賣出去，數字卻記在帳目上，拿虛構的帳給查帳員看」。一般來講，這種虛構銷售數字最好是在海外，也許是新興市場，而且時差最好很大，要不然就是有語言不通的

問題，公司登記資料又模糊不清。如此一來，萬一查帳員真的打電話過去確認，接電話的也會是騙徒的共犯，他們會幫忙確認那虛構的訂單真的存在。當現金沒有出現，就說還存在國外銀行，沒能匯出，而且希望那位查帳員時間太趕，沒辦法質疑種種捏造的說法。比利時電腦軟體公司 L. & H.（Lernout & Hauspie）就曾經在帳面上，謊稱與南韓有數百萬的銷售紀錄。

馬德里的公司 Gowex（也叫做 Let's Gowex）也曾經作假，聲稱為歐洲與南北美兩洲提供市內免費 WiFi 服務，數量被公司灌水成九倍。就某些方面來講，這個詐騙案比 L. & H. 還要大膽，因為該公司既然提供網路服務，應該就會購買、安裝一些資本門設備，那些東西如果要查核起來，比軟體授權書容易多了。查帳員只消到 Gowex 聲稱提供市內免費 WiFi 服務的某個城市去走一走，就會發現沒那回事。事實上，幫 Gowex 查帳的會計事務所是當地某個小事務所，最後也跟該公司高層一併遭到起訴，但幫 L. & H. 查帳的是安侯建業聯合會計師事務所（KPMG），這顯示就算是一流的查帳單位也會有漏洞。

用互相抵銷的交易造假盈利

在此我用兩家美國長途電話公司在二〇〇一年的騙局來當例子，它們是 Qwest 電信（Qwest Communications）與全球通訊（Global Crossing）。這兩家公司都擁有很多電話線路，藉此向使用的公司收取費用。所以雙方就約定好「交換電話量能」（capacity

163

swap），讓對方在合理的上限範圍內免費使用電話線路。感覺上兩家公司帳面上都能有可觀的收入，也有相同的成本，因此這種交換就像是兩家公司互相抵銷的銷售行為。通常來講，要這麼做必須先考量市場上對於銷售出那麼多電信量能的看法，能夠增加多少股價，並且把帳面上的收入線與成本線納入考量。但 Qwest 電信與全球通訊會這麼做，可能是發現股市注意的是公司的總收入而非盈利，所以才會選擇衝高總收入，並告訴查帳員這是個「策略性交易」，或者另外找藉口說明這麼做不是為了衝高股價。

在一九九○年代網路經濟風起雲湧之際，這種策略就曾遭大規模濫用，許多網站都拿廣告版位來相互交換，看起來好像是賣出去似的。雙方都不用拿出現金，所以不只兩家公司都可以假裝自己有能力賣出很多廣告空間，也可以把自己賣出的版位價格隨意灌水，不受局限。這種交換廣告的伎倆在其他狀況下可以非常有用，因為這讓公司可以設定出一個「市場價格」，繼而讓這價格變成評估資產的基準。以不動產開發商為例，他們也可以把彼此手下的物業減價賣給對方，藉此創造出「近期交易」，衝高營業額後拿業績去說服銀行，表示他們名下有很多有價值的抵押品，銀行應該要繼續借錢給他們。

如果把假銷售的範圍加以擴大、概化，還有一種伎倆根本不用雙方進行相互抵銷的交易，而是在這世界上找個公司配合演出現金「左手進，右手出」的戲碼。做假的人可以另外找一家公司，但查帳員不知道那公司是受到他們控制（有可能老闆與他們有關

係，或者那公司雖獨立卻願意在這筆交易中扮演「掩護者」）。首先他們借一筆錢給該公司（可以是一般借貸，也可以用來購買該公司新發行的股份），條件是必須把那一筆錢拿來跟他們購買貨物。用這種方式，他們可以有效地購買自己的東西，讓投資人的錢流通，製造有盈利的假象。這也是網路經濟剛剛興起時的常見騙局，電信業龍頭「世界通訊公司」（Worldcom）總裁與財務長遭到逮捕的不久前，就曾經提及這是他們做假的手法之一。

提早記錄收入

OPM電腦租賃公司的麥隆與莫迪曾經把這種做假帳方式叫做「庫茲大法」（Kutz Method）——因為他們那位說服查帳員接受這種假帳的會計師，就叫做庫茲。像租約這種長期合約，一般的會計方式是把顧客給的款項記在總收入這項目下，分攤在整個租約期間。[6]「庫茲大法」雖把款項記在總收入這項目下，但只記錄為一筆，只記在簽約那一天。這顯然讓帳目在短期內比較好看，但同樣我們也能一眼看出，如果顧客用莫迪寫進合約裡的脫逃條款解約，就會造成會計災難。如此一來不僅沒有新收入進帳，有一大部分先前因為「庫茲大法」而記錄的收入都會

6　會計上所謂「權責發生制」（matching principle），是指收益與支出發生時，應該以配對原則寫入帳上，與同一時期內提供給顧客的服務或貨物相對應。會計師之間爭辯不休，令人難以置信，幾乎像聖戰一樣的論戰是，這「權責發生制」應該如何實現才恰當？會計教科書中使用的案例，通常是年度訂報費，通常都是預先以現金付款，但在帳面紀錄上會變成一年內每天售出一份報紙。

變成「未實現收入」（un-accrued）。

還有一種手法是二十一世紀初備受那些電信龍頭偏愛的，而且與傑夫·史金林擔任安隆公司總裁期間，安隆所嘗試的線上交易平台特別密切相關。史金林版的「庫茲大法」甚至更狠，並不局限於合約收入，安隆就連只是希望能夠賺得的收入都會記錄為收入。二〇〇〇年的某件事特別令人難忘：他們與百事達影視（Blockbuster Video）簽訂合作契約，約定讓百視達利用他們的網路線路把線上影片傳給顧客，並且把未來二十年的預期收入記為收入。結果隔年百視達就決定退出，這表示安隆**再次**在帳目上記錄了一大筆收入，但卻再也沒辦法分享百視達的網路影片收益了！到最後，幾乎沒有任何實際收入入帳，網路影片就跟其他許多「錢景」一樣，淪為財報重編（accounting restatement）裡的註腳，一起反映出為何安隆公司會走入破產的噩運。

延後認列成本

與預先在會計帳中記下收入相當的做法，顯然是把已經花出去的開銷分攤到未來。世界通訊公司就是這樣設法浮報了三十八億美金盈利，而且與此一騙局相對應的，就是安隆那種把「錢景」寫成收入的會計方式。為了將顧客的電話連上長途電話電線，世界通訊會支付線路租金給地區性的電話公司。這筆錢顯然應該記錄為支出——因為該公司與各地公司沒有長期合約，而且這種電話量能是無法儲存起來的。但世界通訊公司的想法是，為了建立

市場占有率，並在十年內都使盈利數字看起來比較漂亮，它決定
付很多線路使用費給威斯康辛州等地方的電信業者，雖然短期內
會衍生一些費用，但這仍是明智的策略。他們還認為，比較合理
的做法是把費用分攤到未來，應該是分別列於那策略計畫進行的
十年之間，而不是在付錢的那一年全部列出，不是嗎？嗯……這
一點也沒有道理，但總之當時世界通訊公司的財務長史考特・蘇
利文（Scott Sullivan）與亞瑟・安德森會計事務所（Arthur Andersen
LLC）有一段時間都接受了。不過，不認列支出並不代表那筆支
出就會消失，所以世界通訊終究不像財報裡面揭示的那樣有錢，
這也是造成它最後破產的因素之一。

完全做假的資產

　　儘管比較常見的狀況是做假帳的人把現存的資產價值灌水抬
高，但也有案例是憑空虛構出資產。Gowex公司的歐洲各城市免
費WiFi網路熱點就是一例，不過通常來講，最大的假資產詐騙
案都會與海外銀行帳戶有關。為何公司可能希望有大額現金存在
海外帳戶？合法的理由[7]很多：那有可能是販售一筆巨大資產的收
益，需要拿來重新投資；或者向海外銀行借貸、發行債券而募得
的資金。但海外帳戶本來就比較不透明，偶爾還會發生遭人盜用
一空的狀況，或者那帳戶的持有人其實是另一家公司，而不是聲

7　對於稅制規畫問題抱持道德觀點的人也許會追問，這裡所謂「合法」到底是
　什麼意思？我想要傳達的意思只是：「本質上不帶詐欺的目的」。

稱持有帳戶的那一家。甚至任誰也都可以把錢匯進自己的帳戶，然後偽造一些文件。在安隆事件之後，世界通訊公司醜聞以前，義大利帕瑪拉乳品公司（Parmalat）曾經是因金額最大詐騙案而破產的紀錄保持者，主要是因為查帳人突然發現，帳面上一筆四十九億的銀行存款並不存在，該公司因此被斷定沒有償債能力，只能宣布破產。

有債務但不公開

為了讓資產負債表好看點，任誰都不希望太多負債出現在上面。但有哪個詐騙公司嫌可以借到的錢太多的？詐騙的最基本步驟，就是要透過自己控制的空殼公司來詐取現金。所以該怎麼做？另外弄一家空殼公司B跟銀行借錢，跟銀行說你的空殼公司A願意擔保。接著，既然空殼公司B跟A是同一騙徒控制的，他當然可以把錢拿來給A使用。會計規則就是要用來防範這種狀況，因為會計中「合併報表」（consolidation）的概念就是表示：做帳時，資產負債表必須完整列出公司能夠控制的所有資產與負債，並且列出公司必須為其他什麼債務擔保負責，不管在申貸文件上寫的是什麼公司的名字。但「控制」是什麼意思？真正的意思是什麼？「擔保」的精確定義又是什麼？如果你在大學時曾喜歡爭辯推敲字義，你應該會有興趣去看看那些大部頭規則手冊裡，是怎樣討論這些看來很單純的概念，我們也可以不斷爭論主張，所謂「A公司幫B公司擔保」，就是指A公司的帳上應該

顯示借款紀錄，而B公司也應該在負債項目之下加上這一筆擔保紀錄。儘管並不總是需要，但很多時候公司可以恫嚇他們的查帳員，例如只要跟他們說，「喂，我不希望這筆借款出現在資產負債表上。」那他就會去翻書閱冊，尋找漏洞，回來後給你看一個上面畫滿表格與箭頭的圖表，經過一番解釋，查帳員就會給你你要的結果了。

這就是為什麼安隆認定該公司將會創造出很多「資產負債表外載具」（off-balance sheet vehicles）：實際上，許多大公司都會在海外登記註冊，但海外分公司本身沒有任何商業活動，只是從國際資本市場上借錢，然後用來購入安隆想要營運的資產。不過這些空殼公司一開始借得到錢，理由當然是獲得了安隆公司的擔保，所以從事後之明看來，顯然它們的借款紀錄應該由安隆公司登記在負債項目下，彷彿那些海外公司跟安隆本身一樣。或至少我們可以說，那些安隆的破產管理人應該會有這種想法。如果真有人這樣提出深具說服力的主張，那麼他用來寫字的那一張紙，很可能早就被亞瑟·安德森事務所位於休士頓辦公室的某台碎紙機給絞碎了。

查帳員、分析師與其他令人失望的人們

既然查帳員的職責，就是要以局外人的中立身分去仔細核對每一筆帳，證明帳目內容可以真實、合理地反映出公司的狀況，那麼照理說，他們應該可以阻擋上述所有詐欺案。但他們沒有。

理由何在？答案很簡單，因為有些查帳員本身就是騙子，也有些很容易就被騙子給騙了。所以無論會計標準如何革新，業界規則如何更改，同樣的問題總會一再出現。一如我前面所說，每當某種詐騙案不斷在不同時間與地點持續出現，那就表示這一類「數量均衡」現象與潛在的經濟結構密切相關。

第一個問題是，絕大多數查帳員都是誠實又有能力。這當然是好事，但缺點是，這意味著大多數人未曾遇過不老實或者能力很差的查帳員，因此不知道真的有這種查帳員。只有運氣非常差的傢伙，才會遇到一位來自四大會計師事務所[8]的壞蛋——或者反過來說，想要找這種壞蛋的騙徒，運氣必須非常好。但如果你是某家公司的壞蛋經理，你一定會不斷更換查帳人，直到遇見某個壞蛋，而且遇見後一拍即合，不會再換。這意味著不正當的查帳員總是會與不正當的公司走在一起，而整個行業對於這種現象的不利影響，卻沒有充分認識。

其次，另一個問題在於，即便查帳員正直又有能力，他必須要能挺直腰桿，否則就不如別幹了。騙徒總是既懂得死纏爛打，

[8] 就在會計業加強合併與鞏固，安隆醜聞導致亞瑟·安德森會計事務所倒閉之際，過去也曾有「五大」、「六大」，最多甚至有「八大」之稱。如果管制人員出手介入頭號事務所，導致其倒閉，最後我們甚至可能只剩下「三大」甚至「兩大」事務所。很多人抱怨如此一來沒什麼選擇餘地，但這情況的唯一負面影響，應該就只有市場上的競爭變弱，導致查帳費不能降低。而且老實講，真正的問題恐怕在於，為什麼同樣一個會計師務所裡，其他諮詢、顧問工作收入豐碩，查帳工作卻幾乎無利可圖？

又知道該怎樣逞威風，但相較之下，並不是每個大學畢業後就進入事務所的查帳員能夠這樣：一方面，由於查帳並非很體面的工作，他們的氣勢就弱人一截，二方面他們不是每個人都能夠對別人發飆痛批。再加上，騙徒真的很喜歡越級打小報告，找查帳員的上司抱怨，宣稱某查帳員既官僚又幫不上忙，使得總裁沒辦法做出合理判斷，決定該怎樣呈現他自己的公司業績。話說回來，既然查帳員是在帳目上簽證的人（所以是拿他們的名譽來做保證），為什麼上司卻不一定挺他們？一方面是因為查帳員一般**都是死板板或幫人擦屁股的傢伙**，另一方面是由於查帳業務競爭激烈，不太能賺錢，所以通常被事務所當成「賠錢貨」丟出去賣，為的只是招攬到更有利可圖的顧問工作或網路科技業務。難搞的查帳員往往會遭打壓或撤換，就是幾種很容易發生詐騙的行為模式之一，而且這種事情一再發生，這也剛好反映出一個非常深層且無所不在的動機問題，很難找到解答。

分析師

投資人與推銷證券的事務所也會自聘「分析師」，用幾近找麻煩的方式來解讀公司的公開帳目，當作保護投資的第二道防線。這一類分析師都是業界行家，受過足夠的財務訓練，能讀懂公司帳目，並為公司本身與其他資產估價。儘管他們主要的工作，應該是找出證券市場中有利可圖的機會，看看有哪些股票或債券遭人過度低估或高估價值，但看來這種工作肯定也會涉及找出詐

騙的公司：因為有些公司的價值之所以遭高估，就是因為詐騙。

　　沒錯，有時候這真的有用。做假的帳目通常會透露一些「線索」，尤其是騙徒在匆忙之間來不及，或者沒能嚇倒查帳員，所以只能在盈利數字上做假，但資產負債表卻對不起來。這導致那些灌過水的銷售數字變得很奇怪，因為我們看不到售出的貨物，也沒有現金進帳的痕跡。[9] 分析師往往也擅長找出那些「填塞通路」（channel stuffing）的公司，也就是銷售團隊在想要拿下高額獎金或某個目標時，往往在季度尾聲，將一堆產品倒貨給大盤商與中盤商，並且只在帳目上記錄銷售額，拿掉售出貨物的細節。這讓公司銷售成長的數字短期內很好看，卻犧牲了未來的銷售發展，日後還得面對貨物退貨後退費的問題，也導致品牌形象受損，因為有許多貨物塞在店鋪裡，大盤商的倉庫也堆了很多，賣不出去。

　　通常來講，正直的查帳員即便面對壓力也不為所動，他們會在帳目上用看來很難懂的法律用語加註，透過註腳來解釋帳目有哪些地方動過手腳，希望有人讀到、讀懂，知道他的意思：所有重要數字全是偽造的。如果知道該挑那些地方仔細檢閱，任誰都可以透過安隆提供的公開會計資訊，找出幾乎所有做假的伎倆。有些分析師的工作生涯，就專門在做這種仔細檢閱的工作，但這不是人人做得來，也不是特別高薪──因為大部分公司都是正直不欺的，而大部分「紅色警戒」結果都只是誤會一場。

9　因為實際上沒有賺錢，騙徒也大多不願從口袋掏錢來支付帳目上盈利的稅金，所以過低的平均稅率往往也是值得警戒的現象。

更常見的，是全球金融危機[10]前那一段時間無所不在的一種狀況。偶爾分析師們會發現一些不合理的狀況，除了提報出來，還會有一、兩個寫出報告，而如果有人認真看待報告，就會把他們的警告當成暮鼓晨鐘。但大部分的狀況是，不論情況看好還是看壞，他們都會在報告裡寫出來。同樣的事情發生在網路泡沫化的時代，有多少家垮掉的公司沒有人提出預先警告？分析師無論是位高權重、背景很硬，或者只是關心市場的獨立觀察家，都有一樣的缺點。

問題在於，想要找出騙局是困難的，大部分投資人又覺得不值得在那上面耗費心血。這意味著，大部分分析師也會覺得不值得。詐騙很少發生。能夠透過仔細分析而找出來的騙局更少。而符合上述兩項標準且涉及的金額大到足以投注心力，藉以獲得優渥報酬的詐騙案，大概每次某個商業風潮席捲世界之際，只會發生一次，不過一出現就會像浪潮般襲來。

跟查帳員一樣，分析師也很容易因為受到類似壓力，就棄守自己的原則。無論是誰，若要公開指控某家公司行騙，都必須承擔很大風險，而且往往會遭受報復。別忘了，詐騙的公司一般看來都很成功，這背後有非常充分的會計理由。騙徒一旦決定開始做假帳，與其讓公司表現得平庸無奇，不如表現亮眼一點。由於

10 在此我該提一下，直到二〇一四年，我自己的職業都是「證券分析師」，而且若根據我在這裡的種種描述，我的表現績效非常平凡無奇。有幾次我曾經隱約感覺到不對勁，但未曾真正了解過一般的詐騙犯罪實際上是如何進行的。

成長中的公司也會有滾雪球效應，這意味著，如果騙徒透過公司騙取現金，那就必須在帳目上做出賺錢速度更快的假象。所以很多人儘管能夠正確揭露騙局，但往往讓他們看起來像是酸葡萄心理作祟，看到別人成功就任意攻擊。詐騙公司也往往必須進行很多金融交易，並經常支付大筆佣金給投資銀行，這一切都是為了讓投資人相信公司很有錢。儘管成功的企業總裁並不像正直的醫生或律師那樣，讓人在質問以前必須跨越很大的心理障礙，但心理上的確會覺得為難。

　　最後要說的是，分析師的意見大多遭人忽視。騙徒不用騙過所有人，只要騙倒足夠的人，讓他能夠弄到錢就好。知名的《評論季刊》（Quarterly Review）曾於一八二二年刊登一篇「偽書評」：看起來好像是在評論「湯瑪斯·史傳奇威斯」寫的《蚊子海岸寫真》，實際上卻是用解剖屍體般的精準角度，來仔細分析波亞斯詐騙案。書評作者並未署名，他注意到那本書的內容當中，有不少抄襲自當時許多描述西印度群島狀況的年鑑。那些內容闡述的事實包括：西班牙主張對於宏都拉斯有疆域統治權，以及當地酋長不太可能把主權轉讓給英國企業家麥葛雷格爵士。書評還嘻弄麥葛雷格爵士的戰爭記錄，還有他過去就有屢屢騙人的紀錄。書評甚至主張，他頭衡裡的KGC三個字母，並非「葡萄牙綠十字騎士」的縮寫，而是「專抓肥羊的爵士」。不過，儘管書評作者好心好意，想要擋下投資人砸錢，但那些搭上坎納斯利堡號與宏都拉斯號的乘客應該完全沒有理會。

6 控制型詐欺

Control Fraud

「賴瑞・荷姆斯（Larry Holmes）說，我唐・金恩（Don King）
雖然汙了他的錢，但他跟我在一起賺的錢還是比其他人給他
的百分百酬勞還多。」
——唐・金恩在二〇〇一年某場記者會上所說。

　　萊斯利・佩恩的電器用品倉庫在長期詐欺案中扮演的角色，
就像巴西跨式選擇權（Brazilian straddle）在控制型詐騙案中扮演
的角色。這是形式最簡單的犯罪，所以要素全被看得一清二楚。
有趣之處在於，這是本書出現的第一個所有個別元素全都合法，
騙局在整體結構的詐騙案。

　　這名字當然是個笑話：金融選擇權合約往往會被取綽號，藉
此讓交易員記得它們的合約特色，一開始在哪裡發明的就用那個
地名當綽號，例如，有「歐洲」、「美洲」、「亞洲」與「百慕達」
等等。至於「巴西跨式選擇權」則是指選擇權市場中，某一種特
別的交易策略，相當於跟市場對賭，賭市場將會發生巨大價格波
動，或升或跌。例如現在股市指數為一萬五千點，交易員可以用

某個價錢，把鎖定在一萬五千五百點的選擇權賣給某人（這個人買的是買入的選擇權），另一個人則是鎖定在一萬四千五百點（這個人買的是賣出的選擇權）。如果股市並未按照合約約定的發生巨大變動，交易員可以把兩邊的預付款都留下來。不過如果股市真的大跌，跌到一萬兩千點，先前買下賣權的人可以用一萬四千五百點的價格賣回給你。（說到現在，你應該可以看出遊戲規則了：交易員可以預先拿到錢，但必須承擔未來的風險，而到時候很可能會出現詐騙。）

上一段所描述的是常見的「跨式選擇權」買賣，可以一邊選擇在一萬五千五百點買入，另一邊在一萬四千五百點賣出。而「巴西跨式選擇權」則是指在一萬四千五百點賣出的選擇權，外加一張前往巴西的機票。這種選擇權最好在選擇權到期的前一天，於下午即將結束交易時買入。如此一來，隔天早上你醒來就可以做抉擇：如果指數上漲，你就去交易所領錢，但如果下跌，你就開車到機場，搭機前往某個沒有引渡條款的地方。

這種詐騙案可說歷史悠久。只是最早不是利用股市指數波動，而是以船險來詐騙，而且自從倫敦保險交易市場（Lloyd's market）創立以來就有了。這種詐騙的特色在於它是一種「虛擬的犯罪」（subjunctive crime），詐騙金額的規模只有事後才能估算——如果一切進行得順利，受害者根本不知道自己被詐騙了。

「巴西跨式選擇權」可說是促成控制型詐騙案的基本動力，就像賒帳交易促進了長期詐騙案發生。受害者通常知道自己進行

的經濟活動模式本身就有風險，但希望能夠由某個他所信任的局
外人代為解決這問題。

尼克・李森

尼克・李森比許多被定罪的詐騙犯幸運，因為他的傳記電影
是由大帥哥伊旺・麥奎格（Ewan McGregor）主演，演他老婆的則
是安娜・佛芮（Anna Friel）。真實的李森沒有一口潔白整齊的牙
齒，也沒有電影明星般的體格。他落網時，已經因為壓力太大而
吃了太多水果軟糖，導致牙齒的琺瑯質全部毀壞。他的確是該覺
得壓力大，因為他創造了一個「錯誤帳號」，用來掩蓋大約六十
億美金的損失，而這金額已經足夠讓他所任職、有兩百年歷史的
投資銀行霸菱銀行倒閉。

李森在新加坡霸菱期貨公司（Baring Futures Singapore）的工
作狀況，可說是經營金融機構的反面教材，所以事發後許多管
制人員花了很多年起草新規則，希望藉此避免管理上的弊病，
讓業界不再有人重蹈覆轍。照理說，這些新規則應該可以預防十
五年後發生那兩次極度相似的案子：包括傑宏・柯維耶（Jerome
Kerviel）讓法國興業銀行損失十億歐元的弊案，還有科庫・阿多
伯利（Kweku Adoboli）虧空瑞銀集團二十億瑞士法郎的醜聞。但
沒辦法，這就是金融業。

霸菱銀行的案子可說是「監守自盜」的代表性弊案：分行經
理利用職權圖利自己。李森與其他「流氓交易員」（rogue trader）

圖利自己的方式，當然是透過投資銀行的分紅制度，尤其是這樣的特色：賺錢的人可以從自己的營利抽成，但賠錢卻不用自己掏腰包負責。這意味著他們有盡可能承擔最大風險的強烈動機。事實上，管理這些交易員的重點，就是必須設法控制這種鋌而走險的行徑。李森弊案的根源在於，他本身就擅長文書作業，後來又升遷到一個只有自己負責監督自己的高位，才會出大事。

李森一開始獲得賞識，是因為他幫公司解決了一個盤根錯節的行政問題。他在瓦特福市（Watford）出生長大，依循當時很常見的道路進了倫敦市金融區工作：加入霸菱銀行的行政部門，負責核對付款通知與證券交易紀錄，幫助找出那些絕對無法避免、但數量又多到驚人的錯誤。[1] 他因為表現優良而獲選前往亞洲新興市場加入一個特別計畫。霸菱銀行先前已經在雅加達開了一間分公司，負責印尼股市的股票、債券交易，而且表現不錯，至少「理論上」幫公司賺了不少錢。

當時印尼證券市場尚未電子化，交易時都是使用股票與債券

---

1 我有個朋友為了打官司，聽過許多小時的證券交易員對話錄音，他說他們「用五分鐘聊運動，五分鐘開一些稍帶種族歧視意味的玩笑，十分鐘的內容充滿訕笑辱罵，至於真正關鍵的百萬交易，雙方卻都只講半句話就搞定了」。放下話筒後，這些講話充滿魅力的交易員會用潦草字跡寫下一張「票子」，由跑腿小弟拿到樓下交給李森那一類年輕員工，由他們跟另一家公司的對口單位確認交易內容無誤。也許有人會覺得驚詫不已，但在我們看來這是強大金融市場的特徵之一，只有在信任度極高的社會才能夠這麼做。如果換成一九九〇年代印尼之類的地方，別人會用這種交易方式來騙你錢，就像當年霸菱銀行被騙那樣。

證書。霸凌的雅加達分公司把建檔工作弄得一蹋糊塗，甚至沒辦法在成交時把證書拿給客戶，所以分公司的盈利很難轉換成現金。（一般來講，基於善意與共識，交易雙方總是能憑券商的口頭約定成交，所以這種草創時期的問題應該不難解決，只要買股票的人先付款，稍後券商把證明書送上即可。但有鑑於印尼是個低信任度社會，霸菱銀行這家外國公司來到這裡，開始賺當地人的錢，上述信任往往會突然之間蕩然無存。）李森來到雅加達後，花了六個月在辦公室裡整理證書，又用幾個月雇用律師，設法把那理論上賺到的幾百萬英鎊，變成公司銀行戶頭裡的錢。難怪他會獲得拔擢。但他上任後也面對新挑戰：被派往新加坡成立期貨交易部門。為了節省開支，霸菱做了一個日後導致公司垮台的決定。儘管李森必須承擔新公司營業部門的業務，負責交易與營運這家新的期貨交易公司，但他也必須做很多文書作業，並且承擔交易紀錄的行政業務。如今大多數金融機構，都禁止員工承擔營業交易與行政文書的雙重角色，看來應該不是巧合。

李森的手下犯了一個小錯（其實也不小）：客戶要買入一筆合約，那手下卻賣出，結果在短短幾分鐘內導致公司損失了兩萬英鎊。為了彌補客戶的損失，他們必須從新加坡霸菱期貨交易公司（Barings Futures Singapore）的交易總帳戶裡拿錢出來，他開了一個新的「錯誤與疏漏」（errors and omissions）帳戶。[2]為了討個吉利，他還特別幫這帳戶弄了88888的號碼，因為「8」在中文有「發達」的寓意。

開設 88888 帳戶本身不是做假行騙，其實這種事還挺常見的。真正導致後來鑄下大錯的，是李森同時肩負管理與核對之職（因為文書部門也是他管的），再加上行政文書作業本來就是他的專長，所以身為交易員他可以把出錯的交易都丟到那帳戶裡，另一方面身為該公司最高主管，他可以決定把哪些項目放進去。這意味著：如果他自己犯下任何大錯，他由於職責之便，都可以選擇把錯誤掩蓋掉。

壓倒駱駝的最後一根稻草，是倫敦總行管制不嚴，而且距離做出重大決策的總公司，新加坡實在是太遠，時差太大。那時總公司實際上沒有人搞清楚這 88888 帳戶到底是公司的（沒錯，是公司的），還是由另一個不具名的大客戶持有（雖然後來李森屢屢這麼說，但並非這麼回事）。資深管理階層沒有任何成員對數字比較敏感，所以沒人驚覺那帳戶裡出現的金額實在太大，也搞不清楚新加坡霸菱期貨交易公司需要多少資金才能運作。由於李森在新加坡同時擔綱營業與管理的雙重角色，再加上倫敦總公司監督不彰，霸菱公司的管控體制等於破了個大洞。霸菱銀行猶如

2　真是這麼回事嗎？這是根據李森在自傳《流氓交易員》(*Rogue Trader*) 裡面的說法，他宣稱自己剛開始只是出於好意而幫忙，避免出錯的交易員遭到開除。不過他的自傳有很多地方都在幫自己開脫，甚至還宣稱自己開的 88888 帳戶曾經達到收支平衡──但他沒說實話。帳戶裡的現金餘額是零，但還有巨額未付損失。任何由一般人（而非被定罪的騙徒）寫的霸菱銀行史（包括英格蘭銀行寫的事件報告），都沒有提到這件事，而且大家口徑一致的是，李森從抵達新加坡後就開始闖禍，而且很快就幫自己掩飾錯誤。

一艘帶著破洞航向茫茫大海般金融世界的船隻。

李森剛開始的做法雖然有點激烈，嚴格來講是違反規定的，但跟很多正常公司的營運模式沒什麼兩樣。從他的案例看來，雖然他當初做一些違規邊緣的事情似乎並非為了圖利自己，但終究讓自己越陷越深。新加坡霸菱期貨交易公司必須成長，為了成長就必須吸引客戶。但期貨交易市場在很大程度上，是一種帶有規模經濟特色的行業：如果某家公司有大量現存的買賣訂單，那麼要有客戶的新訂單上門才比較可能處理掉它們。

如果你目前手頭上沒有大量訂單，就必須假裝你有。你假裝自己手上有許多訂單來來去去，並且出價比競爭對手還好。由於你對客戶的報價較高，但你真正能賣出去的價格卻比較低，所以你必須向總公司申報交易損失。這是個策略性的做法，與一般超市低價拋售麵包，藉此提升整體買氣的策略差不多。這是第一線交易員與總部管理團隊所做出的共同決定。

但如果交易員弄了一個祕密的錯誤帳戶，可以用來掩蓋所有交易損失，那又會怎樣？如此一來，交易員就可以提供客戶最具競爭力的優惠價格，而且不用為了跟總公司請求財務支援而遭到刁難。這交易員看起來會像是個天才般的期貨金童，光靠吃飯喝酒套交情就能吸引客戶，而且因為精明又深諳市場運作之道，能夠用較好的價格進行買賣。李森就是這樣。他靠著削價競爭來搶生意，然後把損失放進88888帳戶，只因為倫敦總部根本搞不清楚這帳戶是客戶的還是公司的。

　　第一次瞞騙公司後，隨即帶來許多負面影響。由於一次期貨部位買賣虧了錢，李森需要資金：為了能夠每晚與新加坡的交易所結帳，倫敦總部必須匯款到新加坡。李森不希望這高額金援引來倫敦總部問東問西，於是必須做出期貨公司營利可觀且生意興隆的假象，所以他開始把業務擴展到「指數套利」（index arbitrage）：基本上，這是靠同樣期貨合約在日本與新加坡兩個市場上的微幅差價，來買賣期貨套利。他通常會在大阪賣掉日經指數期貨，然後在新加坡國際金融交易所（SIMEX）買入，因為在新加坡的價格通常會稍低。

　　只要一切平安順遂，這通常是穩定財源，風險很低，因為基本上李森只是靠些微價差賺錢，而不是買賣期貨部位。所以不久後霸菱銀行老闆彼得‧霸菱（Peter Baring）才會在一九九三年的一場股東大會上宣稱，「我們發現在證券業賺錢並沒有多難。」但這句話往後恐怕會讓他自己夜夜難以成眠。問題在於，同樣期貨合約在不同交易所之間的價差很小，所以必須買賣大量期貨才能賺錢。這樣操作的風險在於，由於買賣的期貨合約數量很大，如果出現了錯誤或無法預見的金融市場波動，損失也會非常大。因為做大事，即便犯的是小錯，結果也極為嚴重。這就是為什麼大多數銀行都已經不靠大阪與新加坡的「指數套利」來賺錢。但李森就是有辦法靠他開的帳戶來隱匿損失，報給公司漂亮的營收數字。

　　霸菱新加坡分公司的帳目還是得做到收支平衡，總公司也派

了查帳員去確認一切沒有問題。不過李森真是個文書作業大師，而且他聘的當地員工都是菜鳥，對他忠心耿耿。所以他可以偽造客戶欠霸菱款項的紀錄，藉此騙過查帳員。但由於盈利帳目都是假的，當新加坡交易所要求結帳時，他還是付不出錢，仍必須不斷仰賴倫敦總部匯款過去。在用88888帳戶騙了第一次之後，他必須不斷騙下去，才能堵住財務漏洞。

李森的弊案又是詐騙案常見「滾雪球效應」的另一個代表性案例。他用各種伎倆來營造公司沒有虧損的假象，但他所做的一切到後來都導致損失越來越大。例如，為了在每一季開始收到預付款項，他會賣保單給客戶，如果市場變動太大他就賠錢。[3]結果市場真的發生波動，到了每一季尾聲他必須賠錢給客戶，然後為了彌補這些損失，也為了維持盈利穩健成長的假象，又必須賣出更多合約。由於他深諳行政部門的運作之道，他還宣稱期貨交易公司需要更多現金才能運作，但實際上根本不用那麼多錢。

大約就是在這時候，他開始壓力大到暴吃糖果。然後發生了神戶大地震，日經指數在一夜之間暴跌兩百點。

此時李森已經是大阪、新加坡股市的重量級玩家，市場上也開始議論紛紛。由於他給的價格都很優惠，好幾位大戶都因此受益，而他也開始暗指自己背後有個神祕的大客戶「X先生」（Client

---

3 這就是我們前述的「跨式選擇權」買賣。李森並未使用名為「巴西跨式選擇權」的策略，但他的確是用這種策略來預收現金，但也必須為此承擔後來某個時間點可能出現的風險。

X）。[4]他以為自己如果持續在大阪股市購買期貨，就可以撐住市場，而救了市場也可以救他自己，因為他手上持有太多選擇權合約了。

簡單來講，他真是已經失心瘋。就像紐西蘭曾經使用的道路警示牌標語：「速度越快，損失越重」。他這狗急跳牆的最後險招只達到一個效果：最終的損失會變得更龐大。他只撐了兩、三週就東窗事發，再也無法掩飾，於是他只好跟老婆一起逃亡。短暫追緝後，他在法蘭克福機場的停機坪上遭逮捕。

與其他巨大詐騙案的主謀相較，李森可說是個可憐蟲。即便他的騙局成功，他也只能拿到期貨交易員的分紅，區區幾十萬英鎊而已，大約只占霸菱賠掉的總金額的百分之一。看來他最開始的犯案動機，只是希望在競爭激烈的業界中證明自己的能力。「流氓交易員」絕大部分來自中下階層，內心深知自己是個局外人，必須靠自己打拚。不過，很多沒有惹禍的最佳交易員當然也是這樣。[5]造成這醜聞的關鍵心理因素，是李森無法接受自己犯下錯

---

4 當時很多人都以為，「X先生」就是在巴哈馬群島工作的法國避險基金經理人菲利浦‧彭內瓦（Philippe Bonnefoy），因為彭內瓦的確跟李森有很多生意往來。不過，經過一番訊問後才真相大白，他並未涉入騙局，當然也沒有參與李森暗示與「X先生」有關的種種高風險交易。在霸菱發生弊案倒閉後，有些管理階層人士偽稱李森真的有可能跟「X先生」進行了一樁陰謀，結果這些管理階層反倒因而名聲掃地。

5 當然，我們往往都是在弊案發生後，才看得出誰是流氓交易員，所以流氓與非流氓之間並無實際上的區別。只要最後能夠獲利，很少人因為做了未經授權的交易而被開除。

誤，而且我們可以說，李森之所以毀了有兩百年悠久歷史的銀行界霸主，只是因為他不想說一句「抱歉，我錯了」。這說法一點也不誇張。

鑄下大錯後，李森的日子也不好過。他在新加坡蹲了七年苦牢，服刑期間很幸運的並未因為結腸癌死去。儘管他有幸看到伊旺‧麥奎格在銀幕上飾演自己，但大部分版權收入都用來支付訴訟費用，而且在自傳之後他再也沒辦法寫出另一本暢銷書。如今他靠著當諮詢顧問謀生，教公司如何避開詐欺風險——不過從他的官網我們多少可以看出，公司找他其實較多是為了輕鬆一下，找個樂子，而非嚴肅的諮詢服務。直到我寫這本書時，他始終沒再犯罪，而在二〇一七年十月九日，日經指數經過多年的緩步回升後，終於回到了他做交易時的指數。

與其他類似的流氓交易員一樣，李森的犯案關鍵有二：他有能力控制交易內容的相關資訊，讓別人無法知道；另外，由於他充分獲得信任，所以能夠持續說服霸菱銀行匯錢給他彌補損失。如果從這兩點看來，流氓交易員犯下的詐騙案，跟我接下來要討論的案子好像也沒多少差異。在接下來的這弊案中，整家銀行都已經淪為騙徒的禁臠，而且坐在最高位的人，就是最凶惡的騙徒。

林肯儲蓄貸款協會醜聞

一九八〇年代「儲蓄貸款銀行」醜聞引發金融危機，也為後來的許多類似醜聞定下基調。自從美元於一九四〇年代成為國際

貨幣中心之後，這是第一個真正的巨大金融危機，這事件也標示著美國已經擺脫一九七〇年代的通貨膨脹，過渡到美元成為強勢貨幣的所謂「大平穩時代」（Great Moderation）。這弊案同時初次預示了一個事實：解除金融管制措施後，往往會導致危機發生。尤其是，在許多經濟條件的交互作用下，再加上政府通過了解除金融管制的兩大法案，帶來了特別嚴重的負面影響。與此相關的是，這危機發生在雷根總統時代初期，當時政府力量大幅放手，大企業荷包滿滿，結果導致金融鉅子們與官員之間的權力關係生變，官員沒辦法好好監督那些財大勢大的鉅子。但對於這本書的主題而言，最關鍵的是，我們從「儲蓄貸款銀行」醜聞看到「控制型詐騙案」一詞就此誕生。

從學術的角度看來，我們可以說「儲蓄貸款銀行」醜聞在經濟史上的地位仍爭論不休，兩派經濟學家彼此撰文責罵對方：一派是市場導向的經濟學家，另一派則是支持政府的。一般來講，如果是芝加哥經濟系畢業，自認是屬於自由派或者支持「小政府」的保守派，往往認為這個危機之所以發生，是由於經濟大環境的因素毀了業界的潛在經營模式，任誰也無力回天。但如果是耶魯大學經濟系畢業，投票給民主黨的，就會認為在解除金融產業的管制令之後，銀行彷彿脫韁野馬，但這行業隱隱約約又有國家在背後保證，自然會有弊案發生，因為一切條件無可避免地都在鼓勵業界犯罪。這兩種觀點都各有理據，因為「儲蓄貸款銀行」危機其實可以分成兩部分，儘管政府採取的政策措施有部分功效，

但只能解決第一個危機，卻很可能促成了第二個發生。

危機的種子在一九七〇年代就已種下，當時政府為了緩和通貨膨脹而提高利率。「儲蓄貸款銀行」（Savings and Loans，或簡稱thrifts）是一種自拓荒時代就已存在的小型銀行，只在小範圍的區域裡接受放款與存款。由於美國銀行發生擠兌的事件向來屢有所聞，美國建國初期銀行也的確不太穩定，所以在一九八〇年代以前，美國民眾有不信任大銀行或連鎖銀行的傳統。反觀「儲蓄貸款銀行」的營業項目，卻有嚴格限制，而且往往是在比較不具競爭力的地方性市場經營。為此，民眾並不認為「儲蓄貸款銀行」需要受到銀行檢查員的監督。有個笑話就是在講這一類銀行經營方式可以用「三／六／三」來概括：存款給百分之三利息，放款收百分之六利息，每天下午三點還來得及去打高爾夫。

這都沒問題。但這種經營模式顯然肯定會失敗。「儲蓄貸款銀行」的放款型態是三十年的抵押貸款，採用固定利率，但存款則都是短期或者可以調整利率。利率升高時，支付存款的利息隨之升高，但抵押貸款利率卻始終沒變。這下「三／六／三」就變成了「十二／六／十二」：如果銀行付給存戶百分之十二的利息，但貸款利率仍維持百分之六，那在十二個月內肯定就會破產。

由於時值一九八〇年代初期，雷根大刀闊斧改革美國之際，各種革新措施正在成形，政府解決「儲蓄貸款銀行」問題的方式就是解除管制。自從維多利亞時代投資火車公司的風潮以來，始終流傳著一個觀念：金融的最大問題無非是過度管制，只要有問

題發生，不要管太多，市場自可迎刃而解。正因如此，隨後才會
出現一連串放鬆管制的措施。

第一道措施解除了「儲蓄貸款銀行」的經營規模限制，希望
它們能藉此「解決問題並成長茁壯」。很快就出現一波合併風潮，
短期來講它們確實能改善現狀。把一家沒有償債能力的「儲蓄貸
款銀行」，與另一家償債能力在及格邊緣的「儲蓄貸款銀行」合
併，往往會讓帳目變得比較好看：這是個會計巧門，不能說是作
弊，但往往會遭到濫用。[6] 為了讓這種公司壯大，除了接受小額存
戶的存款之外，政府也准許它們增加資金來源，例如可以向垃圾
債券市場借款。不過，從握有的現金金額看來，即便銀行規模擴
大了，但並未改變這些「儲蓄貸款銀行」已經破產的事實。由於
它們都是負債大於資產，所以必須有一些真實的收益，而不是帳
面上動動手腳就可以。因此政府再次放寬管制，讓它們可以經營

---

6 「善意」是造成濫用的關鍵。如果銀行 A 手上有一批總額一億美金的抵押貸
   款，利率是百分之五；但因為現行利率是百分之十，所以這批貸款的實際價
   值只有大約五千萬。如果銀行 A 在帳目上是記錄這貶低的價值，那就破產了。
   但若是銀行 B 合併了銀行 A，接手那一批抵押貸款，那麼銀行 B 大可以說那些
   貸款顯然只值五千萬，但銀行 A 身為銀行的特許權利、商譽等等也值五千萬。
   這聽起來很瘋狂，但即便是正直不欺的查帳員通常也能接受，因為銀行 B 付
   了一億美金，而且應該很了解這業務。如果後來利率降到百分之八，那麼銀
   行 B 就可以用八千萬元賣掉抵押貸款，這樣做雖然實際上損失了兩千萬，但
   在帳目上卻可以記下三千萬的盈利（因為那些貸款實際只值五千萬）。這種帳
   目巧門到底在什麼程度上還算是「善意」？自從一九八○年代以來，答案已經
   有所改變，但仍然是個未解的大問題。

商業貸款、商業不動產貸款等業務，最關鍵的是還可以直接進行投機性投資，主導不動產開發計畫——理由在於，較高的風險會帶來較高的收益，而高收益正是那些「儲蓄貸款銀行」需要的。

過沒多久，「儲蓄貸款銀行」的小型地方銀行規模就走入歷史，越來越以大型組織為特色，背後金主甚或老闆就是不動產開發商，其中好幾家與垃圾債券大亨麥可・米爾肯（Michael Milken）密切相關（這位大亨後來因證券詐欺遭到定罪）。我們可以說，「儲蓄貸款危機」的第二階段已經展開了。

最能反映出「儲蓄貸款醜聞」的人物莫過於查爾斯・基廷（Charles Keating）：他是個令人瞠目結舌的騙徒、罪犯與偽君子。他的公司是總部位於亞利桑那州鳳凰城的美國大陸公司（American Continental Corporation，簡稱ACC）。美國大陸公司雖然主業是房地產，但旗下有一家分公司叫做林肯儲蓄貸款協會，該公司就登記在管制措施已經大幅放寬的加州。

基廷巧妙玩弄公司的財務結構，藉此施展吸金大法。為了讓管制人員滿意，林肯儲蓄貸款協會在帳面上必須顯示出大量獲利，而它也的確辦到了。但另一方面，美國大陸公司卻沒什麼業務是賺錢的，只有兩項除外：借錢來進行那些已經蓋一半的房屋建案，另外也幫助麥可・米爾肯買賣垃圾債券。這一母一子兩家公司因此達成了「稅金共享協議」，也就是為了節省公司稅，讓美國大陸公司的負債得以打消林肯協會的盈利，但這也剛好促使基廷得以把兩邊的現金流混在一起：一邊是他能控制的銀行，

所受到的管制較多，另一邊則是他所擁有的公司，所受管制較少
——這等於削弱了銀行受到的管制。

基廷是個令人一見難忘的人。他又高又帥，曾是游泳健將。
他喜歡生命中任何美好的事物：私人噴射飛機、五星級飯店，平
日與政客為伍，也花很多錢賄賂他們。他非常恐懼色情書刊影片
流傳，因此大量捐款給掃黃的道德運動，甚至還支持其他人提倡
的禁令：禁止高校女生穿短褲，以免機車騎士分心。他出資成立
了「提倡高雅文學」（Citizens for Decent Literature）這個公民組織，
花錢拍攝《墮落是一門好生意》（Perversion for Profit）這部紀錄片，
還加入了詹森總統的「猥褻與色情書刊影片調查委員會」（President's Commission on Obscenity and Pornography）。他甚至一度設法
把自己反色情的假道學興趣與工作結合，藉此抹黑一些金融管制
人員：他試著說服法官，讓法官相信聯邦住房貸款銀行舊金山分
行（Federal Home Loan Bank of San Francisco）所屬的一群詐騙審查
人員都是同志，這群人由於他的恐同言論向來激烈高昂，所以跟
他結下私怨。

基廷的慣用伎倆就是讓經營規模不斷成長。對於金融業而
言，時間是非常重要的盈利關鍵：只要有人借錢，從支付利息的
第一天開始，銀行就開始累積收入，但壞帳問題卻是要到未來的
某一天才會顯現。正因如此，與緩步成長或者業務縮水的銀行相
較，任何一家快速成長的銀行都會顯得蓬勃發展，因為這種銀行
有較多新的借款，既然是新借款也就暫時還不可能變成壞帳。基

廷把這關於金融業的特色利用到極致，結果成為當時極為成功、賺錢的美國金融家。問題在於，任誰如果只是用快速成長來營造成功的假象，終有一天那些貸款會變成壞帳，許多問題隨之而來。但對此基廷也有對策。他選擇做假。

基廷的林肯儲蓄貸款協會，徹底利用了管制措施放鬆後出現的操作空間。他的銀行本來只獲准提供抵押貸款，但管制放鬆後，現在可以把錢借給房地產開發商。而且，既然大多數開發商對於借款的胃口都很大，幾乎無法饜足，只要他的銀行能夠把數以百萬計的貸款借給開發商（而不是只借幾萬美金抵押貸款給零售商），銀行的成長速度就會遠比先前快速。一九八〇年代初期，領導業界的那些「明星級」儲蓄貸款銀行都遵循這發展模式，並且被業界其餘仍在沉睡中，幾乎快要倒閉的銀行奉為典範。結果這些儲蓄貸款銀行都涉及詐騙。這並非巧合，因為同樣的會計標準把它們塑造成金融業明星，但實際上也讓它們深陷災難。

但即便是進行不動產開發貸款，還是得要求開發公司提供擔保品。只有不動產開發案的價值大於貸款，才能夠核貸——任何儲蓄貸款銀行都必須遵守這條規定。所以，如果儲蓄貸款詐騙案的關鍵是「成長」，那麼能讓它們「成長」的關鍵就是在鑑價上動手腳，也就是銀行必須設法說服查帳員，一間位於南加州內陸帝國（Inland Empire）地區的半完工購物中心的價值，遠比實際價值還要高。

這「鑑價詐騙」的第一塊拼圖，是賄賂或恐嚇鑑價人員。負

責鑑定不動產價值的，都是專業調查人員或不動產經紀人，而且鑑價是個很競爭的行業。在讓抵押貸款通過核貸的過程中，任何銀行總會有幾十個價鑑人員可以選擇，好讓他們來進行第三方鑑價。有時候也需要把鑑價結果給查帳員或詐騙審查人員過目。所以像基廷這種心術不正的人，當然會要求員工「貨比三家」，把較多鑑價案派給那些標準比較寬鬆的鑑價人員，並且讓那些嚴格的人知道，如果他們的態度再不軟化，就會失去一位大客戶。這種壓力一開始通常都不會太強硬，很難察覺，但很快就變成明目張膽了：乖乖聽話的人就有大魚大肉可以吃，搭私人飛機遊山玩水，甚至獲贈全新保時捷跑車；至於抵死不從的，則常會接到充滿威脅與暴怒言語的電話。到了一九八六年，林肯儲蓄貸款協會已經湊足了一小群懂得乖乖聽話的鑑價人員。

不過，儘管「鑑價詐騙」的第一塊拼圖是貪汙的鑑價人員，但通常光靠他們可不行。如果銀行在做假時能夠拿來為自家帳簿背書的，就只有那些名義上獨立自主的「專業人士」所提供的主觀意見，那麼金融檢查人員很容易就能找出問題。簡單來講，鑑價人員能夠放水的地方，只有在鑑價報告裡提供偏離市場行情的數字。任何銀行若真想在鑑價上動手腳，也需要操弄市場。

就是在這階段，「控制」這個成分才開始成為控制型詐欺的關鍵要素。任何銀行能控制的東西越多，就越能夠捏造出有力的假證據，藉此證明那造假的鑑價報告無誤，銀行確實可以從假資產中獲得假利潤。只要組織頂層遭控制了，任何騙徒都可以卸除

一切管控措施，徹徹底底瓦解銀行內部的信任與查核機制，因為這些機制只能防禦外來者入侵，無法抵擋內賊。律師比爾・布萊克（Bill Black）是聯邦住房貸款銀行的理事（後來也是聯邦住房貸款銀行舊金山分行的理事），曾與基廷結怨的他，如此形容基廷使用的兩種伎倆：

用我的死牛來換你的死馬。一家貪汙的儲蓄貸款銀行擁有一個完工一半的開發案，另一個貪汙的儲蓄貸款銀行也擁有一個類似建案，就在幾英里外的高速公路旁。他們先提高兩個建案的售價，然後賣給對方，藉此為同一地點的兩個類似建案創造出全新參考市價。

用現金來換垃圾。有人急需貸款一千萬美元，但名下不動產卻只值八百萬。某家儲蓄貸款銀行拒絕貸款給他，但開出一個條件：可以貸款三千萬給他，前提是他必須拿出其中兩千萬，去跟基廷的不動產公司購買另一個類似的不動產。這對於基廷來講實在太美妙了，因為他只用一個價值八百萬的不動產，就賣得了兩千萬現金——獲利一千兩百萬。現在那一名哀求貸款者的不動產可以重新鑑價，所以他的公司所經手的，不是一筆「用八百萬不動產借貸一千萬」的貸款案，而是「用四千萬不動產借貸三千萬」的案子，帳面上看起來好多了。

「死馬換死牛」這形容很有趣，但「現金換垃圾」的確讓人聞到一絲控制型詐騙案的味道：不須經濟景氣幫忙，能促進銀行以更快速度成長，再加上這技倆幫助手握公司大權的人弄到錢，

又讓貸款案的帳面顯得很漂亮，比實際上更安全。問題在於，到現在我們也看得出來，銀行藉此詐財，但申貸者何嘗不是？為了讓業務成長，銀行需要貸款人，但唯一甘願參與這種交易的，就只有想要撈偏門的不動產開發商，他們急著弄到錢，蓋出來的建案有很多問題。所以儲蓄貸款銀行若想要進行控制型詐騙，就得要成長；為了成長，就必須找到很多這一類借款人。

另一個前提是，銀行必須避開比爾‧布萊克這種人。基廷總是特別討厭那些「見林不見樹」，也就是看得出全盤問題的人。想要對付那些彬彬有禮的查帳員很簡單，那些「鑑價詐騙」、「死牛換死馬」之類的技倆都有用，只要把東西一個個拿出來解說，用一張檢驗清單來證明某位專業鑑價人員已經針對價格提供意見，而且這價格也與市場交易價格吻合。但如果有人開始拿出所有資料一起參照比對，那些技倆就不管用了，因為他們會看出銀行取得的抵押品都是一些數量多到賣不出去，而且位於偏僻高速公路旁的超大建案。這些建案都是由同一群少數建商出資，但它們根本不可能賺到足夠用來償債的現金，連建商貸款的零頭都還不起。

基於這理由，基廷運用了他過去在反色情運動中累積的所有政治資本，也用林肯儲蓄貸款協會與美國大陸公司的資金，去取得更多政界人脈。他透過政治影響力，設法把買通的一名律師弄進聯邦住房貸款銀行的理事會，藉此遊說理事會成員同意，把負責稽查林肯儲蓄貸款協會的分行從舊金山換成西雅圖，只因西雅

圖的稽查人員都是菜鳥——但他沒有成功。這時他的政治獻金已經花得夠多，所以至少已有五名美國參議員可以幫他向聯邦政府單位關說施壓。後來這些被稱為「基廷五人組」的參議員，也因為涉案而遭到調查和譴責。

不過，從基廷垮台的方式看來，我們還是可以看出金融管控力量發揮了功效。儘管他有辦法為自己買到龐大的政治影響力，也屢屢試著讓銀行稽查人員被開除，但未曾成功。他發現，說到官僚體系內的鬥爭，對他抱有敵意的人比他買通的政治人物更擅長。而且美國大陸公司的境況對他也沒有幫助：因為該公司與麥可・米爾肯的垃圾債券帝國牽扯越來越深，公司狀況愈見岌岌可危，而且為了籌措資金開始販售債券給寡婦孤兒。這當然引起其他管制人員側目，如此一來，當初林肯儲蓄貸款協會所累積的好名聲與政治影響力，也隨之毀於一旦。該協會在一九八九年四月，遭管制人員查獲種種不法事蹟，倒閉後造成的三十四億美金損失，堪稱所有儲蓄貸款銀行醜聞之最。最後，基廷對員工做了一次冗長、難解又漫無邊際的告別談話，企圖把自己公司的失敗歸咎於美國經濟大環境走下坡，起因包括共產主義、世風日下，還有色情書刊與影片橫行。

從儲蓄貸款銀行的弊案可以看出，控制型詐騙案必然與「管控措施」有關，但這也讓我們了解一個道理：我們必須要用更細膩的角度，去看待控制型詐欺案與風險之間的關係。在各類調查報告中，基廷之流所借出去的貸款往往被描述為「高風險」，而

且就某個角度來講，的確沒錯。但是在供過於求的情況之下，小型儲蓄銀行居然把那些比自身資本多好幾倍的錢，投資在一個個購物中心計畫上，各方還透過這些計畫詐取了比計畫真正價值多好幾倍的錢，那麼宣稱這計畫最後會有「無法償債的風險」，其實是沒有道理的，因為無法償債已經變成必然後果。當然，這些計畫中，還是可能有一個會在挖地基時不小心挖出石油，或者地方政府突然需要徵收土地造路[7]，但從現實的角度看來，即便已經破產的儲蓄貸款銀行突然奇蹟似地找到某個財源，那些錢還是會被投資在更大的騙局中。就像在火車鐵軌上來回奔跑，大玩「試膽」遊戲，每一個計畫也許都具有「高風險」，但最後結果卻都是肯定的。在這種情況之下，我們無須問道：不良的借款人可不可能留下壞帳？因為答案是肯定的。只有優良借款人才不會。

「借力使力」的控制型詐欺案

儲蓄貸款銀行的弊案堪稱控制型詐騙案的經典案例。騙徒把整個經濟體系掌握在手裡，藉此創造出虛假的帳面利潤，進而透

7　或者，有個稍嫌沒那麼奇妙的可能是，騙徒也許找到另一隻身懷巨富的肥羊為下手目標，於是以極其優惠的高價賣出手上控制的資產，讓原來的受害人得以解脫，損失全由新肥羊承受。這名「肥羊買家」通常來自阿拉伯國家（在當年，有時是來自俄國），而且在那些騙徒遭逮後編的故事裡，這類人物已經成為固定角色。也許有千億之一的機會真有這一類人物，但通常是虛構的，就像「主要銀行證券」騙局裡，往往也應該出現某個與各界關係深厚的政治掮客來進行交易，但最後往往不見蹤跡——因為他們也是虛構的。

過各種「合法」手段吸金：而對於我接下來要談的案例，所謂「吸金」是先製造出帳面上的龐大盈利，好讓他們能夠賺取高薪或高額獎金、紅利，而且與一口氣偷很多錢相較，這都是分散收入的一般手法。從了解詐騙的角度來講，這很有趣，因為詐財方式改變了，但案件的本質不變：還是有個能夠掌控一切的人決定吸金詐財。

不過，控制型詐騙案也讓我們可以進行更高層次的抽象思考。在二十一世紀最初幾年，一連串金融危機正在醞釀之際，我們已經可以看見當時出現了某種帶有「借力使力」（distributed）或者「自我組織」（self-organizing）特性的控制型詐騙案。討論進行到此之際，身為作者我必須預先道歉，以免有讀者邊看邊罵，覺得我用詞太過簡略，只能用含沙射影的方式描述，或者過度使用被動語態，略去主詞。如果真有這種狀況，那理由必然是大多數當事人都還在世，而且幾乎都沒有遭判刑，他們也許不樂意見到我在提及他們的段落中使用「詐騙」一詞。真是對不起了。

在二十一世紀最初幾年犯下控制型詐騙案的許多騙徒，為什麼到現在還能四處走動，坐享榨取的利益？理由在於，控制型詐騙案的技術，的確可以發展到極度細膩的地步，相較之下，先前討論的儲蓄貸款銀行詐騙案顯得粗陋許多。控制型詐騙案的重要層面之一是，吸金方式本身通常不帶犯罪性質。騙徒可以設計出一個組織，讓它以合法方式把自身價值的一部分透過分紅、獎金支付給他們，或者讓組織與他們能控制的另一個組織進行商業交

易，藉此圖利他們。接下來大幅擴大那另一個組織的規模，即便因此欠下一堆債也無所謂，只要能夠增加組織的價值就好，然後讓那公司透過一般的合法機制，把錢匯給他們的組織，入袋為安。

現在我們再想想：如果騙徒根本不用自己動手，藉由詐騙提高公司的業績，只需建立一套獎勵制度以及（沒有作用的）制衡監督機制，自然會有其他人來幫他們提高公司業績呢？換言之，他們不須為了提高業績而自己動手犯罪，只要在公司中創造一個強烈「引誘犯罪」（criminogenic）[8]的環境，然後就水到渠成。這簡直是完美犯罪，因為所有流進騙徒口袋的錢都是來源合法的，而所有詐欺行徑則都由其他人代勞。只要沒有人找出那「引誘犯罪」的制度與騙徒所做種種決策之間的關聯，就幾乎沒有人可以起訴他們。而且，由於大公司老闆在下令時，往往可以靠點頭與眨眼使眼色[9]，這種「自我組織」的騙局可以很輕易不留任何白紙黑字，甚或根本不可能有吹哨者出現。

這麼說已經非常抽象，但還有另一個層次的詐騙更為抽象。仔細聽我說，因為等一下我會舉例。如果真的沒有人意圖創造出**一個引誘犯罪的制度呢**？如果有些人真是運氣非常好，開的公司

8　關於一九八〇年代晚期政府對於儲蓄貸款銀行所做的寬鬆管制，比爾·布萊克說得好：「那簡直就像在鼓勵犯罪。」

9　這可以是一種比喻，但也是實際的狀況；請參閱第九章關於大財團奇異電器（GE）的討論。

純粹因為機緣巧合，而創造出很糟糕的獎勵制度與內部管控機制，那麼有好一陣子公司不管有任何決策，都只會獲得肯定與強化，而且公司看起來會是獲利狀況良好，以滾雪球的速度成長。在這種情境之下，有哪個高階經理人會質問自己是否有資格領取高額獎金？理論上這一類大規模的控制型詐騙，真的有可能會因為偶然而發生，其中完全沒有任何人該為整個騙局承擔刑責。這種案子實在是慘不忍睹：儘管騙局中有很多犯罪行為，很多事實遭到扭曲，但這一切都是低階員工所做，他們大多並未因自己的行徑獲利，其中許多人也可以非常有說服力地宣稱自己的腦袋沒那麼厲害，可以知道自己的作為是非法的。但另一方面，我們會看到有一群高階經理人已經荷包滿滿，而且照理說他們應該知道這到底是怎麼回事，外界也強烈懷疑他們「肯定知道」，但從證據上看來，其中任何一名經理人卻都不符合犯罪要件，因為事實上他們不知道。最能夠破壞現代資本主義體系互信原則的，莫過於這種詐騙案。最有辦法用來說明一九九〇年代與二十一世紀最初幾年那些金融弊案的，也莫過於此。

不當銷售「付款保障保險」的弊案

至今我們所檢視的許多案例，都與一些生動活潑的人物有關，他們的性格往往各具特色，目標都是藉由踩著別人致富，就算毀了別人的一生也無所謂。英國金融體系曾發生一個奇怪案例與所謂的「付款保障保險」（Payment Protection Insurance，簡

稱PPI）有關，它在許多方面都與我們前述的詐騙案相反。這弊案可以說極度抽象，抽象到我們剛開始討論這話題之際根本無從想像。這個控制型詐騙案幾乎沒有計畫，也沒有誰「借力使力」，而且是由數以千計大致上獨立行動的個人所犯下，其中沒有任何人期望藉此致富（事實也確實如此），而且這案子還有一個罕見之處：受害者的表現一般比騙徒還好。藉此我們也可以看到，任何組織都有可能在無意中創造出「誘惑犯罪」的環境，而且成因是多重的：產業失控再加上能力不佳的管理階層遇到了壓力，自然會有這種結果。

產業問題的背景是一九九〇年代末期，英國金融圈一方面競爭極為激烈，但又獲利能力極強。在一九八〇年代晚期開始歷經一連串管制鬆綁之後，鬆綁期來到最後階段，也是所謂的「豐收期」（sweet spot）。這些結算銀行10包括歷史悠久的「四大鉅子」：當時指國民西敏寺銀行（NatWest）、巴克萊銀行、匯豐銀行（Midland/HSBC）與駿懋銀行（Lloyds），另外再加上當時兩家規模較小，且經營區域受限的蘇格蘭銀行。它們早已看出解除管制將會同時帶來威脅與轉機，於是他們用了將近十年，設法砍掉經營網絡中的多餘成本，包括關掉許多分行、集中處理票據與支付事務，並且擺脫了大批分行管理人員與公司的中階管理階層。各銀行都在抵押貸款產業中開發新的產品線，也準備好面對來自房屋

10 譯註：clearing bank，指受到央行委託辦理票據業務的銀行。

互助協會（building societies）的威脅，因為這些協會也會為會員提供抵押貸款，這表示銀行的本業會面臨挑戰。

不過，儘管各銀行大手筆砍掉不必要成本，訂價標準卻尚未調整，迄今仍沿用過去各家結算銀行財團的陳年舊規。當時銀行不用支付許多現有帳戶利息，至於具有透支貸款特性的消費貸款以及抵押貸款利率，則都訂得遠高於英格蘭銀行的基準利率。在那短短幾年間，英國銀行是世界上獲利最龐大的金融機構。

但好景不常，銀行必須支付股利，有時候還得回購股票，但投資人希望銀行能夠把絕大多數盈利再拿去投資，擴大經營規模。今年的盈利應該放進下一年度的資本額中，藉此支持借貸業務不斷成長。銀行也照做了。但如果想要拉高資本的報酬率，任誰都不能把所有資本都拿回去同一個市場投資，因為英國市場沒那麼大。到了二十一世紀最初幾年，英國各家銀行已經非常有計畫地嘗試著做大貸款業務，目標甚至高於市場上的實際需求。

刻意擴張貸款供應量，超過原本應有的需求，這在市場經濟體系中會帶來一個反效果：價格下降。在一個已經大幅解除管制的市場中，高獲利率加上一大堆極具競爭力的對手，如果照經濟學教科書所寫的，絕對不會形成能永續經營的局面。但真實世界跟教科書不同，而且在人類管理的真實公司裡，這種合理又自然的過程有時會導致問題叢生，甚至可能帶來非常負面的後果。

如果某個公司的總裁能夠大幅削減成本，高報酬率也創下歷史紀錄，獲得普遍讚賞，看到這種狀況時，我們往往發現，這些

總裁會自然而然宣布自己已經「打過美好的一仗」，然後交棒給繼任者。讓公司享受巨大盈利並且能因此自誇，是很有趣的。但如果坐視這些盈利因為競爭而縮水，為此必須對股東宣布調低公司的預期獲利，那一點也不有趣。任何在金融業登頂當上總裁的人自尊心都非常強，所以一旦他們設定好目標，就很難降低標準，他們也不會想承認自己業績亮眼只是因為搭上了業界景氣循環的便車。如果他們選擇退休，就能留有好名聲。

但他們也不想選一個不會「蕭規曹隨」的繼任者，不希望繼任者拋棄自己退位前設定好的目標。而且無論如何，這些自視甚高的總裁也許真的相信，自己已經打造了一個能夠永遠維持下去的企業帝國。基於很多理由，在那一段時間我們見證了英國銀行業幾位鉅子退休，例如駿懋銀行的布萊恩·彼特曼爵士（Sir Brian Pitman）、匯豐銀行的浦偉士爵士（Sir Willy Purves），他們的繼任者都是平庸之輩，但同樣公開表示自己會致力於追求獲利目標——儘管那目標無法維持下去。在這年代被拔擢到頂尖的職位，就像橄欖球員所說的，接到了「可能會讓你入院的傳球」（hospital pass）[11]：由於時機的關係，在這時接到球無論如何都不能掉球；但也是因為時機不好，無論誰接到球，肯定都會遭到擊倒。

弊案的下一張拼圖，是種種縮減成本措施帶來的不良影響。到了一九九〇年代末期，那些曾經擔任要角的老派分行經理都已

11 譯註：在橄欖球場上從遠處傳過來的球，接到球的球員可能會因為被擒抱撲倒而入院。

經走入歷史：在此之前，他們曾如此顯貴，不是當扶輪社社員就是加入共濟會，堪稱各地商業社群的台柱，備受各界畏懼與敬重。此時的分行經理，一般來講薪水遠遠不及速食餐廳經理，銀行櫃員的薪水甚至比加油站員工還差。為了縮減成本，銀行有計畫地把人力資本從分行網絡中抽出。這意味著員工比較不了解他們自己在做什麼，也比較沒有理由害怕違規或馬虎辦事，因為他們不怕丟掉工作。專業銀行員被迫退出分行體系的結果就是，他們的專業作風隨之退出，銀行也少了很多保障。

在這狀況下，一個新產品應運而生，而它具有的一些特色對現在的我們來講應該不太陌生。那是一種預先收取保費，但要非常久以後才會申請理賠的保險產品。如前所述，這種產品本身未必有意騙錢，但如果有人計畫要做自己不該做的事，就該把這產品當成工具之一。總之，「付款保障保險」（Payment Protection Insurance）是一種在錯誤時機出現的錯誤產品，最重要的是連價格都弄錯了。

付款保障保險的概念是，如果保戶突然間沒了收入，像是遭解雇或長期生病，這張保單就能幫你繳付一般貸款或抵押貸款的分期還款。基於一些極其技術性的保費稅務理由，還有愛爾蘭分公司的定位問題，對於銀行來講，採用這種保單來解決問題所需的成本，低於直接承諾貸款戶可以有幾期緩繳。長久以來這一類保單已有各種版本，只是消費者一般都不太喜歡這種保險。

然而，各銀行分行拿來賣給貸款戶的付款保障保單，在這類

保單中又是特別不利於保戶的。例如，保戶在買下保單時心想，這下保單應該是包山包海吧，但實際上完全不是那麼一回事。像是自雇者一般都不能請領這一類保險，理由在於，儘管名稱上這種保險提供「付款保障」，但它只保障薪水收入。還有，這些保單的條件並未考量到一個事實：很多貸款都會提早還完。最後，各銀行意識到，在顧客申請貸款的同時販賣這種保單，顧客怕貸不到款，無法拒絕，所以銀行等於獲得了獨一無二的銷售管道。因此銀行收取的保費都很高：在那一段銀行亂賣保單的日子裡，大多數時間，同樣內容的保單只要是向獨立的保險公司購買，價格大概都只有跟銀行購買的四分之一。

　　然而，儘管產品不利於保戶，但從推銷人員嘴裡說出來的，卻是另一回事——簡直像一座維修不力的核電廠，但完全看不出來它對四周環境有何毒害。銀行會吩咐分行員工必須達到超高的保單銷售目標——而且除非賣出的保單數量多到離譜，否則不可能達標。這些銀行員也很難抵抗這種壓力。與先前幾個世代的櫃員相較，他們的條件比較差，受到的訓練也不好。而且直到二〇〇四年以前，只有少數幾類人數眾多的勞工群眾，僅有單一的公司內部工會來代表他們，銀行行員就是其中一類，所以力量較弱。

　　就這樣，銀行把一個品質惡劣的金融產品，交給這些訓練不足的銷售大軍，跟他們說：如果不能達到銷售業績，就準備被修理或者走人。結果會怎樣呢？顯然不會太好。但事實上付款保障

保單具體來講到底哪些地方不好，其實也不難預見——公司內的工會甚至有先見之明，從一開始就抱怨連連，儘管未能達成任何效果。很多保單都賣給了自雇者，而這些人原則上是連申請理賠都沒有資格的。另外，也有大量保單賣給因為貸款性質而無法申請理賠的人。還有許多保單根本不用「販賣」，直接由行員加在文件裡，計價後交給客戶簽名，希望他們不會注意到。

等到保單賣出去，客戶找上門了，很多行員習慣性地說謊塞責，放大保單的好處，略去全部的成本不說，簡直睜眼說瞎話。他們往往跟借款客戶表示這是法律上要求的，或者是貸款的必要條件，即便他們不想保也不行。這實際上都反映出銀行業為了節省人事成本，換掉原來那些素質與經驗都比較好的行員，結果現在準備付出代價了。

不過，各銀行分行的銷售人員不算真的狠角色。非但沒有任何一位藉這詐騙致富，每個人還因為要達到銷售數字而壓力沉重。但就另一方面來講，他們還是可以做出符合道德的選擇，問題在於，人數眾多的全英國銀行行員全都做出錯誤選擇，無一例外。銀行的老闆們（或者說，那些掌管零售網絡的上司，而非總裁，因為總裁都忙著在做更蠢的事，犯下更大的錯誤，無暇直接督導保單的銷售數字）該負責之處在於，他們創造出的條件，讓英國銀行分行網絡變成「引誘犯罪」的環境。不過，據我們所知，這些銷售主管並未要求銀行行員曲解保單內容，而且每當發現情況不對勁，他們也都會感到驚恐，隨後採取適當行動。但問題在

於，他們並未真正發現問題的核心，因為在這上面並未耗費足夠心力，更重要的是，由於他們認定自己的工作，是在一個放鬆管制後充滿競爭壓力的現實經濟體系中，試著盡量去實現多年前勾勒的事業願景。

這就是為什麼後來沒有人因為這種保單入獄。如果只打蒼蠅不打老虎，只會讓人反感，徒留不好的觀感——即便像LIBOR弊案那種案子，犯案者是個人荷包滿滿的大爛人，也是這樣。就「付款保障保險」弊案而言，如果捉小放大，那大眾觀感更會從「反感」轉為「極度厭惡」。但若真要起訴那些頂層的大人物，唯一的機會就是他們真的紆尊降貴，不顧身分地下來犯了罪。讓大家備感挫折的是，為銷售團隊訂下愚蠢的業績目標並非犯罪，同樣的，沒辦法好好監督他們也不是犯罪。在這保險弊案爆發時，任何人都不用為了經營銀行績效不彰而入獄。[12]

儘管這樣的行徑並非犯罪，但已經嚴重違反了一些管制規範。的確也應該是這樣。如果朋友在買牛仔褲時，你騙她那一件不會讓屁股看起來比較大，這沒人會怪你。但如果顧客在申請四十萬美金的抵押貸款時，你騙了他，那就必須用更高標準來檢視

---

12 但目前這至少在英國已經算是犯罪了。二〇一三年通過的《金融服務（銀行革新）法案》（*Financial Services [Banking Reform] Act*）規定，在金融機構發生嚴重經營危機時，如果某位高層主管照理講應該知道機構的經營出了大問題，卻又不採取行動，那就必須負擔刑責。至於這法案有朝一日與人權法案相互牴觸，是否能夠繼續存留，至少在我寫書之際這仍是未知數。美國也有相應的《沙賓法案》（*Sarbanes-Oxley Act*），許多律師認為其內容有違憲之嫌。

你。如同稍後我將在第九章論及的,一個經濟行為是否該受譴責,往往不是看行為本身是否具有詐欺意圖,而是取決於參與市場的大眾對於「合法性」有何期待。還有,儘管賣衣服的人向來喜歡撒撒小謊,不動產仲介也會誇大其詞,汽車銷售員更是口若懸河,這三類行為的嚴重程度不一,但是在面對金融機構的銷售團隊時,我們會用更高的標準來期待他們,而且這些期待都已經化為具體文字,變成管制規定。於是,「不當銷售」(mis-selling)一詞就這樣進入了英式英文的語彙中,它算是管制規範中的文字藝術,意指銷售過程中出了錯,看起來像是有詐騙案發生,但管制人員不想大費周章去證明犯罪意圖或罪責,所以只做出行政處分,要求罰款了事。

在此我可能也該自首,承認自己該稍稍受到譴責,情況很像我在本書第五章名為〈查帳員、分析師與其他令人失望的人們〉那一節所描述的那樣。當時我曾在某家股票交易公司任職,職責是分析銀行,所以英國銀行業像那樣捅出大簍子的狀況,照理講就是我該注意到的。我知道那是一種很糟的產品,也清楚銀行把銷售那種保單當成實現盈利目標的重要依據,於是我把這兩點都寫在報告裡了。但我多少也動了一些手腳,確保沒有人會理會我,因為那份報告的主題是當時讓我執著不已的爭論,而由於關於保費會計的某個技術性問題,我與銀行業之間意見相左。「見林不見樹」是很困難的,但更困難之處在於,我們往往有一些盲點,因此無法意識到眼前所見並非異常的商業活動,而是正在對

民眾詐財的大規模詐騙局。

在這充滿反諷的弊案，最後一個諷刺之處在於政府下的賠償命令。保險詐騙必然涉及「時間」這個要素，而銀行與受害人達成和解時，大概已經是弊案發生的十年後了。所以有個問題是，已經拖了那麼久，那麼銀行在賠償金之外要付多少利息？管制當局做出的結論是百分之八複利。他們的想法是，如果受害人拿到理賠金後到股市去做合理的保守投資，一般來講大概能有這樣的報酬率。但弊案期間那麼多年的經濟狀況有好有壞，中間還歷經了全球金融危機。所以，那被用來當作賠償標準的百分之八年利率，只能說是理論上的股市投資報酬率，但實際上當時股市是崩盤的。在我看來，如果你是個人客戶，在二〇〇二年時的英國如果要對自己未來十年的投資規劃做決定，絕佳投資就是買一份你不需要的「付款保障保險」——因為最後一定會獲得加上百分之八利息的賠償金。

賠償金額實在多到令人咋舌。由於那些保戶拿到的錢實在太多，這筆錢也對英國的宏觀經濟產生重大影響，英格蘭銀行在做消費支出預測時還得把那些錢納入考慮。這弊案甚至因為規模龐大而衍生出另一個附屬弊案：一些強勢的銷售團隊甚至說服保戶讓律師幫他們申請理賠，結果害他們又被敲了一次竹槓。[13]

由於重要性終究比不上全球金融危機，我實在擔心「付款保障保險」弊案會被一些有心投身金融業的學生忽略，沒能仔細分析。但這弊案本身比美國的儲蓄貸款銀行危機更值得擔憂。儲蓄

貸款銀行的例子讓我們了解，什麼是「引誘犯罪」的組織環境，也讓我們了解「控制型詐欺」是怎麼一回事（儘管還沒能夠藉此深入了解這種詐欺的抽象概念）。但透過「付款保障保險」弊案，我們發現就算沒有人有心使壞，公司還是有可能出現「引誘犯罪」的環境。我們甚或可以說，「引誘犯罪」是一種自然傾向，必須從高層加以反制。另外我們也看出，控制型詐騙也能發生在組織的最低層級。關鍵因素在於某人有權力掌控某個程序，還要把這程序引導到詐騙的目標上，而且那個人出於心理壓力以及想合理化自己的作為，於是一步錯、步步錯。

　　基於幾個理由，這的確令人感到不安。我想大家都不會太滿意，因為我們居然必須把那些溫順無害、也不怎麼討人厭的銀行櫃員稱為「騙徒」。但根據我們的一貫定義，實在很難說他們不是。另一個令人不滿之處在於，我們居然找不到控制這一切的高層人士，因此不得不接受一個事實：由於市場太過競爭，公司的管制體系又設計不良，再加上員工受到壓力，才會發生弊案。最後，我也很擔心的是，像這種找不到高層人士下指導棋的控制型

---

13 這裡要再次提出一個免責聲明。並非所有幫人理賠的都是騙子。一開始只是一些比較有商業頭腦的律師意識到，這可能是一筆意外之財，只要追著那些本性遲鈍、懶惰的理賠戶，要他們別錯過機會就好。但沒想到這件事後來會有其他發展。順帶一提，我希望這本書能夠讓後世與外國的讀者都了解當年「付款保障保險」到底有多無所不在。那時候常有人接到電話，對方開口就說：「您也許有資格獲得理賠……」這在二〇〇九到二〇一四年間還成為脫口秀表演者的梗，讓他們能拿來講個五分鐘。

詐騙案，居然也能動起來：因為最低階的那些員工有了行騙的動機，再加上組織本身具有「引誘犯罪」的特色，那麼整個組織**裡裡外外**就會變成一個「引誘犯罪」的環境。過去官方做過少數幾個關於「付款保障保險」弊案的研究，內容讀來怵目驚心。但我們需要某人仔細研究的是，在那些弊案嚴重的銀行中，是不是有一些分行沒有不當販售「付款保障保險」？如果真有這種例子，那我們必須找出他們如何抵抗壓力，以及我們是否可以把他們的祕訣融入整個體制中，藉此防範弊案？畢竟，我們的環境總是那麼競爭，也永遠會有必須達成的業績目標。

7 詐欺經濟學

The Economics of Fraud

「我想不出有誰的氣場實際上（或者必須）比貨真價實的商人更為強大。能夠看清這商界的普遍規則，可真是了不起啊！看清了商界，商人隨時都可以對整個世界的規則瞭若指掌，不會迷失在細節中。」

——歌德（J. W. von Goethe），《威廉‧邁斯特的學習年代》（*Wilhelm Meister's Apprenticeship*）。

想像一下你是某個組織或機構的負責人，例如在企業擔任管理職、當大學系主任，或在政府機構當主管等等。選擇一件你略知一二的事情，然後想像一下，你想要詐騙別人。所謂詐騙，就是你必須對人說謊，藉此獲得某種有價值的東西。你可以選擇把什麼騙到手？有什麼是你必須做假的？怎麼做假？你怎麼讓騙局能夠持續下去，不會破局？你能透過詐騙弄到多少錢？

如果你回答得了上述問題，理論上你就可以把自己的工作場所變成成功的詐騙工具了。請你把答案清單擺在桌上，坐下仔細看看。這不是很有用的文件嗎？透過這文件你可以了解：

- 有哪些關鍵指標可以顯示你的組織或機構經營得好或不好。
- 從什麼樣的數字可以看出你的組織或機構表現良好（也有可能是不能化約為數字的表現指標）。
- 長期來講，成長與複利應該會對合法的公司產生什麼影響？
- 若想要確認那些數字反映出真實狀況，而不只是有人操弄的結果，你該問哪些問題？

　　換言之，想要了解如何用組織或機構進行詐騙，必須先了解怎樣經營它們。

　　這可能是非常有用的腦力訓練：如果你想要取得一家新公司的經營權，或者剛好有人找你諮詢，抑或你想要重新了解你自己掌控的組織或機構，「用騙徒的角度去思考」也許能夠讓你獲得新洞見。[1]但這個思想實驗也有個令人不安之處：騙徒也是這樣想想之後，就能詐騙你的組織或機構啊！

　　也就是說，如果你可以把自己管理組織或機構的方式、該找什麼來看、該注意哪些地方、組織或機構會怎樣發展、該檢查什麼才能確認一切安好等等，都寫成摘要，那麼你等於寫了份該如

1　這就是納西姆・尼可拉斯・塔雷伯（Nassim Nicholas Taleb）提倡的「否定之路」（via negativa）思考方式。以健保行政人員為例，他們往往把詐騙當成某種「風險」，彷彿總是隨機發生，但一般來講應該是可以管控的，而這就是塔雷伯想談的主題之一。有些事情被我們誤認是隨機發生，有些事件則被我們低估，它們就是「黑天鵝」，因為我們無法把它們歸入系統的某個類別裡。

何對自己工作的地方行騙的入門指南。資訊是一樣的：了解如何管理一個地方，等於了解如何對這地方行騙。

這也許讓我們得出一個悲觀的結論。任何可以管理的組織或機構，同樣可以對它行騙詐財，而且一切預警措施都沒有用，因為所有可以管理的組織或機構都有漏洞。不過這樣有點過頭了。我們的確可以說，只要是人類製造出來的鎖頭就有人打得開，而且用來製作鎖頭的設計圖也可以充分顯現鎖頭的全部弱點。但這不意味著鎖頭就沒有用，或者所有鎖頭都一樣容易打開。

事實上，透過這兩個不同方向的思想實驗（從管理到詐騙；從詐騙到管理），我們可以發現一個幾乎相反的關係。越容易管理的組織或機構，由於管理者越容易眼觀全局，並且可以個別查核每一筆交易，所以越難詐騙它。

換言之，管理階層需要了解的東西越多，自己的組織或機構就越容易淪為詐騙受害者。管理人員必須關注的地方越多，騙徒就越容易進行商業詐騙。還有，如果我們越難確認一個「正常」或有效交易的樣貌，也越容易被詐騙。這就是為什麼有那麼多大型詐騙案發生在全新的事業體上，因為它們往往還沒來得及建立起標準作業流程。

我們甚至可以講得更具體。現代的管理者由於需要了解太多東西，這也促進了犯罪，因為許多罪犯就是**充分利用**工業社會使用的**科技**，來操弄管理所需的知識。騙徒寄生在經濟體系中，而我們用來讓自己更為便利，讓我們得以簡化知識、資訊，耗費較

少注意力的那些制度，也剛好成為騙徒進攻的弱點。這就像在舞台上表演魔術：騙徒必須知道觀眾的目光會往哪裡看，然後在別處進行那些見不得人的行動。

經濟思想簡史

什麼叫做「讓我們得以簡化知識的那些制度」？這句話看似簡單，卻與一些深奧的經濟概念密切相關。事實上這些概念因為實在太深奧，或許難易程度不同，總之都難以轉化成數學形式來說明，結果就這樣存留在經濟學的學術領域中，而且迄今仍有意義。

即便只是不甚複雜的經濟體系，若想了解它還是得處理龐大訊息量，簡直就像「用消防水管喝水」，所以在這裡我所提出來的，是現代產業經濟史用了哪些技巧來「化繁為簡」，解決這個問題。儘管我的說明稍嫌尖刻簡化，但還算是恰當。

我們從海耶克（F. A. Hayek）開始。坦白講，儘管奧地利經濟學派如今已經式微，但它過往的最偉大成就是無人能夠抹煞的。該學派注意到有個問題必須解決，而這問題出現的脈絡，是一九二〇年代一個聚焦在倫敦政經學院（London School of Economics）的激烈辯論：實施計畫經濟的共產主義，是否能夠進行極其有效的管理與生產，以至於到最後取代了所有民主社會體制。這問題的正確答案如今看來再簡單不過，只因為海耶克的主要洞見早已融入我們每個人的思想架構中，看起來非常明顯，但在當時可不

是這麼一回事。海耶克強調，自由市場經濟體系的好處，是可以讓我們不用花那麼多功夫蒐集資訊，因為這體系靠的不是宏大的政府計畫，而是透過大量的小型交易活動來運作，在這過程中自然而然會讓大量生產順利進行，民眾也可以做出各種消費決定：

> 如果真要由一個中央政權來做決定，那麼就必須靠萬物之間的微小差異來精確地得出數據，而且必須把各種東西歸類在一起，當作同一種資源，但事實上每一個項目的地點、素質與其他特性都不同，因此對於具體的決定也許會產生很大影響。……這世界上所發生的任何事情，幾乎都不可能不對中央政權該做的決策發生影響。[2]

　　海耶克認為光是靠超級電腦，是無法解決社會主義經濟計畫官員所面臨的龐大資訊量問題的。超級電腦或許可以靠科技進步發明出來，但他覺得問題仍是無解，因為做經濟計畫時所需的資訊，大多存在於人類經驗的「默契」中，是靠生產單位本身傳播出去的，甚至原則上也沒有任何蒐集資訊的政府單位接觸得到。把默契當成一種知識的主張或許太過激烈而有爭議，但另有一個相似概念就比較溫和一點，而且事實上向來深具影響力：也就是「私有訊息」（private information），這也是一種計畫官員無法取得

_____

2　這段論述以及與其相反的論述，都可見於海耶克寫的《知識在社會中的運用》（*The Uses of Knowledge in Society*）一書。

的知識，理由可能是取得成本太高，或者產出這訊息的人不想與人分享。自由市場經濟的好處是，這種訊息可以一直保持私有。非集中化的經濟體系，只需要觀察市場價格所受到的影響，就大概可以知道那些訊息是什麼。

> 我們值得花點時間仔細思考一個很簡單普通的例子，就能知道價格體系的影響力會產生什麼作用。假設世界上某個角落開始需要使用錫這種原物料，或者錫的某個供應來源不復存在。但對我們來講，這兩者到底哪個才是導致錫成為稀罕金屬的原因，其實無所謂——而且這一點很重要。所有錫的使用者只需要知道，他們過去使用的錫如今在世界某處有了獲利率更高的用途，所以他們必須減少使用。他們絕大多數甚至沒必要知道到底是哪裡那麼急迫需要使用錫，也沒必要知道是否有其他需求導致他們必須減少使用。[3]

所以海耶克認為，我們不需要中央政府提出經濟計畫，經濟體系的運作是取決於一個由許多經濟行動者組成的網絡，他們每個人的力量都很小，對於自己的消費欲望與生產可能性也都各懷「私有訊息」（有可能是一種「默契」）。在一個個小交易不斷改變價格的過程中，我們會逐漸明白這「私有訊息」是什麼，並且讓

3　譯註：同樣引自《知識在社會中的運用》。

它們成為整體經濟體系的一部分。這個經濟模型非常適合用來描述魚市場。但如果說到興建大教堂或者核電廠[4]，就說不通了。

查核價格需要花很多錢與腦力。對於需要長期規畫與產出決策的計畫，比較有效率的做法，是透過長期合約來掌握原料來源，而不是每天都到全新的市場去搶標低價原料。因為這種長期合約實在太多，要耗費大量心力時間去處理，所以才會有「公司」（firm）存在。羅納德·寇斯（Ronald Coase）對於這部分經濟思想史的貢獻，就是設想出在什麼情況下會成立公司，還有說明經濟體系為何不是沒有摩擦的理想世界，而是由一個個中央計畫的孤島組成[5]，孤島之間由許多價格訊號（price signal）來連結。

當然，如果我們把關於公司的理論帶到海耶克的模型中，還是會看到許多與社會主義計畫爭議有關的資訊問題。對於公司而言，即便有私有訊息現象，價格機制與去中央化的市場仍然可以

4　某些人有幸站在核電廠的渦輪機房內，甚或親眼目睹興建中的反應爐機房，他們往往會說核電廠是我們這時代的大教堂。其實大教堂與核電廠的興建願景是一樣的：我們滿心以為，這兩者都可以讓我們在遙遠未來田園詩一般的國度中，過著豐盛富足的生活。

5　當然，就算我們可以利用價格訊號來安排經濟體系的一切，體系中還是會有許多各自進行中央計畫的大型孤島，因為會有像軍隊這種組織必須進行大規模的自我組織，但又沒有價格訊號可以幫助他們。話說回來，如果要撰寫一部充滿諷刺意味的科幻作品，我們還是可以虛構這樣的情節：一個步兵排為了尋求空中火力支援，邀請很多火力提供者來競標。本章稍後我將會提到「任務研究」（operations research）與「模控學」（cybernetics），兩者都是二次大戰期間基於軍事計畫需要，而研發出來的科學技術應用方法。

運作，但在公司內部，管理人員跟蘇聯的中央經濟計畫官員一樣，完全無法掌握各種私有訊息。在無法直接監督承辦人員的情況之下，管理人員要怎樣才能確保能得到自己想要的結果？這問題用最普遍的詞彙說來，就是「委託人／代理人問題」（principal/agent problem），而這問題有各種版本，至少有三、四位諾貝爾經濟學獎得主探討過，讓我們找到解答的方向，包括詹姆士・莫理斯（James Mirrlees）、尚・提霍勒（Jean Tirole），還有詹姆士・米德（James Meade）與拉爾斯・彼得・漢森（Lars Peter Hansen）的論述也一半與此有關。

最基本的概念通常是創造類似價格訊號的東西，讓私有訊息可以顯現出來，然後以這價格訊息為基礎設計合約，盡量把「代理人」（也就是員工）與「委託人」（管理人員或老闆）的動機兜在一起。所以，假設你希望某人代替你去進行LIBOR交易，但你看不出他有多厲害或者多認真，你也許可以設計出某種自己能夠量化的合約（例如員工透過交易取得的利潤），然後把你跟他們的動機兜在一起（方法是根據利潤發獎金給他）。但我是故意挑選這例子的，因為我想警告讀者們：這種方法通常不太有效。[6]

不是所有的獎金制度或激勵合約都像投資銀行提出的那樣糟糕，但如果希望設計出以業績為基礎的完美獎金制度，藉此完美

6 這種以業績表現為基礎的合約很有問題，所以我們可以用不同方式來描述這種狀況，取決於你對第一線人員抱持多少同理心：我對獎勵計畫有所回應／你玩弄了體系／他是個騙子。

地兼顧所有人的動機,那就是在癡心妄想。如同寇斯所說,如果這真的可能,那公司也沒有存在的必要。所以,儘管在海耶克之後,所有經濟學家都傾向於完全避開計畫,但卻有其他專家出現,發展出生產與計畫體系能夠如何改善的各種理論。

許多人應該都能預期,這些改善理論並非由大學經濟教授提出,倡議人一般都是商學院教授與管理顧問,而且他們主要聚焦在改善評量量化的技巧。現代管理科學中有一句玩笑話:**如果你無法評量量化,那就不能進行管理**。[7]但這句話也蘊含很深刻的真理,也就是說,管理是一份處理資訊的工作,而之所以能夠發展出大企業,是因為回報制度、品質與產出的評量量化,還有其他能把資訊從機器傳回辦公室的工具等方面,都有相應的發展。

我們可以說泰勒(Frederick Winslow Taylor)是現代管理之父,他在一九一一年出版的《管理科學的原則》(*The Principles of Scientific Management*)首先倡議「時間研究與動作研究」(time and motion study),以及以科學方法分析商業過程,而他做的第一個研究也很有名:在把一堆鐵砂鏟上卡車的過程中,工人需要休息幾次?同時我們幾乎可以說,自泰勒以降,管理理論的很大

7 這句話到底源自於誰?有很多說法,像是彼得‧杜拉克(Peter Drucker)、威廉‧戴明,還有其他很多人。更令人困惑的是,戴明的版本據說還簡化過,原句較長而且可能是張冠李戴,並非真正出自他,大意是:「如果有人說,你若無法評量量化,那就不能進行管理,那他肯定大錯特錯。」不過就戴明的整套統計管理哲學看來,如果他真的認為有必要說這種話,我們大概可以看出,先前他那些關於量化的主張可能太過頭了。

一部分，都是在處理怎樣評量量化各種事物，而且每次提出理論都是為了導正前一輪改變造成的偏差。以威廉‧戴明（William Edwards Deming）為例，他先是提出生產過程中瑕疵率的統計量化理論，很快就擴充發展為一整套哲學。

管理理論試著達到的目標不外乎三個，而且往往彼此牴觸：效率、品質與客製化。如果你評量的主要是成本，那往往品質不佳。如果評量的是品質，那成本就會飆升。如果你拒絕妥協，要求東西既要低成本、也要高品質，你就容易太過專注於製程，忽略了顧客的想法。如果你想要同時達到三個目標，那你會瘋掉。

這背後的潛在問題是，我們大部分時候想要管理或掌控的事物都太過複雜，所以不可能每次都對每個細節瞭若指掌，因此我們必須在能夠掌握的資訊中，選擇一系列我們希望最具代表性的，藉此達成見微知著的效果。

除了讓輸入與產出的評量量化方法得以不斷精進，人類也從二十世紀開始，嘗試把科學技巧應用在組織過程本身。這幾乎可說是管理科學理論必然的下一步發展，但真正的大躍進發生在二次大戰期間，開始有人體認「任務研究」（operations research）是重要的軍事計畫領域，有很多可以應用之處，包括最理想的護衛艦隊的艦艇數量[8]，還有大區域轟炸的有效性等等。軍方也開始嘗試將蒐集、處理資訊的方法予以系統化，像是OODA循環理論（OODA Loop，亦即「觀察—判斷情勢—決定—行動」的循環）。事實證明，這些理論在戰後都對商界產生重大影響。

變數與控制

我在前面已經簡述了資本主義經濟學家[9]們如何思考資訊的問題，以及資訊該如何應用在經濟體系裡。但這方面的思考並不局限於經濟問題，因為我們可以看出，事實上同樣的問題也發生在部隊、監獄以及其他非市場的領域裡。如果從最抽象的角度看來，我們所面對的是：該怎樣把工程領域的最普遍問題，應用到具體用途上，也就是：控制系統如何設計的問題，又稱為**模控學**（cybernetics）。（近年來更常見的說法是「控制工程」〔control engineering〕，因為 *cybernetics* 這個詞彙往往讓我們聯想到殺手機器人以及性愛網路聊天室。「模控學」一詞源自意指「操控」的希臘字根，原創人是諾伯特‧維納〔Norbert Wiener〕。）

模控學的基礎概念之一，是英國管理科學家安東尼‧畢爾

8　這問題不難解決，但是要先**搞清楚**兩件事：在一整支艦隊中，外圍護衛艦隊的數量，是護衛圈內受護衛艦隊數量的平方根；還有，與海洋的大小相較，艦隊就算再大也是微乎其微，所以艦隊大小實際上不會影響艦隊遭德國 U 型潛艦發現的機會。事實上，直到幾乎贏得大西洋海戰（Battle of the Atlantic），二戰期間盟國海軍的行動研究部門才發現這一點。

9　不幸的是，在可預見的未來，現代全球經濟很可能無法受惠於很大一部分關於管理與控制系統的科學論述，只因為這種科學原來是在蘇聯發展起來的，若有出版的話都是用俄文書寫，別說沒翻譯成英文了，連電子化都尚未完成。那些相互爭辯的論述都有至少幾十年以上的歷史，論題都是：在沒有價格訊號的情況下如何進行計畫與管理。應該不會有人想要把它們挖出來翻譯，加以整理，但在我看來，這很值得去做。

（Anthony Stafford Beer）自創的「充分變數法則」（Law of Sufficient Variety），他宣稱：「為了確保穩定性，任何控制系統至少都必須能夠表現出它想要控制的對象的所有變數。」

　　光看這句話感覺有點神祕，但我們用交通工具來思考會比較清楚。如果火車只能前進後退，那麼用一根控制桿就能操控它。汽車可以轉彎，所以需要方向盤和油門，才能表現並控制它的運動狀態。至於飛機，就不能只用方向盤，而是要用搖桿，如此一來，控制系統才能表現出飛機在不同軸線上的翻滾轉動。這就是「充分變數法則」的洞見。

　　如果想控制的對象有太多變數，你的控制系統無法掌握，那你有三個選擇：擴充控制系統的變數；減少控制對象的變數；或者乾脆放棄，別想要控制。從模控學的角度看來，大多數管理評量量化方法都會把變數減少。這些方法都會簡化細節，略去潛在系統的不確定性，為的是讓負責的管理人員能夠在腦海中設想一切狀況，講白一點，就是讓控制的對象變成「可管理的」。

　　但是簡化變數會讓我們付出代價。其中之一，就是「不能評量量化就不能管理」這種說法的缺點。潛在的變數並未真正消失，只是潛藏在一堆簡化過的數字背後。評量量化的方法最多只能保留最大略的結構。[10]如果連這希望都沒辦法滿足，或者當前的系統發生變動，導致舊有的假設無法因應那些改變，就會發生問題。在管理掛帥的現代，無論是商業或商界以外，很多病態問題都是這樣發生的，像是「操弄系統」、「教你如何通過測驗」或

者「粉飾帳目」——這些基本上都是違反了「充分變數法則」的罪行。

所以，感覺起來強化控制系統是很合理的。但目前我們只有一種強化手段。由於還沒有可以管理事業的人工智慧，為控制系統增添變數意味著必須補強管理人力。但補強管理人力卻也意味著增加管理問題。有些問題只是單純的會計問題：聘用管理人力必須花錢，但原則上我們很容易就能決定，是否該為了增添人力資源，而耗費薪資與其他開銷。還有些更困難的問題與模控學有關：多了一位管理人員就會增加溝通問題，但這取決於公司的網絡與層級結構。

不過關於增加管理人力，最糟的其實是管理人員也是人，每個人都各自有不同動機。有一種叫做「公共選擇理論」（public choice theory）的經濟學學理，致力於探究組織成員為何往往為了自身利益而扭曲管控體系。在天平的一邊，我們看到懶散馬虎、承擔過度風險，以及想要靠組織建立自己的組織等等。[11]至於在另一邊，則是詐騙。增加系統的管理量能，意味著增加更多你必須信任的人。

這是從經濟角度思考犯罪的方式：任何體系只要刻意把自己

10 「同態」（Homomorphism）是個很有用的數學名詞。它的嚴格定義令人難以理解，但如果你用它來指涉「一種簡化的摘要，儘管許多可能的真實細節都已經略去，但還是可望能夠掌握重要的結構性特徵」，那麼你大致上沒錯，而且這名詞聽起來很厲害，會讓你像是個科學阿宅。

打造成「可管理的」，那就很容易變成犯罪的肥羊。如果某個體系太過複雜，變數多到某個人無法靠自己的腦袋掌握，那就必須處理「變數」問題。但面對這控制系統中「不充分變數」問題，解決之道只有兩個。一是減少必須掌握的資訊；不過，一旦有些事物你沒辦法監督，詐騙很容易就從那些地方下手。其次，你也可以找信任的新人進來幫忙控制，但如果他們實際上不值得信任，那你也很容易被詐騙。

換言之，管理詐騙的問題就是管理本身的問題。令人遺憾的是，這商業世界常常讓公司與組織變得太大、太複雜，無法同時面對，但如果你的應對方式錯了，就會發生詐騙。

詐騙與風險

如果我們在資訊與控制的架構中看待詐騙，我們就是開始把詐騙當成「不充分變數」問題：在你沒辦法掌握的資訊之外，還有很多類事件，詐騙就是其中之一，而且管控體系必須予以回應。在商業領域，管控體系往往把這類事件當成偶發事件（稱之為「風險」），並且根據數據來管理它們。「風險管理」是一種評

---

11 「公共選擇」經濟理論往往伴隨著一種還算健康的意識形態，對自由市場予以完全支持。理由在於，「公共選擇」理論解決經濟計畫問題的方式，通常是試著將計畫交給民間來做，設法讓市場可以發出價格訊號，藉此正常運作。由於「公共選擇」理論對於政府部門往往抱持偏見，偶爾會有人嘲弄它是一種「假裝整個政府的運作方式與軍備局沒兩樣的科學理論」。

量量化的手法，它假設種種無法預測的事件具有某種可以猜測或預估的機率。[12]那麼，風險管理的模式可以用來理解詐騙嗎？

嗯……有時候可以。我們可能有必要區分兩種不同的詐騙。如果是常見的小規模長期詐騙，像是製作販賣偽藥或者普通的健保理賠詐騙，那麼的確可以把它們當成「帶有某種機率分布的偶發事件」。這世界上有很多壞人，他們像樂透彩機器裡的球一樣四處滾動。偶爾就是會有個壞人找上門，想要試著詐騙你的公司。問題是，你的管控體系偵測得到嗎？一般來講，答案取決於有多大一部分交易是你自己會查核的。

關於查核工作要花多少成本。只要稍稍估算，你大概也能抓出一個對於管理階層而言還算精確的答案。儘管你知道自己的答案也許大錯特錯，還是可以猜一下你公司裡有多少比例的壞人。如果你更細膩地想一想，你大概也會知道，有多少機會那些找上門的壞人也許就在你的管控之下：查核的頻率可以決定是否會嚇阻罪犯。如果你的方法是對的，那麼你管理詐騙風險的方式，就跟超市預防小偷沒什麼兩樣。如果你搞錯了，那麼你就會步上一九八〇年代健保詐騙的後塵，損失慘重。從數字上看來，大部分詐騙都是這樣發生的，而這個「偶然詐騙」的模型與一般風險管理的架構非常相符。

12 把一大類事件純粹當作機率問題，只問發生頻率與重要性，這無疑又顯現出我們稍早用「同態」一詞來說明的那種現象。這種做法是簡化變數的例子，儘管（可望）保留一些重要的結構性特色，卻有很多細節被略去了。

風險與品質

關於「計畫」的原則,有很多看起來可能應該是經濟學的一部分,卻未被囊括在亞當‧斯密(Adam Smith)以降的經濟思想冒險之旅中,也因此向來不太受到意識形態與心理因素的拘束,而品質管控就是這樣的原則之一。這很有用,因為顯然與經濟學中「風險與回報」的概念有關,而這概念與其說對我們有何幫助,不如說造成了許多負擔。從「品質管控」的角度去思考,之所以勝過於「風險管理」的角度,是因為講到風險,我們難免會從統計角度去思考壞事發生的機率,但若是從品質管控的角度來看就不同了:這讓我們可以**就事論事**,或者能夠設法評估過去未曾發生的事件。

品質管控的焦點,是瑕疵的數量或評估量化的準確度,還有為了減少或避免它們必須花費多少成本。儘管我們很難說「品質」與什麼直接相關,也沒有單一數字可以用來評量,但品質不良的計畫還是有個明顯的定義:這計畫肯定有一些不準確的資訊、不切實際或未經徹底分析的假設,以及一些沒有明確指出、或因為馬虎而沒搞清楚的重要細節。

這種計畫就是控制型詐騙犯想下手的目標。控制型詐騙犯喜歡條件不佳的借款人,因為他們比較容易控制。理由之一是他們往往剛好是道德感比較低的人,另外一個理由則是他們已經走投無路,因為合法的銀行不願借他們錢。如果有個品質不錯的房地

產開發計畫做到一半，願意重新籌措資金，不為什麼理由，或是願意把少部分股份以拉高的價格賣給相關的另一方，那麼就會是控制型詐騙犯樂意合作的對象。但這些事情不常發生，因為低風險計畫會出錯的地方比較少，所以比較沒有品質管控的問題，也因此有更多人想要參與這種計畫。

儘管品質管控與風險管理這兩種方法，可以用來抓到這世上絕大部分的騙徒，但出現在這本書裡面的大多數騙徒都不是那樣的。無論是沙拉油大王、葡萄牙偽鈔大師亞瑟·多斯·雷斯，或者林肯儲蓄貸款協會的查爾斯·基廷，都不是因為上述兩種方式而遭逮捕。這些大詐騙家都是先找出管控系統本身的弱點，藉著那些弱點下手犯案。把他們的詐騙案歸類為偶發事件或者因為瑕疵而引發，是沒有用的。如果這麼做，就是**沒有看見**導致那些重大詐騙案發生的結構性要素。

如果美國運通公司把查核沙拉油大王提諾·德·安傑利斯的油槽的次數提高為三倍，還是不會查出問題，因為油槽動了手腳。如果「波亞斯國」詐騙案的受害人查出更多事實，用來質問葛雷格·麥葛雷格爵士，他還是會編出更多藉口來反駁。這些「企業家型」的大騙子除了本身就有一堆奇聞軼事，他們的詐騙金額占所有詐騙案受害人損失金額的比例也很高。從數字看來我們知道，詐騙損失的主要來源都是罕見的大案[13]，而且大型詐騙案就像江水，一波未平一波又起，這是因為管控體系有某些特定的弱點遭人發現，趁虛而入。一般的風險管理體系沒辦法好好回應這

種攻擊。我們需要的，是一個能夠自我管理的管理體系，它能夠改變自身結構，解決必然會面對的兩難局面：跳脫自己既有的資訊，從另外的角度去應對威脅。這可能嗎？也許吧。後面我們還會繼續談這問題，但在此我們若想知道自己面對的是什麼，不如先看看一直以來管控體系與騙徒之間的激烈競爭。而這一段歷史也是經濟史。詐騙案與現代經濟一起發展，多少也對經濟體系的樣貌有所影響。我們有許多最重要經濟體系之所以會是目前這樣運作的，都是因為它們在誕生之初，就碰到試著利用它們行騙的騙徒，才會提出因應之道。商業史也可以說是商業詐騙史。[13]

13 關於詐騙規模的概念，在此我們可以再次回歸到商業詐騙領域的性別差異問題。例如，英國史上詐騙金額最多的被定罪女詐騙犯是瑪莉亞・米凱耶拉（Maria Michaela），但她犯下的不過是一千五百萬英鎊的抵押貸款做假案。至於英國史上詐騙金額最多的被定罪男詐騙犯，則是流氓交易員科庫・阿多伯利（Kweku Adoboli），他讓瑞銀集團損失的金額（二十億美金）是瑪莉亞・米凱耶拉詐貸金額的一百多倍。儘管阿多伯利造成的損失是遭定罪單人詐騙案中最多的，但若與 LIBOR 弊案相較，規模大概只有百分之一。必須要有幾千個「小型」詐騙案的金額湊起來，才會與一個大型商業詐騙案相當。

8 古代案件

Cold Cases

「近來有許多隨意作惡之人不想遵循本國律法，老老實實營生過活……他們做假、偽造，以各種名目設計、杜撰出來的欺偽物件與偽造信件來誆騙多人……藉此取得及擁有財貨、牛隻與珠寶，侵犯了他人權益也違反自己的良知。」
——英王亨利八世期間通過的《破產處理法》
（*An Act Against Such Persons as do make Bankrupt*），
轉引自麥克·列維的《鬼魅般的資本家》

一言以蔽之，前一章的大意是：當你不能掌握全局，清查一切時，詐騙就會發生。還有，所謂詐騙經濟學，談的是在把世界局勢考慮進去的情況下，如何設計查核程序最好。因此我們不應該感到訝異的是，事實上詐術與反制詐騙的方法，都已經隨著資本主義經濟體系的發展而更加精進。所以在了解一些原則後，我們不妨很快看看騙術的應用，而且是從歷史源頭去找案例。在《聖經》中只有一個商業詐騙案例，但卻堪稱透過公共建設詐財的絕佳例子。

　《聖經》中不少詩文暗指當時世風日下，生意人行騙之事時有所聞（像是《舊約聖經·箴言》第二十章第二十三節：「兩樣的法碼為耶和華所憎惡；詭詐的天平也為不善。」還有《舊約聖經·申命記》第二十五章第十三節：「你囊中不可有一大一小兩樣的法碼。」）書中也屢屢提及債務，還有如果欠債者真的是命運多舛而無法還債，有哪些恕免他們的方式，至於純粹欠債不還的人則必須予以嚴懲。儘管並未提及有人就是想要使詐，故意欠債不還，但從字裡行間看得出這種意味。另外還有孿生兄弟雅各和以掃（Jacob and Esau）的故事，則是一個遺產詐騙案例，至於兩者之中誰是騙徒，取決於你從哪個角度去看。

　《舊約聖經·利未記》與《舊約聖經·申命記》也屢屢譴責一些雇用勞工後沒有支付薪水的案例，《舊約聖經》的上帝耶和華還常出面與約拿（Jonah）之類無法履約的人商議。不過《舊約聖經》有個案例顯然不只是有人使詐，而且是相當巧妙地利用了當時一般人做生意的方式，並有大筆資產轉移到騙徒手上。那案例出現在《舊約聖經·列王紀下》第十二章第四到第八節：

約阿施（Jehoash）對眾祭司說：「凡奉到耶和華殿分別為聖之物所值通用的銀子，或各人當納的身價，或樂意奉到耶和華殿的銀子，你們當從所認識的人收了來，修理殿內的一切破壞之處。」無奈到了約阿施王二十三年，祭司仍未修理殿的破壞之處。

透過公共部門的修繕合約來揩油這種事，的確在基督宗教創立以前就存在了。後來，猶大國君主約阿施與最高祭司耶何耶大（Jehioda）解決這問題的方式，是「取了一個櫃子，在櫃蓋上鑽了一個窟窿」，強迫所有祭司把徵收來的一切銀子投進櫃裡，由他倆親自把薪水交付給石匠與其他工匠。[1]

不過有趣的是，綜觀《聖經》只有這麼一個真正的商業詐騙案，而且行騙對象是公部門（關於政府做為詐騙受害者的諸多特色，請參閱第十章）。這意味著，儘管在那遠古時代已經有高度發展的經濟體系，但是相較於直接盜取財物，我們現代人所謂的詐騙還不是那麼普遍。詐騙能夠遂行的前提是，一般人都能夠信任陌生人，或者讓財務脫離自己的直接掌握，但古代人不像我們，並不太會這麼做。他們必須查核的東西比較少。

古代詐騙案與遺產

如果我們把焦點放在以單一家庭自己進行農業生產的社會（例如古代冰島），那麼能夠發生詐騙的情況就比《聖經》更有限了。透過冰島的許多傳奇故事，我們或許可以充分了解，在那文明社會中經濟是如何運作的——基本上當時生產活動仍是以單一家庭（與其家族，還有奴隸）為基礎單位。這些傳奇故事中當然

---

1 值得注意的是，《舊約聖經・列王紀下》第十二章第十五節記載著：「且將銀子交給辦事的人轉交做工的人，不與他們算帳，因為他們辦事誠實。」這不禁讓我感到納悶：《舊約聖經・列王紀》的作者是不是太過天真啊？

有許多世仇與衝突,而且免不了有人會在這過程中行騙[2],另外毀約食言的人也很多,藉此我們可以發現,古代人未必總是信守諾言。但也有些傳奇軼事述說著人與人之間結怨是因為其中一方使詐,而且故事情節與古代的經濟體制密切相關,讓我們幾乎可以認定,這種種使詐的行為就是我們現在說的詐騙。

例如,在《艾比加傳奇》(*Eyrbyggja saga*)中,我們看到多羅夫(Thorolf)與兒子昂克爾(Arnkel)反目成仇,主要是因為昂克爾不滿父親詐騙了以前曾是奴隸的烏爾法(Ulfar):

> 現在多羅夫與烏爾法共同持有地峽上方的一片草原,兩個人一開始都割了很多草,然後用草耙整理成一堆堆乾草。不過有天早上多羅夫早起後發現天氣陰沉,他認定無法把乾草曬乾,所以把奴隸都叫醒,要他們把乾草收起來,賣力幹活一整天,他說,「因為我覺得這天氣不能信任啊。」奴隸們著裝後前往草原搬運乾草。多羅夫堆起所有乾草,催促他們要盡全力,以最快速度完成。

2　我們可以說,《格陵蘭人傳奇》(*Groenlendinga saga*)中「紅鬍子艾瑞克」(Erik the Red)把一片冷風吹颳的冰漠命名為「格陵蘭」(亦即「綠地」),根本就是古代版的「波亞斯國」詐騙案。但我們不清楚艾瑞克到底是為了故意混淆大眾視聽才這麼做,抑或這只是某種單純的命名策略。他並未吹噓格陵蘭有美妙,當時也沒有可以讓他買賣土地的機制,所以看來他只是希望冰島人能夠前往西北方的格陵蘭島墾拓殖民,這樣他才有伴。總之,《格陵蘭人傳奇》是在事過境遷後幾百年才撰寫的,所以不見得是可靠的史料證據。

同一天早上烏爾法也早早就到外面查看天氣，返家後工人們詢問他天氣如何，他說要他們儘管睡覺。他說，「天氣很好，今天會放晴。因此今天你們可以在我家旁邊的草原割草，明天再到地峽上方的草原去搬運乾草。」如他所說，天氣已經好了，傍晚時烏爾法派了一個人到草原查看他的乾草堆。不過跛腳多羅夫一整天下來已經用三隻牛把乾草都運走了，午後三時所有乾草都已經運回他家。他還命人把烏爾法的乾草也都運進他的庭院，眾人也照做了。

換言之，多羅夫利用他與烏爾法共有一塊草原之便，偷了烏爾法的乾草。至於他與兒子昂克爾反目，原因是昂克爾先賠償了烏爾法，但後來又偷了多羅夫的七頭牛來充當賠償費。多羅夫勃然大怒，派六名奴隸去放火燒掉烏爾法的房舍，以示報復。然而，昂克爾救了烏爾法免於燒死，接著與他立下某種保護合約（冰島文稱之為 *varnadarmadr*），而昂克爾獲得的好處是在烏爾法死後可以繼承他的土地，因為烏爾法膝下並無子女（這種繼承合約稱為 *handsal*）。

接下來事態變得更複雜。根據冰島法律，如果當過奴隸的烏爾法膝下並無子女可以繼承土地，那他死後土地就歸他過去的主人所有，而他的主人是托伯朗（Thorbrand）這名冰島人。可能到手的土地飛了，令托伯朗的兒子們都義憤填膺，他們認為自己都變成了無故遭剝奪遺產的受害者——至於侵害他們的犯行，在古

代冰島律法中則稱為 *arskot*。

另外，由於昂克爾在保護烏爾法時，殺了多羅夫的六個奴隸，多羅夫把昂克爾告上了冰島議會法庭（Althing），要求賠償。為了影響判決，多羅夫行賄法官，雙手奉上一片很有價值的森林。但問題在於，這森林是昂克爾該獲得遺產的一部分啊！這下昂克爾與托伯朗的兒子們與自己的父親都結了怨，而且都事涉遺產遭到剝奪的爭議，承審法官則受到他父親賄賂。事有剛好，由於昂克爾不久後就去世，這才讓整個故事沒有繼續變得更複雜。[3]

我剛剛之所以說我們「幾乎」可以認定這種種使詐行為就是我們現在說的詐騙，是因為在古代的北歐，如果你想藉著說謊成功詐取財物，顯然遠比現在困難。當時最有價值的財物無非是船隻、奴隸與土地，另外他們會以物易物，貨幣則都是貴金屬。想要竊取船隻與奴隸都很難，至於土地所有權則與家族緊緊綁在一起，就連想要販賣都有許多限制。某些行為看起來有點像我們說的賒帳，但為數不多，例如某人為了同意賠償收成時節原野上的一整片乾草給鄰居，可以在幾個月後用牛車把乾草載往鄰居家。不過當時大多數交易都是面對面進行，當場成交，不見得會有時間差。至於烏爾法與多羅夫的乾草共有權，也不需要真正的管控措施來確保，因為一看就知道乾草不見了，

3　請參閱傑西・布約克（Jesse L. Byock）教授寫的《冰島傳奇故事裡的恩恩怨怨》（*Feud in the Icelandic Sagas*）一書。

稍微想想也知道這到底是誰幹的。

這些傳奇故事裡最能當成詐騙罪的，主要還是 *arskot*：因為就在當時法律條文體系剛剛萌芽之際，繼承權是相當早出現的關於財物價值的抽象概念。昂克爾與托伯朗的兒子們都擁有土地，但他們也有未來的土地擁有權，這與擁有一片森林不同，但顯然也有價值。土地是具體有形的，很難竊取，但繼承權就不同了。任誰都不清楚自己的繼承權是否遭偷走，變成別人的權利。後來財產權的觀念誕生了，「所有權」也不再只是透過打打殺殺來確保自己對財物的控制權，為了維繫這種財產制度，立刻就有必要建構權利會在其中受到尊重、不會遭到濫用，彼此信任的社會網絡體系。但只要有信任關係，就會有行騙的機會。

就遺產可能會衍生詐騙問題而言，我們也可以看出遺產具有另一種重要特質：早期女性的財產權很有限，但遺產這種抽象產權，是少數幾種能夠讓女性擁有龐大財物的方式之一。在這本書我曾數度提及，商業詐騙犯絕大多數是男性[4]，古代尤其如此。在世界上大部分角落，其實一直要等到相當晚近，女性（尤其是已婚女性）才能擁有財產權，而且商業世界都是由男性主宰，只有少數例外。這些少數的女性往往是堅忍不拔、意志堅定的非凡人

4 在這裡列出例外的女性騙徒。包括我曾提及的「金髮女老千」芭芭拉·厄尼、藉仕女存款公司行騙的莎拉·豪爾，還有發起「女人挺女人」老鼠會的不知名女性。瑪莉亞·米凱耶拉則是英國史上詐騙金額最多的被定罪女詐騙犯，但她甚至不算是真格的商業詐騙犯，只是利用抵押貸款做假行騙而已。

物，不像一般騙徒那樣油嘴滑舌、心性軟弱、有人格缺陷，理由非常明顯，無庸贅述。不過如果回顧歷史上那些騙走龐大財物的女騙子，其中有一大部分都用同樣伎倆行騙：偽裝成公主。

自人類歷史開始有文字紀錄以降，女性如果想要假裝很有錢，唯一的方式大概就只有偽稱自己是公主。而且有鑑於歐洲貴族具有的社會地位，無論是出於正式規定或者非正式請求，自稱公主的人往往能夠賒帳，因為對方會預設王室可以幫忙還債。即便騙不了大錢，最起碼，偽裝公主可以幫自己搞定一樁好婚姻。讓我們看看歷史上有哪些女性因為偽裝公主而遭審判：一六六三年，瑪莉‧卡爾頓（Mary Carleton）偽裝自己是科隆的沃爾威孤女公主（Princess von Wolway of Cologne）；一八一七年瑪莉‧貝克（Mary Baker）虛構出印度洋上爪哇蘇（Javasu）島國，自稱「嘉拉布公主」（Princess Caraboo）；一八七六年，海嘉‧德‧拉‧布拉榭（Helga de la Brache）偽裝自己是瑞典國王古斯塔夫的私生女；到了現代的一九〇五年，甚至還有伊莉莎白‧比格利（Elizabeth Bigley）詃稱自己是鋼鐵大王安德魯‧卡內基（Andrew Carnegie）的私生女。即便到了二〇〇四年，還有一位麗莎‧沃克（Lisa Walker）假裝自己是改宗猶太教的沙烏地公主安端妮‧米拉爾（Antoinette Millard），藉此跟一家珠寶店騙得大批財物。

當然也有很多男性詃稱自己是貴族的案例。貴族的社會網絡對於騙徒來講可說非常適合，一方面貴族世家往往財力雄厚，容

易博取對方信任與賒帳；但另一方面，貴族的網絡又不是非常系統化，難以查證，所以如果有人夠大膽又厚顏無恥，當然很容易藉此行騙。不過與其他騙局不同之處在於，這不是一種隨著現代經濟而發展的詐騙行為。唯一例外之處在於，上層社會人士的關係，往往是靠書信往返建立起來，所以假裝貴族者必須出示書信。而同樣的，一般商賈與貿易商也是這樣，通訊書信是航海資本主義發展不可或缺的要素。

海上商務與詐騙

某天數學家阿基米德（Archimedes）從浴缸裡跳出來大叫：「我想到了！」浮力原理就此誕生，但對於當時的某些騙徒來講，這卻是夢魘，過沒多久他們就再也不能在珠寶交易中利用白銀替代黃金，藉此詐財。古希臘人的政經體系在當時比較先進，因此詐騙形式相對來講也比較複雜細膩。我們姑且把希臘的詐騙案稱為「希臘白袍犯罪」[5]，而史料中記載最豐富的這類犯罪，居然與現代的詐騙沒什麼兩樣：與船隻所有權、使用方式有關的長期詐騙與控制型詐騙。

船隻與陸上車隊不同之處在於，載貨的船隻從出港後到抵達目的地之間很難監控：即便託運貨物的商人自己在船上或者派代

---

[5] 如果有讀者想要寫信給我，爭辯希臘人是否會穿白袍（white toga），那還是免了吧。請直接寫給在意這件事的其他人。（譯註：toga嚴格來講是羅馬人的服飾。）

表押運，一切還是得聽從船長，沒有置喙餘地。就算沒有人存心使詐，貨物在海上還是可能碰到各種厄運。為此，海運產業很早就發展出各種因應風險的機制[6]，像是船東組成史上第一批聯合企業或「公司」來募資，藉此分攤風險；他們還發明出保險，也是史上第一批開始認真思考資金籌措方式的人。因此在經濟史上，海運產業可說遠比其他行業來得「先進」——就連詐騙手法也與時俱進。

喜歡奇異字眼的學者應該會覺得船運金融史很有趣，因為常常會見到一個重要無比的詞彙：「船舶抵押貸款」（bottomry ——會有這麼一個字，自然是因為古代曾把船殼稱為 bottom），而且這制度從古希臘開始，一直到漢薩同盟（Hanseatic League）時代都存在著，大概到十六世紀才逐漸消亡，被更現代的保險形式取代。顧名思義，這保險就是用船舶來進行抵押貸款，但比較特別的條件是，如果船隻沉沒了，貸款也就不必償還。這等於是一種很特殊的賒帳形式，因為自歷史有文字記載以來，大部分時間都沒有現代關於破產或有限償債的種種規定，一旦借款，任誰都必須不計一切代價償還。在古代雅典與羅馬，欠債不還的人有可能失去公民身分，淪為債主的奴隸。即使在歐洲資本主義發展的早期，還是有

6　強納森‧李維（Jonathan Levy）曾在《扭曲的財富》（*Freaks of Fortune*）一書中表示，「風險」如今常用來描述不確定性帶來的各種負面後果，但這用法相對來講是比較現代的，它原本是船運與保險業的專有名詞，意指在倫敦保險交易市場與其他類似保險交易所買賣的商品。

令人聞風喪膽的「欠債人監獄」（debtors' prison）。想要申貸船舶抵押貸款，除了還款之外，還得繳納一筆高額保費，這也意味著申貸人真有可能無法償債。

然而，這種貸款形式顯然很容易遭騙徒利用，類似案件的確也時有所聞，即便在遠古時代也是。雅典演說家狄摩西尼（Demosthenes）的菜鳥律師生涯，就是以一些海商詐騙案開啟的，他寫的講稿〈駁哲諾提米斯〉（Against Zenothemis）覆述一件詐騙案：兩個男船東利用一艘載運昂貴穀物的船隻，取得船舶抵押貸款。不過他們搭乘空船出航，把船弄沉，藉此誆騙債主他們也有損失，但事實上卻把錢藏在別處。其中一個騙子不幸在船沉時溺死，另一個叫做哲諾提米斯的更是悲慘，淪為狄摩西尼精采演說的砲轟對象，就此遺臭萬年。

這種詐騙案顯然很難預防。由於船隻行蹤不定，如果船長或船東存心詐財，大可以在好幾個港口都申貸船舶抵押貸款。由於訊息傳遞在古代世界是非常緩慢的，加上沒有公信力機構（而不是被藏在另一個港口，重新命名──這種詐騙手法迄今仍有人使用），光想證明船隻真的沉沒就困難重重。

但我們也可以看出，如果沒有船舶抵押貸款，海商產業也很難蓬勃發展：大海的確是個險象環生的世界，所以「船沉後免還貸款」這條款雖然會引來詐騙，但若沒有這特殊規定，任何商人借錢後，很容易因為船隻沉沒而很快淪為奴隸。果真如此，那麼能夠從事海商這行業的只有家底豐厚、可以獨自承擔風險的商

人。若有任何社會因為想要避免詐騙，而不願實施船舶抵押貸款制度，那就是嚴重畫地自限，發展速度會變得很慢，因為沒有人能夠透過集資來從事高風險、同時享有高利潤的投資計畫。史上沒有經濟詐騙案存在的最大型先進人類社會，應該是哥倫布發現美洲大陸以前的印加帝國等，因為看來他們的經濟運作完全是以直接勞動與消費共享為基礎的。[7]

這番比較又說明了另一個重點：預防詐欺是手段，並非目的本身。零詐騙率社會存在的可能性微乎其微。船舶抵押貸款也許很容易遭到濫用，但它也是現代經濟體制得以發展的先決條件。儘管詐騙案受害者發現自己被騙時往往非常驚詫（別忘了高傑先生），但他們的驚詫程度卻遠遠不如印加人：儘管印加人不會受到詐騙，但自詡人類文明發展顛峰社會的他們，卻眼見歐洲人身穿盔甲、手持火器，用馬匹拖著貨車前來——印加人的下場比受到詐騙更慘。

所以，任何社會想要應對與預防詐騙，也許還有其他方式，而不是削足適履，不施行任何會衍生詐騙的先進制度。或許可以選擇多多少少無視詐騙，並且藉由社會汙名化（social stigma）與嚴刑峻法雙管齊下，阻止騙徒囂張橫行、完全失控。與這種社會實驗類似的狀況，發生在十九世紀的英格蘭。

7　不過，印加人已經發展出相當先進的會計系統（他們用一種叫做 *khipu* 的繩結來管理統一的經濟計畫）。不過隨著他們持續發展科技，他們後來也許也發展出各種詐騙形式。蘇聯社會當然也有詐騙案。

維多利亞時代的顯赫騙徒

一八四三年，倫敦市康復基金、養老金協會與儲蓄銀行（City of London Convalescent Fund, Pension Society and Savings Bank）以健康人壽保險公司之姿問市，創辦人約翰・史丹利・亨佛瑞（John Stanley Humphery）[8]負責在倫敦證券交易所販賣股票，公司董事會可說冠蓋雲集。然而不久後，這公司的騙局東窗事發，這些董事卻都沒有遭到輿論譴責。有好幾個理由讓大家覺得公司倒閉與其中某位董事無關。首先，她根本不知道有這家公司。其次，公司集資開辦時，她並未准許創辦人使用她的名字。最後，因為她是維多利亞女王。[9]

這種事情屢見不鮮。一七二〇年代的「南海公司泡沫事件」（South Sea Bubble）後，很長一段時間裡，英國人必須要經國會通過特許法案，才能成立股份公司，這禁令直到一八二五年才解除，許多股份公司才得以合法成立。但這也助長了某種特殊的詐騙型態：設法取得某個沒有價值的公司（或自己成立一個），透過做假帳賣出股份，藉此詐財。然而，由於投資人曾歷經泡沫經濟影

8 沒錯，他的姓氏不是Humphry，而是Humphery。
9 嚴格來講，維多利亞女王（與其夫婿亞伯特親王）並非倫敦市康復基金、養老金協會與儲蓄銀行的董事會成員，只是出資人。不過威靈頓公爵（Duke of Wellington）的確是董事，但這件事他並不知情也未曾允許。這些與其他有趣故事我主要取材於喬治・洛伯（George Robb）寫的《現代英格蘭白領犯罪》（*White-Collar Crime in Modern England*）一書。

響，對股份公司尚無信心，必須有點誘因才能促使他們賣掉政府債券，購入新公司股份，所以當時就有人想到絕佳行銷工具：讓名人加入董事會，營造出有人好好幫投資人守護資金的假象。

事實上，他們通常沒有盡責守護。只要公司創辦人願意給錢，上議院的議員們有時候甚至願意出借自己的名字。甚至還有「基尼金幣豬」（guinea pig）[10]這個俚語，意指那些只要不出席公司董事會，就有一個基尼金幣可拿的橡皮圖章董事。還有，同名同姓的人也不在少數，像是米德爾薩克斯壽險火險公司（West Middlesex Life and Fire Assurance Company）[11]在詐取二十五萬英鎊後銷聲匿跡，董事會成員裡就同時有莊蒙德先生（但不是那一位國會議員兼莊蒙德銀行〔Drummonds Bank〕的資深合夥人）與柏金斯先生（但不是那一位倫敦最有錢的釀酒商）。

最大的問題是股份公司的記帳責任非常粗略。《一八四四年公司法》（1984 Companies Act）才開始規定，公司必須製作年報給股東查閱，甚至必須先找人查核過，但所謂「查核」卻沒有任何標準可言：以北威爾斯鐵路公司（North Wales Railway Company）為例，只是讓另一位生意人在赴約的路上，用半小時看看帳簿，就算是「查核」了，帳簿也就此過關，但事實上帳目裡暗藏該公

10 譯註：跟天竺鼠、實驗用白老鼠是同一個詞。
11 薩克萊（William Makepeace Thackeray）的小說《薩謬爾·提特馬許史略》（History of Samuel Titmarsh）裡面的「西迪德薩克斯公司」（West Diddlesex），就是影射這家行騙的公司。

司付給董事們的不當款項。

　而且即便《一八四四年公司法》的規定已經很鬆散，卻還是很快就變得更為鬆散。由於那剛好也是自由放任經濟精神剛剛起飛之際，所以維多利亞時期同時歷經了解除金融管制思潮的成長，而且這思潮的發展，很多時候比建立金融管制制度更快更猛。到了一八五六年，有一場放鬆公司管制的爭辯正在進行，《泰晤士報》（Times）撰文表示：「當下我們可以看到，立法當局屢屢企圖以各種措施促使人們保持審慎……每當金融災難發生，總是有些人馬上提出管制措施，但事實上卻完全沒發現管制太多只會混淆大眾視聽。」

　這種世界觀在一八五六年是主流思潮。到了一八六六年，管制措施又進一步放寬，但從某個軼事我們反而看出，《泰晤士報》終究還是有些管制標準。一八七一年，報社的金融記者去度假，把他的專欄留給某個推銷股票的人，結果後者用來宣傳一個採礦騙局，報社至少還開除了那名記者。如今我們在讀《金融時報》（Financial Times）之際，往往忽略了「無所畏懼，絕不偏袒」（Without Fear and Without Favour）這個座右銘在報紙於一八八八年創刊時，事實上並不是個好賣點。當年其餘財金報紙往往從裡到外、從上到下都被收買了，甚或根本是由賣股票的人擁有（像是很受歡迎的雜誌《約翰牛》〔John Bull〕就被老闆何瑞修·巴騰利〔Horatio Bottomley〕拿來當成推銷騙局與毀謗敵手的工具）。厄尼斯特·胡利（Ernest Hooley）[12]宣告破產之際，人稱「百萬富

翁胡利」的他甚至宣稱，自己的錢都被報社給拿走了：「我募資成立公司，卻沒賺半毛錢，因為報社把錢都拿走了……一旦我成立公司的消息傳開，每家報社就圍了上來……他們全都大喇喇直接問我：『喂，可以給我們什麼好處？』」

　　如今回首前塵，那年代的怪象不只是詐騙屢見不鮮，更怪的是類似詐騙案一波波出現，政府卻花了很久才提出管制措施，至於所謂「市場原則」照理講應該能夠「驅劣幣，迎良幣」，並且促使專業審查人員出現，讓帳目更加健全，實際上卻沒能發揮效果。想要了解為何會這樣，從一波波詐騙風潮的名稱就可見一斑——當時有「鐵路狂熱」、「金融公司狂熱」與「採礦公司狂熱」等等。事實上，當時英國中產階級拿出存款資助深具產值的產業，的確創造出龐大財富與價值。

　　創造財富，是維多利亞時代英格蘭的優先目標。在狄更斯（Charles Dicken）、特洛勒普（Anthony Trollope）與薩克萊（William Makepeace Thackeray）的小說裡，騙徒與邪惡金融家可說是固定班底，而且有人曾估計過，一八六六到一八八三年之間，大約有六分之一的股市集資案都是詐騙，但其他六分之五不是，而且一般人普遍認為，這是值得付出的代價——但深受其害者往往是寡婦、退休中產階級，他們經常為了維護自己的社會地位，而受到比較高的潛在紅利誘惑。畢竟那時代的特色，就是在道德上偽善

12 胡利慣用的詐騙伎倆是用借來的錢買下公司，把公司弄到一屁股債，才將公司股份賣給投資大眾。

者掛帥,而且為了成全所謂的進步,往往對社會的醜陋面能夠睜
一隻眼、閉一隻眼。

　　到了十九世紀中葉,公司的有限責任制問世。維多利亞時代
的英國人深諳這制度可說是騙徒的福音,但為了讓更多人進場投
資,他們還是希望能有這制度。如果他們想要雷厲風行,掃蕩詐
騙,應該也能辦到。(最後到了維多利亞女王在位晚期,他們終
於辦到了,主要是藉由《一九○○年公司法》〔1900 Companies Act〕
來建立會計與查帳的適當法規,並予以執行。)這也是我們屢屢
在現代社會看到的模式:管控措施與防範詐騙的科技能夠有所發
展,往往是為了因應大型騙局發生。從政治經濟學的角度看來,
詐騙一般都能反映出法紀鬆弛與管制措施解除的一般狀態,而每
次能夠逆轉這情勢的,就只有騙局引發大型風暴之際,整個體系
因為遭受立即威脅而出現正當性危機,不得不提出因應之道。

羅洛與「雪橇駕駛」之間的戰爭

　　在德文中,施行長期詐騙案的騙徒叫做 schlitten-fahrer,可
以直譯為「雪橇駕駛」,但至於為什麼會有這種說法,比長期詐
騙案為何被稱為 long firm 更不清楚。在十九世紀倫敦,與這些
「雪橇駕駛」勢不兩立的,是一個叫做史坦尼勞斯・羅伊(Stanis-
laus Reu)、筆名羅洛・羅伊薛爾(Rollo Reuschel)的普魯士商人,
也是《科隆人民日報》(Kölnische Volkszeitung)的特派記者。

　　羅洛深具偵探的天賦。他是個成功的生意人,這意味著他不

像當時大多數記者，不用為了謀生而破壞自己的原則，也可以花更多時間、心血與經費來挖掘新聞來源，完成調查工作。他知道，當時倫敦底層社會的許多德國僑胞，都在舊城區路（City Road）上的啤酒館與俱樂部聚會，因此他花很多時間與他們廝混。有次他因為衣衫襤褸，甚至必須拿出自己的名片，才沒被誤認為遊民而遭逮捕。

那些寄居底層社會的德國人還真不少。如果你了解馬克思（Karl Marx）的生平，應該對當時的情況不會太陌生：英國政府並不會查驗護照，而且很少有國家像英國那樣，不會要求外國人進行登記或者監視他們。這讓很多惹上麻煩的德國人都逃來倫敦，其中當然有一些革命分子與政治思想家，但更多的是侵占公款的辦事員、遭開除的陸軍軍官，還有一些受過良好教育卻無所事事的無業遊民。[13]

如同羅洛所說：

> 英國是個自由國家。每個人可以在此定居，連文件都不用出示，也不用向警察報告自己的身分與來自何方，以及做哪個行業。沒人會問問題……假設漢斯‧舒爾茲先生今天從德國

13 有些人同時具有多重身分。羅洛曾自誇他曾讓某個化名羅帕特（Ropert）的「雪橇駕駛」被判刑，必須做八個月的勞力活動，而這位羅帕特很喜歡偽裝成社會民主黨領導人。（譯註：其實這位羅帕特並未偽稱自己是社民黨領導人，應該是他的一位朋友才對。）

「飛來」14，早上以羅賓遜先生的身分來到倫敦，下午用法國仲馬先生的名字，在某間民宅後面的小房間開了一家葛羅斯文納公司，也沒人會管他。英國的自由風氣成為詐騙業的最佳保護傘。假設有天化名羅賓遜的舒爾茲先生對自己的公司感到厭煩了，那麼他不費吹灰之力就能讓舊公司消失，在同一個地點另起爐灶，開一家大公司。

羅洛抱怨的，主要是英格蘭的破產制度由民事法來管轄。反觀德國，國家往往會有檢察官介入公司的清算程序，如果發現破產人有詐騙之嫌，更會處以巨額罰款。不過若與科隆的商人相較，英國人本來就比較不覺得這種事有什麼風險。其中緣由，也讓我們更能了解本書先前談的「加拿大悖論」。英國商賈已經習慣這種體制，基本上經商就是靠信任與商譽。「雪橇駕駛」都是一文不名的外國人，他們壓根不會想嘗試施行長期詐騙案，因為很難找到倫敦的當地人願意用賒帳來跟他們做生意。

比較容易遭騙徒操弄的生意是國際貿易，因為需要比較久才能成交，所以「雪橇駕駛」就盯上了祖國的同胞們。無論當時或現在，德國製造商向來總在尋找出口市場15，而且往往資金雄厚，可以用賒帳方式跟他們的外國代理商做生意。每次遇到長期詐騙案東窗事發了，受騙的德國人往往覺得驚詫恐慌：居然沒有政府

14 是指「逃來」，並非搭飛機來，這本書是在一八九五年寫的。

單位能幫助他們把錢追回來。由於很少有受害者在損失大筆金錢後，還願意支付昂貴的訴訟費用，「雪橇駕駛」往往可以好整以暇。（打官司的人甚至會發現，英國律師比那些騙子更可惡。）

　　早年羅洛來到倫敦後曾遭「雪橇駕駛」詐騙，因此對這類人恨之入骨。他再發給《科隆人民日報》的報導中曾經揭發不少詐騙案，也竭盡全力幫助德國同胞把錢追回。不過他最有名的一次案例，並非直接面對長期詐騙案的騙徒，而是與一家不正當的徵信機構（credit agency）對抗，過程都披露在他寫的《雞鳴狗盜之輩》（The Knights of Industry）。由於德國製造商與倫敦商賈做生意時，都必須接受對方在九十天後付款，為了因應這樣的龐大風險，他們往往會聘用一些「徵信人員」來調查，只要幾先令就能夠查到公司商譽、商人的地位、獲利能力與貨物存量等各種資訊。一般來講這種調查報告的內容如下：

　　回報：古斯塔夫・歐皮茲（Gustav Opitz）；地址：聖瑪麗斧街二十二號，郵遞區號屬倫敦EC區[16]。

　　這G.O.公司自一八八三年就已創立，負責出口各種貨物，

---

15 當然，這是指大英帝國盛世的情況。倫敦曾是舉世最大轉口港，想要出口到世界上一半國家的貨物會先運來這裡。某些國家製造商為了避免遭「雪橇駕駛」詐騙，甚至還派某個家庭成員來到英國居住，就近確保公司利益，馬克思的摯友恩格斯（Friedrich Engels）會寄居英國就是因為這樣。

16 譯註：EC是East Central的縮寫，指倫敦市中心東區。

尤其是把布疋運往東印度群島。根據正式的船運清單,該公司去年出口大量貨物,生意無疑非常興隆……無庸置疑的是,公司老闆的家底豐厚,據說不久前他因為父親身故而繼承大筆遺產。[17]此外他是曼徹斯特某家大公司的倫敦代理商。您提及的五百英鎊應可讓他賒款無虞。

有的報告則比較短:

G.O.公司是一家爛公司。別碰。

　　第二份報告是在一八八六年由史塔布斯有限公司(Stubbs Limited)撰寫。史塔布斯先生的客戶拿到報告後驚訝不已,因為他們之中有很多人先前都曾收過類似第一份報告內容的調查資料,撰寫者是公司在維多利亞女王街四十六號的洛薩‧雷納先生(Lothar Lehnert)。如果有商人希望聽聽第三方意見,他們大可以去找位於聖潘克拉斯巷(St Pancras Lane)二十三號的李曼公司(Liman & Co.)。沒有人去徵詢李曼公司的意見,但假如有的話,很可能也會像第一個例子那樣給予G.O公司較高評價。理由有兩個。首先,「維多利亞女王街四十六號」與「聖潘克拉斯巷二十

---

17 除了這一類資訊,徵信報告往往會提及受調查的商人是否有個出身名門的妻子,或者妻子是否很快就能拿到一筆遺產。一般人往往會自然而然把妻子能拿到的遺產,當成丈夫可以全權使用的資金,這在當時是常態。

三號」其實是同一間樓房,只是地址分屬兩個不同門口,這樓房是雷納先生與其一位生意夥伴的辦公地點。其次,他的生意夥伴不是名叫李曼,實際上是詐欺前科犯古斯塔夫‧歐皮茲。幾個月後,雷納寄發一份通告給常常委託他的客戶,將調查意見稍稍修改:「回報:古斯塔夫‧歐皮茲;地址:聖瑪麗斧街二十二號。這公司承受嚴重損失,幾乎不可能撐得過這次危機。我在此建議別再繼續讓該公司賒賬。」

差不多就在這些通知郵寄出去之際,G.O公司不費吹灰之力就改成了「華特‧阿諾公司」(Walter Arnold & Co.),先前讓G.O公司賒賬的商人無法追回欠款。這就是雷納最主要的伎倆,先為歐皮茲與幾位他的朋友提供商譽卓著的調查結果,然後又修改報告,放消息給客戶表示那些公司都爛掉了,但此時就算客戶們想要採取行動也為時已晚。他的報告在製造商之間廣為流傳,理由之一是它的售價遠比競爭對手們便宜,但也因為遠在德國的優良徵信機構往往認為,要調查倫敦的商號實在是多有不便又成本昂貴,所以就把案子外包給雷納的公司,或者同樣由他控制、但門口在另一邊的李曼公司。雷納如果忙不過來,甚至還會叫歐皮茲幫他在調查報告上簽名,以免手太累。

羅洛很快就盯上了雷納的公司與李曼公司,他也在《科隆人民日報》上撰文大肆抨擊。羅洛披露了雷納與歐皮茲的關係——他的許多調查報告作假,還有兩家公司其實是同一家——而且特別聲明如果報導內容有誤,歡迎對方告他毀謗,另外為了捍衛童

叟無欺的德國商賈，他與《科隆人民日報》隨時歡迎任何人挑戰。一開始，雷納的反制措施是在其他報紙上（主要是宗教立場反對天主教的報紙）刊登種種詆毀言論，但他的商譽與生意已經嚴重受損，接著他意識到自己若不提告，就得閉嘴。後來他在策略上又犯下一連串錯誤。

首先他不該鼓勵古斯塔夫‧歐皮茲提出毀謗告訴，也不該自己提告。此舉讓歐皮茲過去的許多詐欺罪證成為呈堂證供。其次他錯在屢屢搞錯「羅洛‧羅伊薛爾」的真實身分，甚至以為羅洛肯定跟他一樣是個「雪橇駕駛」，是忌妒他的成就才會找麻煩。如此一來，許多人原來沒必要捲入這案子，如今卻出席作證，提供的許多資訊都不利於雷納，證明他是詐欺共犯。最後他誤把羅洛當成窮記者，會因為毀謗官司要支付龐大訴訟費而卻步，殊不知羅洛本身就是個殷實商賈，不但能夠負擔自己的訴訟費，就連報社的訴訟費他也出得起。羅洛的律師在庭上出示一千多件雷納與幾位「雪橇駕駛」之間的信件，但是雷納才與頭兩位「雪橇駕駛」接受交叉詰問，陪審團就要求速審速決了。因為雷納與歐皮茲必須幫羅洛負擔訴訟費，他還短暫地成為他們倆的債主，但他當然知道錢是拿不回來的，事實上也是如此。

《雞鳴狗盜之輩》裡的許多奇聞奇事都值得一讀，但全書要旨就是我自從介紹了萊斯利‧佩恩詐騙案以來就不斷強調的：貿易經濟體系中的賒賬交易模式與資訊不對等關係，反映了一種信任與權力的模式。羅洛在書中不斷強調賒帳這種交易方式遭許多

人濫用，製造商因此很容易成為「雪橇駕駛」的受害者，因為其他融資付款方式很難取得。儘管這描述的，是維多利亞時代倫敦商界的金融概況，但與一般的觀點卻剛好相反。那其實是個商界大膽進行金融擴張的時代，但羅洛所描述的狀況卻是從當時**德僑商界的觀點**出發，自然有所不同。賒帳在英格蘭商賈與製造商之間是做生意的常態，但賒賬背後有一套「借條」（IOU）的相應制度，也有承兌公司（acceptance houses）能夠把借條換成現金。德國公司除非是規模最大、信譽最佳，否則幾乎完全被排除在這一套制度之外。[18]

羅洛的書最後提出一連串建議，像是徵信公司應該實施證照制並有所規範，也必須遵守利益迴避原則，並且確保品質不佳或惡意欺詐的徵信人員無法透過削價競爭，來取代優秀徵信人員。令人納悶又不安的是，不僅他的建議完全沒有被採納，而且只要稍微改一下他那本書的措辭，讓語感現代點，所有內容重新出版後，還是可以用來批評過去十年各家徵信機構的所作所為，尤其是那些把廢紙般信貸證券評為3A等級的機構。什麼社會才能夠免於大規模商業騙局呢？我想這在很大的程度上，取決於社會成員是否願意立法防範。

---

18 不過，某些最頂尖的德國公司在更早之前，就已經打進倫敦金融區的核心地帶，甚至在該區開起了商業銀行，像是施羅德銀行（Schroder）、克萊恩沃特銀行（Kleinwort）與霸菱銀行，創辦人其實都來自德國。

9 破壞市場的罪行

Market Crimes

「法律的終極目的是為社會謀福利。」
——美國大法官班傑明・卡多索（Benjamin Cardozo），
《司法程序的特質》（*The Nature of the Judicial Process*）。

　　有一類投資銀行家喜歡在完全沒有摩擦、徹頭徹尾最高等級的巨額投資、融資業界工作。有機會針對併購或收購公司去擘劃大計，向產業鉅子們提出建言，實在是很有成就感的事，因為每一通電話或每次簡報，都有可能改變資本主義的面貌。不過，這行業的實際日常生活卻比較索然無味。即便是業界大師，也得仰賴印刷室員工們幫忙，如果沒有平面設計師、排版人員與編輯，他們就沒辦法讓奇蹟發生。

　　約翰・佛里曼（John Freeman）曾是這種工蜂[1]般的業界員工，在瑞士信貸集團（Credit Suisse）與高盛當臨時人員。這種人在紐

---

[1] 原諒我稍稍離題。其實「企業工蜂」一詞是沒有意義的。為什麼？工蜂不會在蜂巢裡工作，不過企業工蜂卻會。企業工蜂應該是指那種生活的唯一目的是供養「企業女王蜂」的人，但我不曾聽過有哪家公司是這樣管理運作的。

約實在是多不勝數，許多紐約人為了餬口，同時兼了好幾份看不到前途的差事。他也曾在如今已經倒閉的知名法國餐廳「會堂」（Brasserie Les Halles）當過服務生，並且在香菸大廠菲利普・莫里斯公司（Philip Morris）做過資料處理工作。當時是一九九七年，約翰的生活中幾乎只有工作。跟當時許多美國人一樣，他甚至開始玩股票。不過他的表現不怎樣，所以他開始上美國線上公司（AOL）的一個網路聊天室，裡面聚集著許多投資人，他們都是「頭好壯壯集團」（Headstrong Group）這家安全帽公司的員工，大家聚一起抱怨自己的投資都是有去無回。

到了某個時間點，其他網民正在發明LOL（「笑死」）等縮寫，實驗網路性愛這概念，頭好壯壯集團員工的股票聊天室卻開始變成約翰的兼差工作。他有可能收到某人的表情符號，也可能沒有，總之有人建議他，既然他在幫那些進行企業收購談判的銀行家設計PPT檔，何不把那些企業名稱跟他在聊天室裡的好哥們分享？他們大可以在收購消息正式公布前，率先購入股票。

約翰自己並未投資那些股票，因為他認為，在聯準會主席葛林斯潘警示投資人應該留意金融市場的「非理性繁榮」（irrational exuberance）後，市場實在是風險太高，更何況他已經破產，沒錢玩股票了。但他倒是願意幫幫自己的網路好友們，並藉此換取交易利潤百分之十的佣金。由於要求「報明牌」的人越來越多，很快約翰就開始於夜間留在辦公大樓裡四處閒晃，在同事的辦公桌上或碎紙機的桶子裡翻找資料。他的客戶群也從聊天室成員，

擴展到幾位「會堂」餐廳的前同事。

網路聊天室的成員對這件事可說不太低調。即便當時管制比現在鬆散，每逢有收購消息宣布，許多證交所員工與證券管制人員還是會很快瀏覽一下前幾天的交易紀錄，看看誰在消息發布前就買入股票。結果他們發現，肯塔基州鮑靈格林市（Bowling Green）居然有家證券行，至少在連續二十三次收購新聞出現前，就大量買入公司股票，於是開始驚覺不對勁。結果是：某個聊天室成員開始把內線消息分享給老家的親友。更糟的是，約翰的某些共犯居然還把他們的交易帳號取名為「藍馬蹄投資」（Blue Horseshoe Investments）———「藍馬蹄」這個梗來自好萊塢電影《華爾街》，片中股市大亨高登·蓋柯就是用它當作進行內線交易的代號。到了二〇〇〇年，整個內線交易網絡才遭一網打盡。

有趣的是，內線交易算是相當現代的罪行。美國從一九三四年開始立法禁止，在英國則是於一九八〇年以前都算合法，至於紐西蘭則是到一九九八年才算違法（但只是違反民事法；奇異果王國一直要等到二〇〇八年，才了解應該用刑事法規來偵辦這類案件）。不僅如此，很多刑事主管機關到現在還沒辦法下定決心，釐清這種罪行到底讓誰受害。大多數國家都認為，受害者是那些沒能獲得內線消息的投資大眾。但在美國，內線消息的罪是侵犯公司智慧財產權，而且所謂內線消息一定要是來自「內線人士」（「內線人士」一詞有嚴格的定義），並以消息換來金錢財物才算違法。[2]即便是非常有經驗的投資人，有時候

也會誤觸法網，因為某些資訊在美國可以用來進行投資，但這在倫敦卻是違法的。

　　儘管美國的規定鬆散，但美國以外的各國往往會有較多限制，而且這種內線交易在世界上幾乎所有證券交易所，都已經遭立法禁止，會這樣往往是因為有大批國際投資人施壓：因為沒有人喜歡被占便宜。但如果從相關法令的歷史發展看來，儘管立法的理由是「保護投資人」，但事實上看起來更像是為了讓股市蓬勃發展，希望藉此吸引更多外國投資人進場，提升本國股市在國際投資市場上的占有率。

　　早期維多利亞時代的鐵路公司在公開募資時，往往會受到「買方自負責任」（caveat emptor）這個法律概念所保護，但後來美國通過《沙賓法案》（Sarbanes-Oxley Act），便開始讓公司經營者負擔更多法律責任。但「買方自負責任」這個概念之所以式微，並不是反映出西方世界對於道德責任的要求越來越高，只是說明了資本市場的經營者逐漸了解，隨著有錢投資的人增多，如果可以想辦法禁絕股票池（stock pool）[3]的操作策略以及收購謠言滿天飛的情況，自然可以吸引更多人入場玩股票，把資本市場做大後，經營者可以賺的錢更多，因為可以透過多收交易佣金與管理費用來牟利。

2　我的說法當然有點過度簡化，而且美國各地法庭對於特定案例的詮釋往往看法不一。

3　譯註：基本上就是一種集資購買某些特定股票，藉此操縱股價的策略。

股市散戶當然有充分理由預期自己可能賺錢。但如果絕大多數散戶每買必賠,那他們就會找其他方式來投資自己的儲蓄或是本來打算用來孤注一擲的資金。即便現在股市的避險基金經理人當道,甚至還有運用人工智慧進行高頻交易(high-frequency trades)的新科技,但散戶絕對比你想像的還要重要。

在許多專家眼裡,散戶有個非常具有吸引力的特性:他們是「笨錢」(dumb money)。散戶不僅不可能獲得內線消息,大部分時間他們甚至連公開消息也不會注意。與你交易的另一方若是散戶(或者全國各地散戶集結起來的大批單子,由某個專做散戶生意的證券公司「綁在一起」販賣),那麼你應該可以大致確認,賣股票給你的人應該不會知道一些你不知道的消息,所以你承擔的風險應該不至於太大。

因此散戶的單子對於市場來講很有價值。現在的證券交易佣金之所以如此便宜,理由之一是,零售業務的交易員終於了解到散戶的珍貴價值。他們向某些股市玩家(例如高頻交易者)收取高額佣金(因為這些客戶的單子流量較大),然後把一部分費用退還給其他客戶(也就是散戶)。但如果散戶失血太多,或者他們感覺到自己在市場上並未享受到均等的機會,最後證券交易公司也會流失這些零售股票的單子。進一步來講,如果沒有穩定的「笨錢」來充當股市順利運轉的潤滑劑,那麼專業人士會發現要做交易比較困難,因為他們總會陷入互相懷疑的處境,不知道買方(或賣方)是否別有居心。

　　所以，股票市場後來之所以會漸漸發展出內線交易的禁令，是市場本身有所改變，想要留住散戶的結果。這差不多有點像是馬賽開賽前，主辦單位往往會讓賽馬在賽道旁的場地走來走去，目的是讓賭徒確認所有賽馬都沒有跛腳，以示公正。

　　某個程度上，我們總會從道德的角度認定，股市「應該」是個以供需為基礎的公平戰場，每個參與者享有均等地位與機會；但事實上，我們有可能是為了營造出這種市場條件，才立法禁止內線交易的。這背後並沒有什麼一貫的道德標準：舉例來講，Calvin Klein內衣褲的合理價格是多少，應該是該公司最清楚吧？我想這一點沒有任何消費者會反對。[4]與其說立法後導致有人犯罪，不如說，所謂「破壞市場的罪行」，最重要的特色就是它們侵犯了人們的合理期待，而這也意味著罪行發生的情境很重要。例如，管制競爭行為的工作之主要任務，是為每個產業釐清什麼是這業界的合理期待，並且針對案例來判斷是否有人侵犯了這些期待。這就是為什麼牽涉到企業聯合壟斷的訴訟案往往曠日廢時，而且需要聘請非常多專家。正因如此，相對來講，我們才比較難找出某企業聯合壟斷協議清清楚楚犯下詐騙市場的行逕。

4　而且Calvin Klein的確是根據「利潤最大化」原則來制訂內衣價格，為此甚至每天改變價格，不同店鋪的價格也不同，而這麼做是為了維持本身優勢，並非根據製造商的「實際」供需狀況。基本上，如果有哪個銀行用這種手法來操作LIBOR業務，我看任何管制人員知道之後，都會馬上怒火中燒。

企業聯合壟斷

任何大公司的高層人員想傳達正確訊息給中階主管，讓他們不要操弄價格，以免違法，其實是很難的。約翰·布魯克斯（John Brooks）寫的書《商業冒險：華爾街的十二個經典故事》（*Business Adventures*）裡，就有這麼一個不幸的案例：奇異電器公司（General Electric）的經理吉恩先生，他負責的業務是把發電設備賣給田納西河谷管理局（Tennessee Valley Authority），競爭對手包括西屋（Westinghouse）與其他好幾家發電機製造商。

奇異公司要求吉恩簽署一份公司政策文件，宣稱他了解公司的規定，任何員工都不得與其他競爭廠商議論價格，就連共享資訊也不行。簽署後他問一位高層人員派克斯頓先生：是否應該照那文件去做？派克斯頓說當然應該，但讓吉恩感到非常驚訝的是，派克斯頓講這句話時居然沒有眨眼。吉恩問派克斯頓：你本來是否打算眨眼？派克斯頓否認，並說奇異電器的高層在下達重要政策的指令時往往會眨眼，他相當不認同這種公司文化，還強調吉恩應該好好照他簽署的文件去做。

派克斯頓的指令與公司文化不同，這讓吉恩感到很困惑，所以他找上另外兩位高層人員：費爾曼先生與厄爾賓先生。他們倆都說，派克斯頓先生太天真了，吉恩應該持續出席奇異公司與其他競爭廠商召開的固定會議，與其他廠商代表會面。吉恩深信自己對公司政策已經了解無誤，於是接著參加了好幾次會議，與競

爭對手一起「喬好」各家出價，讓價格最低者得標，而且若有哪個競爭者無法遵守這協議，還得出席特別安排的「抱怨會議」去說明。幾個月後，他向派克斯頓坦承自己做的事，派克斯頓只跟他說了一句「你是個笨蛋」，接著還讓他升遷。

升任新職後，吉恩受邀南下紐約去與奇異電器總裁羅夫・科迪納（Ralph J. Cordiner）會面。科迪納趁此機會明確向吉恩表示，公司有非常明確的政策禁止操弄價格，要他好好遵守。總裁的口氣堅定無比，所以吉恩只能直接去找厄爾賓先生，請他釋疑。厄爾賓說，總裁那一席話的真正含意是，「你就繼續做你做的事吧，但要小心點。」

這整個經過後來都在國會聽證會上被披露，奇異公司代表與律師們主張，該公司的文化是員工絕對會服從命令，也很尊重《謝爾曼反托拉斯法》（Sherman Antitrust Act）。但這說法未獲接受，吉恩先生獲判入監數週，也被迫離開奇異公司。

奇異與其多家競爭對手的行逕，讓美國納稅人的荷包多失血了數百萬美金[5]，因為那些發電機是政府單位非買不可的，卻遭各家公司一起拉高價格，讓價格進入「正常的」競爭狀態（這一點很容易確定，因為這種操弄價格的方式並沒有安排得很好，常常會失效）。但顧客真的有權對價格置喙嗎？從法律的觀點看來，顯然的確是有的，但這用來進行規範的法律相對來講，是比較晚

5　還有，原則上這也導致市場上其他客戶的損失。不過，那些價格遭到操弄的設備，絕大多數是賣給了州政府與市政府的單位。

近才出現。《謝爾曼反托拉斯法》是一八九〇年立法通過,當時這世界進入工業化階段已經很久了。

其實早在立法的很久以前,許多人就認為,如果商人之間合謀商議,往往會導致價格上漲,犧牲了大眾權益。亞當·斯密(Adam Smith)的《國富論》(*Wealth of Nations*)裡有一句名言:「同行的商人很少聚在一起,就連消遣同樂也不太常見,但他們只要彼此交談,往往會想出傷害大眾的陰謀,或者密謀漲價。」歷經激進時代不同思潮的對抗激盪後,如今已經可以斷定,獲勝的是反對企業聯合壟斷的那一方,而且贏得如此徹底,讓我們不得不承認,後來我們對操弄價格行徑所做的種種制裁,有時候的確帶有一點道德意味。

但這種狀況是非常晚近才出現的。剛剛提及亞當·斯密的名言,其實後面還緊接著另一段話:「事實上我們不可能阻止商人會面,不但不可能藉由可行的法律來阻止,若真的阻止也有違自由與正義原則。」而且亞當·斯密可以說開風氣之先,率先指出商人之間密謀配合是有問題的,因為他那時代的道德觀並非如此。在他以前,多少世紀以來的道德觀都與他的主張相反:若有店家為了搶下其他商人的生意而砍價,是很丟人現眼的事。即便在亞當·斯密的將近百年後,馬克思的《資本論》(*Capital*)仍然提到,有「用原價做生意」的烘焙商家因為對手「削價競爭」,而向國會的調查委員會投訴。「企業聯合壟斷」這種侵犯市場的罪行,是與其他詐騙案截然不同的犯罪活動。立法禁止壟斷的目

的，其實是為了讓整個經濟體系運作得更好，所以在背後促成立法的動機，是為了觀照整個社會的利益，而不只是為了維護某些被害人的權益。

企業聯合壟斷罪的另一個特色，就是合法與非法行為的界線模糊、多變。吉恩先生與其他企業代表在飯店裡聚會，一起約定下次標案由誰出最低價與得標，還有最低價是多少，所以他才會入獄。但有些企業壟斷活動的溝通方式更低調，要不是完全合法，就是不會被當成刑案，只違反民法，因此是否違法要交由主管競爭行為的特別機關來判斷。

以英國加油站為例，就曾在一九八〇年代遭壟斷調查委員會（Monopolies Commission，這是當時的名稱）判定，各地區加油站都是透過調整價格來暗中發送訊息，藉此訂出統一價格。做法是這樣的：某加油站把油價升一便士，其他人如果不跟進，而是降一便士，那就是表達不贊同。某位加油站老闆如果想要搶下市占率，可以把一加侖的油價降低幾便士，但如果鄰近幾家加油站覺得沒辦法跟進，就會把油價砍得更低，藉此來「懲罰」這位動作太大、企圖心太強的老闆。供油給這些零售加油站的石油公司，甚至會習慣性地提供「選擇性的油價贊助」，鼓勵進行這種聯合壟斷遊戲。很奇怪的是，這種遊戲會讓人想起橋牌的ACOL叫牌制度。政府後來還是禁止了石油公司的選擇性贊助，但這種做法並非刑事罪行。

這些公司為什麼非與自己的競爭對手聯合不可？想要知道理

由，我們可以透過非常基本的經濟學原理來解釋。價格理論（price theory）最開始想要證明的現象之一，就是在任何競爭市場中，每一單位產出的價格往往相當於**邊際**成本（marginal cost），其中邊際成本是指每增產一單位產品所增加的成本。[6]

但邊際成本很少相當於某一單位產品的**平均**成本，因為還有固定成本、經常費用等各種成本。順道一提，很少有經濟活動能用經濟學基本原理來解釋，但這就是例子之一。業界的公司如果有很高的固定成本，邊際成本很低（例如航空公司、媒體），就常會出現破產的狀況，因為只要價格戰競爭激烈，導致價格無法支付經常費用，那公司就撐不住了。

這問題在有些產業儘管沒那麼嚴重，但產業兩大目標之間的衝突往往還是大到令人無法承受：一方面是提升市占率，另一方面是提升獲利率。為什麼需要策略性管理的技巧？其中至少有一半的理由，是為了好好折衷這兩個目標，而且事實上這說法**一點也不誇張**。如果想要削減兩個目標之間的衝突，取得平衡，最明顯的方法之一，就是設法讓競爭不要導致降價。有很多方法可以做到這件事，但最具建設性又兼具社會價值的，是改善產品品

---

6 這概念有很多表達方式，而且每一本教科書會用嚴格程度不同的數學算式來解說，那些算式也是五花八門，有些簡單到荒謬，但也有些只是讓人覺得荒謬。不過概念本身並不難。如果你必須用X元多生產一單位的產品，那顯然你不會用低於X元的價格賣出。但如果你想要用多於X元的售價去販售，那麼買家也會想要砍價。所以唯一比較穩定的價格就是剛剛好X元。

質，或者讓生產更有效率，藉此增加獲利。相反來講，當然你也可以與競爭對手召開祕密會議，藉此操弄價格。政府要在哪裡畫下合法與非法的界線？在哪裡畫下第二條界線，用來區分「禁止的行為」與「真正的犯罪行為」？我想兩者都是同時涉及政治與經濟的決策問題，考慮的不能只是經濟部門，而是該把整個社會體系能夠感受的旨趣與利益，都納入考量。儘管聯合壟斷行為可能使消費者蒙受巨大損失，但也該這樣去考慮才對。同樣必須這樣考慮的，是另一個會讓公司犯罪的領域，而且必須把它當成侵犯市場的罪行（往往必須在法庭上以刑事犯罪來審理）──不過我們也可以說，這又是詐騙犯行演變成暴力犯罪的另一個例子。

隨意傾倒有毒廢棄物

位於紐澤西臨水市（Edgewater），與提諾・德・安傑利斯的貝永市油槽區相距十五英里，與喬伊・羅慕斯丘所屬海港油槽公司（也就是提諾騙局的幫兇）相距四英里的，是哈德遜煉油公司（Hudson Oil Refining Corporation）的另一個油槽區。這公司的經營者羅斯・馬勒（Russ Mahler）是美國相當重要的回收石油產品製造商。過去多年來，他一直負責回收美軍直升機、船艦的油品與燃料，重煉純化之後，製成引擎潤滑油出售。

這門生意讓羅斯・馬勒大發利市好幾年，而且那幾年「沙拉油大王」剛好就是他的近鄰，但倒是沒有任何證據顯示他也在做什麼壞事。不過在一九七○年代中期以前，生意越來越難做。問

題在於機油的成分越來越複雜，為了強化效能，裡面多了很多添加劑。此舉不但讓回收機油的油質變差，價值下降，而且在純化過程中添加劑也帶來許多問題，讓精煉回收油變得很不經濟。

如此一來，煉油廠最後只能產出大量不符合標準、很難販售的潤滑油，還有少量毒性非常強的工業廢油，成分包括氰化物、多氯聯苯與重金屬。願意買那種劣質潤滑油的客戶變得很少，利潤縮水，因此難以支付安全處理工業廢油的費用。而這時候還沒有嚴格的管制措施，來規範廢棄物處理事宜。

到了一九七六年，《資源保護與回收法》（*Resource Conservation and Recovery Act*）立法通過，新規定之一，是強制要求美國環保署建立全國通用的廢油處理標準，除了強化管制，也在聯邦政府層級建立統一標準，藉此補足當時各州零碎管制規定的缺失。新法通過後，二次煉油後的廢油處理成本將會大幅提高。不久後，汙水處理系統開始出現很多有毒物質。

馬勒在紐約州雪城（Syracuse）還有一個油槽區。位於這油槽區下游的汙水處理廠，在新法通過後不久就開始注意到，馬勒的員工持續干擾油槽區外流管路的監視設備。汙水處理場裝了不會受干擾的感應器之後，他們發現僅僅在一週之間，就有大約四萬加侖含有氰化物、苯、甲苯與二甲苯的廢油被倒進汙水系統。馬勒甚至還從加拿大的工廠進口含有氰化物的廢油，倒進雪城的下水道。

這醜聞導致紐約州政府環境管制局（Department of Environmental Control）將他撤照，但他根本不予理會。臨水市哈德遜公司主要工廠南方大約一百英里處，有個位於賓州皮茨頓市（Pittston）的廢棄礦坑。馬勒的員工總計往那礦坑裡傾倒了三百萬加侖的有毒廢油，廢油在幾年內慢慢滲透地下水層，到了一九七九年，有人發現薩斯奎哈納河（Susquehanna River）遭到汙染。紐約、紐澤西、賓州的有關當局陸續關閉馬勒使用的傾倒場地，但關閉速度卻幾乎趕不上他找到新地點的速度，而且這時候雷根總統（Ronald Reagan）當選，好運降臨在馬勒身上。

　　一九八〇年，美國國會通過一個法案，赦免了廢油的管制規定，讓美國環保署「暫緩深入研究」廢油是否真的會造成嚴重汙染。馬勒繳了罰款，關閉了皮茨頓的礦坑，又新開了一家叫做寬達資源（Quanta Resources）的煉油公司，而且紐約州政府當局不知為何居然會相信，這新公司儘管老闆、員工與資產都一樣，但與那一間在一九七六年被吊照的汙染慣犯哈德遜煉油公司沒有關係。

　　在此同時，燃料油（heating oil）[7]的價格大漲，尤其是在紐約市。在二次煉製潤滑油的生意越來越難做之際，燃料油卻很可能變成真正的搖錢樹。廢油的取得成本相當低廉——甚至有可能讓你賺錢，因為安全處理程序的成本很高，尤其是某些廠商還會把含有多氯聯苯與戴奧辛的廢油放進廢棄潤滑油的桶子裡，製造廢

7　譯註：燃料油是熔爐或鍋爐用的燃料。

油的廠商根本會很樂意花錢讓你載走廢油。想要靠廢油賺大錢，只要把廢油裝桶，重新貼上燃料油的標籤就好。想要賺取三倍利潤，只要把心一橫就可以，就算你把一桶桶裝有戴奧辛、致癌物與重金屬的廢油，運往人口稠密度在世上名列前茅的紐約市，任由廢油在燃燒後讓有毒物質排入空氣中，也不要有所顧忌。

有件事讓這不法勾當變得甚至更容易。儘管紐澤西州把用過的潤滑油當成有毒廢棄物，嚴格控管，但賓州沒有。這漏洞讓廢油生意可以在三州之間進行：把廢油回收到你位於紐澤西州的工廠，遵守州政府的各種規範，然後花三小時把廢油運送到賓州，貼上新標籤，完全不提及桶內裝著曾在紐澤西被當成危險廢棄物的廢油，接著把廢油當成燃料油運往紐約。但並非所有燃料油都燒掉了。為了解決境內泥土路面塵土飛揚的惱人問題，密蘇里州時代河灘鎮（Times Beach）的鎮公所雇人用油潑灑在路面上，結果遭幾百加侖含有戴奧辛的燃料油汙染，事後環保署不得不買下該鎮每一戶房舍，將民眾撤走，獨留一座鬼城。

最後馬勒還是惡有惡報，因為汙染了薩斯奎哈納河而入獄一年，至於寬達資源公司的下場則是破產，因為報社、電視台記者接獲線報後，找人檢驗了該公司提供的燃料油，以至於東窗事發。迄今馬勒還是少數因為環境汙染，而觸犯刑事罪入獄的人之一。

非法傾倒有毒廢棄物看似輕罪或者違反技術性規定，但事實上，這種活動卻是公司犯下的最嚴重暴力罪刑，而且有鑒於受牽連的社會大眾數量龐大，我們幾乎可以斷定，致死人數肯定遠遠

超過最過分的黑手黨暴行。[8]就詐騙的類別而言，這種騙局（往往同時涉及偽造安全證明）就是我在這一章所聚焦的：侵犯市場的罪行。把公司犯下的暴力罪行歸類於侵犯市場的罪，我想至少可以讓某些讀者幡然醒悟，不再把侵犯市場當成一種「技術性」或「沒有受害者」的犯罪。事實上，這種犯罪活動往往涉及一些詐騙罪行中最冷酷無情、最不知廉恥的行逕。

眾所皆知，許多現代的產品即使完全合法，但在生產、使用與廢棄處理的過程中，卻會導致大量民眾死亡。例如，汽車產業每天都害數以千計駕駛死亡，而且儘管他們的死原來是可以避免的，卻都要等東窗事發才會構成犯罪（例如近年發生的福斯汽車「減效裝置」[9]醜聞），繼而有相關單位出面，在經濟利益與人命損失之間做出折衝，藉此決定是否該訂下具體規範，但汽車產業也會企圖阻止。就危害大眾的風險而言，什麼程度的風險是可接受的？事實上，這是一個涉及政治層面的決策問題。在不同的地方，根據成本與利益的不同評估，往往會有不同的決策，而這就是侵犯市場罪的決定性特色。馬勒得益於聯邦政府並未訂出廢油傾倒規範，以及三州政府各行其是，並未合作行動。

每逢發生工業汙染案件，我們往往傾向於認為，那些健康受

8　不過兩者之間當然有很大程度重疊：原來，有很多廢棄物處理公司，竟然往往是由美國的一些組織犯罪家族把持。如果犯罪家族常有屍體必須處理，最好的做法當然是自己經手，跟廢棄物處理公司建立起「產業鏈」。

9　譯註：即defeat device，可以在檢測時降低排放量數據的裝置。

損的人才是被害者。但事實上，受此影響的群眾不限於毒害，因為市場遭侵害了，為此而受影響者更多。環保案件做為一種危害市場的罪行，它所攻擊的，是我們用來評斷該怎樣取捨經濟成本與經濟利益的整體架構。它所攻擊的是整體經濟的管控體系，如果沒有這個由信賴與共識網絡建構起來的體系，整個產業經濟也無法存續。

任何一類騙徒都是企圖破壞上述信賴與共識網絡，擺脫公民社會的一般約束，遂行其欺詐。而且由於詐騙具有「滾雪球效應」，一旦騙徒擺脫了控制，由於詐騙所得可以繼續投資，用於進行更多詐騙，他們的公司將會以倍數成長。從生物學的角度看來，如果體系中有一個部分擺脫了正常的自我管控機制，開始不受限制地增生，可以說就是**癌細胞**。除非能受到控制，行騙的商業單位往往會在競爭中擊敗正正當當的公司，讓它們無法做生意。這些單位藉此營利，繼而又把利潤投注在行騙上，腐化整個體系。這種不受控的腐化現象的確會發生，而且有可能導致整個社會毀滅。

不過，像這種侵犯市場的罪行更常見，也更讓人覺得沒有明確的受害者。的確，針對隨意傾倒有毒物質進行**某種程度**的規範，有其必要而且沒什麼爭議之處。但比較有商榷餘地的是，該把界線界定在哪裡，才不會讓商業利益侵犯了消費者權益，或讓消費者權益阻礙了商業利益。只有思想上非常極端的純粹自由派，才會認為政府不用規範空氣品質與水質，因為市場自然會做

出最好的自律與安排。但的確也可能發生以下情況：有人犯下了侵犯市場的罪行，但人們卻並未本能地感覺到義憤填膺。有時候市場所訂下的規則，甚至還可能只維護自己的完整性，但使得那些與市場發生利益衝突的人們蒙受極大冤屈。

小豬連鎖商店股價操縱案

很多人都非常清楚，商家的難處往往在於：為了避免被偷，顯然必須採取一些預防措施，但如果因此讓購物過於不便，生意上的損失恐怕更大。這兩者之間該如何取捨，田納西州孟菲斯市的商人克萊倫斯・桑德斯（Clarence Saunders）也非常清楚。他在一九一〇年代，就發明出自助式超級市場的販售模式，並且藉此創立了不需要銷售人員與結帳櫃檯的小豬連鎖商店（Piggly Wiggly chain），讓顧客把東西擺進自己的籃子裡。他還曾刊登廣告讚賞顧客很誠實，誇張地問道：「為什麼這些老實人要這樣被踐踏、被懷疑？」但事實上，他發給店員的手冊裡，還是有七頁用來說明如何識破竊賊與減少竊案。他主要的洞見在於，偷竊只是經營雜貨店的成本之一，而且絕非最大成本，另外只要把價格降到令競爭者無法跟進，小豬連鎖商店就能夠吸引足夠顧客，創造出可行的營利模式。

他認為，最大的問題不在於「短少」（也就是遭竊問題在業界的委婉說法[10]）所造成的損失，而在於怎樣才能讓小豬連鎖商店足夠便利，好讓顧客接受該連鎖店不幫忙送貨；還有，在沒有

售貨員的情況下，要怎樣讓架上時時備有最受歡迎的產品，訂貨系統也有人管理（因為傳統雜貨店的售貨員負責取貨，自然會注意到那些貨物賣得較好，因此存量較低）。他發明的解決之道非常符合效率及管理原則，為此吸引了世界各地的仰慕者前來朝聖，很多人專程來了解他的「最少存貨」原則，以及「時機剛剛好」的下單訂貨方式，其中包括豐田集團的創辦人豐田佐吉，還有他的兒子——後來創辦豐田汽車的豐田喜一郎。[11]

毫不令人意外的是，當小豬連鎖商店股份有限公司（Piggly Wiggly Stores Inc.）在一九一九年於芝加哥證券交易所（Chicago Stock Exchange）掛牌上市之際，的確轟動一時。三年後該公司發行了更多股票，改到紐約證券交易所上市，但問題也幾乎隨之而來。小豬連鎖商店股份有限公司於一九二二年六月開始在紐約上市，同年十一月遭遇問題，到了一九二三年，桑德斯已經因為做了許多錯誤決策，而賠掉了整家公司。

在說明做假帳的段落，我曾提及股市喜歡乾乾淨淨的帳面，這是因為股市的相關人員每天都必須面對變化多端的龐大資訊，唯有這樣才應付得來。但這對於那些帳面上看來很簡單，但其實不然的公司來講，往往是一場災難。以小豬連鎖商店為例，雖然

10 嚴格來講，「短少」同時包含顧客偷竊與員工監守自盜。由於桑德斯雇用的員工較少，比較不用面對員工監守自盜的問題。

11 譯註：豐田汽車是豐田佐吉去世後，才由其子豐田喜一郎在一九三三年創立，因此當父子檔連袂造訪小豬連鎖店時，豐田汽車公司尚未問世。

公司的故事簡言之是:「來買小豬公司的股票喔,我們的自助式連鎖店越來越多,遍布全國喔!」但實際上並沒那麼簡單。

股民購買的股票,由小豬連鎖商店股份有限公司發行,但該公司並不擁有「小豬連鎖商店」這個名稱,以及桑德所有創新的專利權。店名與專利都是由小豬公司(Piggly Wiggly Corporation)擁有,而這家公司的股份,則分別由桑德斯與他的一群投資人朋友共同持有。小豬連鎖商店公司擁有連鎖店的授權權力,各地的投資人都可以繳付權利金給該公司,自行開店。由公司直營的小豬連鎖商店將近一百五十家(所有連鎖店總計三百家),都是桑德斯在一九一九年之前開設的。所以,任何持有小豬連鎖商店公司股票的股民,到自己所住城鎮主要街道上的小豬連鎖商店去買咖啡或培根時,他不見得知道,這家店到底是直接隸屬於他持有股票的那家公司?還是由於與他持股的公司之間有授權合約,而與他的利益間接相關?抑或這家店只是跟他持股的公司一樣,也要付店名使用費給桑德斯,與他是一丁點關係也沒有?不過,只要大家都有錢賺,所有人當然都處於快樂的無知狀態,不會有什麼負面影響。

但後來還是出了狀況,幾年前付了權利金後,在紐約開設幾家小豬連鎖商店的艾略特創業股份有限公司(Elliott Business Builders Inc.),在一九二二年十一月十八日破產了。一連串的新聞報導把「小豬連鎖商店」與「破產」連結在一起,引起投資人集體恐慌,進而導致股價重挫。此刻,桑德斯開始採取一些在當時看

來，無疑都很合理的行動。

股票買賣都不是用現金交易，而是掛在帳上。在證交所交易時[12]，買家只要在幾天後付現，賣家也只要在幾天後拿出股票就好。這種交易方式很像賒帳買賣貨物，不是嗎？而我想各位已經很清楚，為了方便交易進行，賒帳買賣雖有必要，卻也讓人得以趁虛而入，上下其手。就股市而言，買入股票時若無足夠資金，就叫做「保證金交易」（trading on margin），反之如果是賣出自己並未擁有的股票，那就是「賣空」（short selling）。無論是哪一種狀況，證交所都會要求買家（或賣家），必須在成交日之前繳交足額現金，或是拿出股票來。想要湊到現金比較簡單，只要去借錢或賣掉其他股票就可以。但要怎樣才能拿出小豬連鎖店股份有限公司的股票？

知道這問題的答案，就可以了解桑德斯為何會變得那麼慘。交易員手上，通常會握有一定數量的股票可以用來出借[13]，出借對象就是那些賣空股票的賣家。無論哪一天，買進與賣出任何一支股票的單子，往往會趨近於打平[14]，所以能夠出借的股票數量每天都相當穩定，除非有不尋常的事件發生。

12 如果你是股市營業員，或者可以要求營業員給予特殊待遇的股市大戶，就可以這麼做。你跟我一樣都要在交易的當下支付現金（除非你遠比我有錢），這樣交易員的好處就是不用讓人賒帳。另外要提醒讀者一點，自從一九二二年之後「成交日」也大幅縮短了。

13 理由之一是，股民往往很討人厭，下單購買的股票往往都不是交易員手上握有的，所以那些沒有賣出去的股票，就變成可以用來出借了。

　　所謂不尋常事件，像是一些專業的股市玩家對某家公司的股票發動「群起賣空」（bear raid）攻勢。他們借用了交易員手上的大量股票，用來攻擊了小豬連鎖商店股份有限公司的股票。當然，攻擊的目標就是透過賣空來大幅拉低股價，然後低價購回股票後還給交易員，這麼一來也盡了必須繳出股票的責任。

　　光就「群起賣空」這個攻勢本身而言，對於交易員手上可出借股票的數量，不會有太大影響，理由在於：賣空的玩家在賣掉借來的股票時，也是把股票賣給出借股票的交易員，藉此維持可出借股票的數量。唯一會發生的事，是玩家為了借到這些數量相同的大批股票，必須寫下更多借據：這意味著玩家有更多責任，必須在未來的某個時間點償還股票。會導致出借股票數量變少的狀況，是有人開始買入股票，而且交代他的交易員不能把股票借出去。桑德斯就是這麼做的。

　　發生這種事時，我想讀者們應該知道會是什麼情況：借條上要求賣空玩家還回去的股票數量，多於他們實際上能夠借來償還的股票數量。如果有人買入夠多的股票，那麼能夠出借的股票就會消耗殆盡，無從借股票來湊足該回補的數量。如此一來，這些「群起賣空」的玩家會陷入非常不利的處境：他們有責任交出股票，卻辦不到。既然借不到，那就必須用買的——而那些本來用來出借的股票都在某人手中，那個人可以隨意喊價。這隨意喊

---

14 如果買進與賣出的單子數量沒有達到平衡，那交易員可以自行調整售價，直到雙方達到平衡就好！

價的狀況叫做 corner（「軋空行情」[15]），顯然是因為這個字也有「圍困」的意思，而那些「群起賣空」的玩家顯然被困住了。

桑德斯找來一九二○年代美國經濟狂飆期間最有名的股市大亨傑西‧李佛摩（Jesse Livermore）[16]當顧問。他當然沒有足夠的錢，來獨力買下小豬連鎖商店股份有限公司的所有股票，所以他使用了他能控制的小豬公司資金。此外他還用自己的名義借錢，也授權小豬公司另外舉債。最後他又用籌來的錢買入更多股票，然後用「先下單再分期付款」的方式賣給一般股民，讓他們可以在九十天內分期給錢。

這一招十分高明。一群紐約高手發起了股市大戰，結果來自孟菲斯市的鄉下店主不但接下戰書，還大獲全勝。小豬連鎖商店公司股價最低時只有三十美元一股，但到了一九二三年三月二十日，卻漲到史上最高峰，一股一百二十四美元。但這檔股票隨即遭到停牌，因為所有能夠交易的股票都已經沒有了，有錢也買不到。[17]桑德斯宣布，上星期賣股票給他的人，必須在三點拿著股票證書或現金前往他的辦公室，而他開出的股價，是每股一百五十美元。

15 譯註：簡單來講，就是因為借用股票者必須強制回補股票而出現的買盤，股價會大幅上漲。

16 譯註：此處作者有筆誤，原文本為 Jesse Livingstone。

17 應該說，任何股票交易員手上都沒有股票可以買進或賣出，因為所有股票不是在桑德斯手裡，就是落入其他散戶手裡，他們當然很樂意留著股票，待價而沽。

　　但是紐約證券交易所的管控當局開始介入。

　　故事聽到這裡，讀者們可能會在心裡想著：「可憐的桑德斯。」就很多方面，他的確很冤枉，被那些金融玩家給害死了。但如果我們可以從其他各造的角度來看這事件，並且全盤考慮當時各造手上握有的資訊，看法或許會有不同。桑德斯利用小豬公司的公司資金來購入股票，炒高股價，實際上也不是什麼正當行為，說穿了只是為了他的私利。坦白講，這就像是一個控制型騙局。還有，為了在募得資金後把股價炒高，於是先把股票賣給一般股民，實際上也不怎麼道德，更何況九十天分期繳付的付款條件也是個圈套，藉此能夠確保股民沒辦法在軋空行情結束前賣出股票，等到他們能賣股票時，股價已經又跌回去了。而且從股市的大局來看，這種情況造成的負面影響，跟內線交易一樣，因為社會大眾知道，這檔股票的股價漲跌，是因為有錢的圈內人為了私利而遂行密謀，最後導致股市形象受損，影響投資意願。

　　為此，紐約證交所特別在一九二二年設下規範，採取強制措施，來防範有人壟斷股票而出現軋空行情。桑德斯是第一個違犯這項規則的人。但這規定不是讓他入獄的刑事法規，他甚至也沒惹上民事官司。這規範只是把成交時間給拉長而已。證交所宣布，股票不用在一九二三年三月二十日下午三點以前拿去給桑德斯，只要在二十六日下午五點以前給他就好了。這幫那些「群起賣空」的玩家爭取到一週寬限期。

　　雖說絕大多數股票都在南部與中西部的散戶手上，但既然

各家證券公司在各地區都有辦公室，一週的時間已經足以讓他們在北起蘇城（Sioux City，位於愛荷華州），南到阿布奎基市（Albu-querque，位於新墨西哥州）的範圍內大肆搜購股票了。交易員挨家挨戶詢問，碰到花一股五十美元分期購買股票的，就用八十元買下股票，這時候他們才繳了頭款而已。桑德斯發現這戰爭已經結束，他輸了：股票證書從全美各地回流交易員手上，股票的現金價也跌為每股一百美元。這價格讓他賺了五十萬美元，但金額卻不足以支付他個人借款的利息與相關費用。最後，他不得不全數賣出他壟斷的所有小豬連鎖商店公司股票，還賣出他原本持有的該公司股份，就連他的小豬公司股份也不保。

所有股票都賣光還不夠，尤其是小豬公司的其他股東開始尖銳質問公司資金怎麼運用，桑德斯最後只能宣告破產。他打贏了一場戰爭，只是沒想到有人改變了交戰規則。

如果是現在，類似這樣軋空某檔股票的事件，是絕對不見容於管控單位，因此壓根不會發生。任誰只要顯露出操縱股價的跡象，就會有管控人員介入，要求對方停手，然後開始仔細研究規範手冊，找出要用什麼罪來起訴他。這可說是「危害市場罪」的本質。桑德斯只是按照現行價格來購買股票，而所有與他交易的人都是出於自願，交易過程公開透明。他沒有騙任何人，甚至在報紙上刊登廣告，將他的作為公告周知。但股市當局想要保護股市，而且他的行徑已經足以干擾其他人所仰賴的各種經濟體制。所以，桑德斯可說是命運多舛。他又找了其他投資人，帶著其他

提升零售商業模式便利性的觀念東山再起。在他一九五三年辭世之際，先前他送審的，名為「奇多索」（Keedoozle）的全自動雜貨販賣機專利申請案，已經過了一半。不過，要不是他為了教訓那些華爾街金童而借了一千萬美元，去世時，他可能不會那麼窮困又不快樂。

10 連政府都栽了

Defrauding the Government

> 「有些案例滑稽，有些令人悲傷，但全都是真實的。有些會讓身為聯邦政府員工的你們感到義憤填膺，有些則是讓你們因身為納稅人而感到憤怒不已。」
> ——引自美國國防部編印的《公務員瀆職案例大權》
> (Encyclopedia of Ethical Failure) 的導論。

布萊德利·柏肯菲德（Bradley Birkenfeld）開著他的鮮紅色法拉利跑車，沿著蜿蜒的山路開往山上小屋。他從冰箱拿出沁涼無比的香檳，放進冰桶，用力打開百葉窗，只見阿爾卑斯山的山景在他眼前一覽無遺。他轉身對著巴西超模女友微笑，指著窗外山巒。然後他模仿王牌大賤諜（Austin Powers）的聲音，對她說：「寶貝，看到馬特洪峰會讓你興奮嗎？」

他真的做了這件事，甚至還彷彿把這當成光宗耀祖的事蹟，寫進了自傳。儘管現在他已經改邪歸正，當個低調的慈善家，但讀者們讀過他的自傳《惡魔的銀行家》（Lucifer's Banker）後，肯定都會覺得柏肯菲德真是虛擲了大好人生，有點浪費。我比較

喜歡他更早一點的「作品」：他一手導演的那齣好戲，叫做「美國國稅局大戰瑞銀集團」，上演的地點是佛州南區法院（Southern District Court of Florida）[1]。那齣戲甚至以幸福的結局收場，柏肯菲德讓七千五百萬美金入袋為安，這筆錢完全沒有問題，也是合法的。柏肯菲德書中的某些人拿到錢後全身而退，但也有些人入獄，他自己則是因為這奇怪的體制，而體驗了兩種遭遇。

這案件中給他錢的，事實上是美國國稅局。對於想要行騙的人而言，政府單位有個充滿吸引力的特色：政府總是願意把幾乎任何人都當成服務對象。大部分民間公司大可拒絕你提出的賒帳交易要求，或根本拒絕與你做生意，只因為公司的人覺得你長得不好看，或者聽到了關於你的謠言。但政府單位在說「不」以前，通常覺得必須給個理由。在低信任度的社會裡，你甚至會發現，政府貪汙現象無所不在的程度比你預想的還嚴重，也就是因為政府幾乎不會拒絕任何人。基於這個特性，身為經濟行動者的政府，不可能只是某個小規模個人信任網絡的一部分，反而肯定會介入幾乎所有人的經濟生活。

但我必須為這涵蓋範圍甚大的說法，設下一些條件限制。如果說，政府單位是與某家民間公司進行單純的商業交易（例如，跟民間公司購買迴紋針，或付錢叫人來清潔打掃），那麼與規模相當且一樣管理得宜的民間公司相較，受詐騙的機會不見得比較

1　聯邦國稅局在這法院享有「主場優勢」，牽涉龐大金額的稅務官司通常都是在這裡審理。

高。我要強調的是「不見得」，但如果是工業化國家的政府，公部門組織的規模通常比民間公司還大，組織風格也不同，所以事實上也比較容易受到詐騙。公部門的單位通常很大，而且單位的高層管理職務都交給了一些非專業人士，他們通常是民選官員，會當選並非他們具有財務管控的專業能力。[2] 與迴紋針採購案相較，這一點往往會對大型國防採購案造成更嚴重影響。

但如果這些劣勢是可以預見的，公部門的採購單位與商務單位沒有理由不能跟民間公司一樣，好好的進行管控，避免詐騙。公家單位也可以慎選賣家或供貨商，並且決定要讓誰賒帳，要求誰付現，還能讓某些承包商預先拿到現金，某些則是完成案子後才可以拿到錢。這些政府部門的各種業務跟一般公司沒兩樣，而且政府不一定會與騙徒打交道，只是可能性稍高而已。

但有一種業務是政府肯定無法避免的：由於所有人都要報稅，所以政府必須跟我們打交道。既然所有人都要繳稅，那一樣也有機會避稅。如果稅務機關不想與某人打交道，那只有一個會帶來不好後果的辦法：直接豁免他的納稅義務。而稅務詐騙是很嚴重的。

2　雖然我不想著墨太多，但很多政府機關的重要財務高官都是民意代表，這些人在當選之後，往往已經習慣過比一般人奢華甚多的生活方式。政府的貪汙問題或許可以寫成另一本書，但我要說的是：沒錯，就很多例子來講，系統之所以會遭到顛覆，信任之所以遭到背棄，都是因為公部門組織內部的成員而造成，並非因為外部人士。

　　避稅與逃稅的區別很容易懂：一般我們所認定的「避稅」，常常是利用技術性手段與公司結構，來將納稅責任最小化（而且手法往往是合法的）；至於「逃稅」，則通常是用非法的手段提供假訊息給稅務機關，藉此掩飾繳稅義務。這兩種狀況當然會有重疊之處。如果你避稅過了頭，也許你會認定自己沒有報稅義務，但稅務人員可能有不同看法，認為你是在逃稅。

　　有些國家（最主要是瑞士）除了「避稅」、「逃稅」之外，還有第三種情況：稅務詐騙（tax fraud）。如果只是忘記向稅務機關申報某一項收入來源，那不算詐騙。不過若是提交了不實文件，那就是詐騙無誤。儘管有人可能認為這兩者沒有差別（而且一般來講，如果某人在瑞士銀行持有帳戶，那麼他本國的稅務人員都會比較嚴苛看待這件事，覺得兩者一樣），但偶爾卻在法律上相當重要。瑞士法律規定，只有重大犯罪（例如犯下稅務詐欺罪）才受到引渡條款規範，至於輕罪（例如只是逃稅）則被認定不夠重要，不足以推翻憲法中對於銀行保密義務的保障。這種情況直到近年才改變。

　　這差別就是構成柏肯菲德犯罪行為的基礎。他曾是大型瑞士銀行瑞銀集團的員工，職務是尋找美國客戶。他是個高手，所以向來非常莊重的瑞士人，才會忍受他追求名車美女的浮誇習性，以及他的低劣性癖好。他的慣用伎倆其實很單純：鎖定某個有錢人，混熟後答應幫對方達成「三零」目標（零所得稅、零資本利得稅、零遺產稅）。然後要這剛剛勾搭上的有錢朋友把錢匯往瑞

士，跟瑞士政府表示這位朋友是美國公民，所以不用繳稅給瑞士政府，而且也別跟美國政府透露任何相關資訊。

把錢弄到瑞士後，柏肯菲德的客戶如果要花錢，問題就來了。儘管有人試過一些像諜報片一樣炫的方式（例如把小顆鑽石藏在牙膏軟管裡），但最有效的手法還是最簡單的：接受存款的銀行可以把現金當成抵押品，貸款給需要用錢的客戶，收取跟存款利息一樣多的貸款利息，再加上服務費。這不但讓避稅者能夠把錢弄進國內的合法帳戶，使用提款卡與其他各項有用的支付科技服務，甚至還因為利息支出，可以扣抵客戶所申報的國內投資所得稅。

這一切原本順順利利，直到柏肯菲德與他的瑞士老闆們鬧翻。他在書中暗指那些人純粹是因為忌妒他的天分而不爽，沒有其他動機（也有可能他們已經對他喜歡開玩笑的個性感到厭煩了）。總之他辭職了，而且不久後就帶著律師現身華府，決心向稅務機關供述瑞銀集團如何協助美國公民避稅。我們可以說，美國國稅局聽到這線報實在是氣炸了。該單位立刻要求瑞銀集團提供客戶中具有美國公民身分者的名單。瑞銀集團拒絕了，這決定在當時看來算是挺合理的。

通常來講，叫山姆大叔滾蛋的人都不會有好下場，瑞銀集團就是如此。不過這雖然看似荒謬，實際上並非如此。對瑞銀集團不利的是，舊秩序已經在改變，只不過不是每個人都能意識到。

我們不難理解的是，二次大戰後很多人（尤其是歐洲人）手

上握有財富的一部分，會有遭到政府充公之虞[3]，特別是靠近鐵幕的那些國家。冷戰開打後，各國外交與情報人員更是樂見這世界上有藏匿資金的方式，以及可以進行無法追查源頭的金融交易。後來，荷屬安地列斯群島與開曼群島逐漸脫離殖民政府，導致許多小國誕生，但它們並沒有天然的經濟優勢，唯二的好條件就是稅務規定寬鬆，還有西方世界銀行家們都熟悉的法律架構。這種情況持續到二〇〇三年才有所改變，經濟合作暨發展組織（Organisation for Economic Co-operation and Development）開始把避稅天堂的問題，當成優先處理事項。

接下來幾年內，美國政府當局對於稅務犯罪越來越嚴格（尤其是像柏肯菲德這種在瑞士銀行工作的銀行人員，絕對不能在美國招攬業務，銀行也會跟這些人員交代，只能跟美國境管單位說他們是去旅行的）。但到這時候，瑞士法律仍然把保障銀行業務的祕密當成核心原則，而且處理「避稅」與「稅務詐欺」的方式可說天差地遠。在瑞銀集團看來，瑞士政府不僅會從外交的角度給予全面支持，而且即便他們想要配合美方的要求，可能也辦不到，因為把銀行帳目的詳細資料提交出去，是違反瑞士法律的，只有極少數情況例外。我就是從這裡開始對這案子感興趣的。

當時我是個投資分析師，因為寫了一些報告，看壞瑞銀集團

3　這些人居然把錢交給瑞士的銀行保管。這或許稍稍難以理解，因為瑞士銀行向來想要把那些納粹大屠殺受害者的「沉睡帳戶」據為己有，在我看來可信賴度也是有問題。不過這又是另一個故事了。

在全球金融危機後的「錢景」，所以在他們集團內部樹敵無數。
我也是少數幾個花錢訂閱美國聯邦法院案件資料庫（PACER）的
倫敦金融區成員之一。所以我等於清楚看見這案子的整個發展過
程，像在看慢動作影片。我從外圍參與了這本書當中的一些案
例，但裡面仍有少數幾個案子是我看走眼，「見林不見樹」的。
不過瑞銀集團這案子我可沒那樣：我睜大雙眼緊盯，看得清清楚
楚，但這並非愉快的經驗。由於我不是其中一份子，眼見許多人
否定現實已經改變，其實我內心很害怕。因為我看著其他人正在
做一些傷害自己的事，卻完全無力幫忙。更令人心痛的是，有些
人每天都必須寫出一些東西，但負責審核的，卻是那些意見與他
們相左的人——當時的我就是如此。

在「國稅局控告瑞銀集團案」進行審理的短短幾週內，與我
對談的人包括：經驗比我豐富兩倍的銀行家、經驗比我多幾十年
的高層人員，還有一些專攻瑞士稅法的教授，他們都曾參與草擬
一些協議，協議內容規範著瑞士稅法與美國之間的關係。他們
全都說，他們無法想像瑞銀集團會交出客戶名單。他們認為，
國稅局遲早會意識到自己不能霸凌一個主權國家，於是就放棄
了。後來美國政府起訴並通緝了瑞銀集團全球財富管理部（Global
Wealth Management）主管勞烏·韋伊（Raoul Weil）[4]，跟我談過的
那些人才開始改變想法。瑞士與美國在該年簽訂了一個新的稅務

4　最終他在二〇一四年獲判無罪，但這種事往往會在當事人心中揮之不去。

協議，瑞銀集團同意繳納七億八千萬美金罰款給美國政府。

　　至於柏肯菲德與國稅局的相處經驗，則是不太愉快。他自己也不夠聰明，所以沒有先幫自己爭取到免於起訴的條件，就先開始提供資訊。國稅局的調查幹員們也非常不上道，拿到那些資訊後就以此為要脅，逼他拿出更多資訊。柏肯菲德等於供稱自己是共犯，幫許多人犯下了違反美國稅法的罪行，至於負責本案的幹員則不想用自己的特權來幫助他。他在自傳中宣稱，國稅局的人員就是討厭他，而這假設也很可信。最後他遭判入獄四十個月，但後來因為表現良好，服刑僅三十一個月就獲釋出獄。

　　不過，出獄後他就領到一張寫了天文數字的支票。坐牢期間法院判定，儘管他承認自己犯罪，但由於他向有關當局舉報自己雇主的罪，所以還是符合「吹哨人」的要件。「吹哨人」的相關條款規定，若因為線報而讓政府收到罰款，提供線報者有資格領取占罰款百分之十五到三十的獎金。瑞銀集團繳納的罰款，有些付給了證券交易與金融的管控機構，所以不適用於條款規定，但光是國稅局拿到的部分，就足以讓柏肯菲德領取一億零四百萬獎金。柏肯菲德抱怨連連，心不甘情不願地繳稅之後，還是拿到了七千五百萬。

　　境外避稅特許權為什麼終究會消亡呢？這跟大部分的詐騙案不同，沒有累積式的滾雪球效應。只是這種特許權再也沒有用處了。冷戰早已結束，所以西方國家政府對於那些可以撇清關係的藏錢地點，也不像以往那麼有興趣了，這主要是因為沒什麼祕密

活動需要進行，祕密資金也沒存在必要了。過去幾十年來，高稅率也逐漸下降，所以全球的菁英階層也沒有避稅的急迫感。近年來避稅開始變成無聊之舉，所以柏肯菲德這一類人物已經成為罕見動物，雖然法拉利車商會為此感到苦惱不已，但喜歡在餐廳中享受靜謐氛圍的人，不免都覺得很高興。

目前已經沒多少外國銀行，能讓你在存錢後感到安全無虞，確認當地法律可以保障你藏的錢不會被國內稅務機關發現。想要保密，許多人被迫把事情搞得模糊複雜：這些信託基金持有那些信託基金，那些信託基金又持有這些公司，這些公司又持有那些公司，這樣一層層的複雜關係，讓稅務人員越來越難清查資產的實際主人是誰，若想要證明有人需要繳稅，而且是繳給本國政府，不是給外國政府，不但往往深感不確定，還得支付法律費用。如此一來，這整個領域已經漸漸讓律師與會計師接手，而且過去被歸類為逃稅的，如今看起來已經漸漸比較像避稅了。凡是對於是否有納稅義務與稅金多寡有了合理的懷疑，整個案件就會到民事法庭去審理，而非刑事法庭，而且還會產生一個爭議：稅務機關為了保衛稅收，可以採取哪些合理的行動？如此看來，現代的逃稅罪行看起來類似侵犯市場罪，卻又像老派的長期詐騙案——詐騙的對象是政府，所繳稅金就像賒帳的交易款項，因為稅金都是事後才繳付的。

不過還是有種稅務詐欺罪行特別值得深思熟慮，因為它比較不像侵犯市場罪，與長期詐騙案倒是極其相似。

移轉性逃稅[5]

　　許多人往往傾向於認為逃稅與其他詐騙型態不同，理由在於，逃稅的前提是必須有一家合法的公司，公司賺錢後才需要繳稅，也才有逃稅的問題。但之所以會這麼想，與其說是把詐騙想得太複雜，不如說是太不了解繳稅這回事。我就這麼說吧，「省了一分錢就等於賺了一分錢」──這句古諺的確沒錯。稅金是公司為了投入生產而衍生的必要成本，如果可以避稅，那表示這公司可以用削價打敗競爭對手，以不受一般現實狀況限制的速度來擴張事業。有時候政府甚至會給你機會竊取現金，例如政府會把某些收稅業務交給民間公司代行。最常發生這種狀況的是營業稅（都是在東西出售時收取），而這狀況所促成的「移轉性逃稅」，目前是歐洲規模極大的詐騙類型。

　　想要了解移轉性逃稅是很燒腦的。這種詐騙案的辯護律師非常喜歡繪製各種難懂的圖表，滿意地看著陪審團的眼神放空。最好的理解方式，是從這種詐騙的基本元素說起：增值稅的收取機制。先記住一件事，那就是生意人應該跟顧客收取一筆「加值稅」，稅額的根據是差額[6]的固定比例（差額是指成本與售價之間的差額，所以才叫做「加值稅」），並將這稅金交給稅務機關。

　　所以這騙局的基本元素，是第一個交易商（我們稱之為金鮑）

5　譯註：carousel fraud。因為 carousel 是旋轉木馬，也有人直譯為「旋轉木馬詐騙法」。

用廢鐵製作了一個裝飾品,賣給第二個交易商(我們稱之為佛萊迪),價格是一百萬英鎊加上百分之二十的增值稅。佛萊迪把一百二十萬英鎊匯進金鮑的銀行帳號,金鮑有責任把二十萬繳納給英國的稅務人員。

接著佛萊迪把裝飾品賣給當地的慈善機構驢子庇護所(donkey sanctuary),這慈善機構已經登記不用繳增值稅。假設他以原價售出,價格一樣是一百萬英鎊加上他一樣也付過的百分之二十增值稅。驢子庇護所匯給佛萊迪一百二十萬。原則上,佛萊迪有責任把他代收的二十萬英鎊稅金繳給稅務人員。但除了繳這二十萬的稅之外,他還可以把他已經付給金鮑的二十萬增值稅退回來。佛萊迪完全沒有繳納增值稅的義務。

至於驢子庇護所,由於已登記為不用繳納增值稅,則可以申報退回繳給佛萊迪的增值稅。所以政府會寄一張二十萬英鎊支票給他們。如果金鮑繳付了他欠政府的二十萬英鎊,這交易就算是都扯平了:這兩度交易的結果,佛萊迪壓根不用付增值稅,而且

6 讀者如果是來自美國與其他沒有增值稅制度的國家,現在或許已經丈二金剛摸不著頭腦。為什麼?為什麼要這樣做,何不在最後售價加上營業稅就好?基本上,理由在於,當營業稅高於大約百分之八,民眾就會開始努力避稅,而且零售客戶不會向政府申報自己的帳目,只有公司會。所以如果在銷售過程的每個階段收取增值稅,每個階段就都能夠自動發生查核的效果。當佛萊迪申報退稅二十萬英鎊,那就可以查核金鮑是否支付了同樣金額的稅。針對廠商已經付給供應商的輸入增值稅,退稅制可以確保稅金不會變得「層次太多」,太過複雜——如此一來,最後的營業稅率可以不用取決於整個過程涉及的公司,以及批發商的數量。

因為最後的銷售對象是不用繳增值稅的法人，所以政府最後的稅收是零。如果金鮑消失無蹤，沒有繳出二十萬，那政府等於在無意間捐了二十萬給驢子庇護所。庇護所減免了增值稅，相對的金鮑卻欠了稅。由於金鮑假裝代收增值稅卻沒有匯款，導致稅務人員多開了一張二十萬英鎊支票。

不過老實講，要讓一家飾品工廠消失並不容易，而且設立一家詐騙的驢子庇護所來洗錢，也是個古怪的主意。所以我們稍微改弦更張，設想出一個能賺更多的計畫。為此我們必須利用收取增值稅時的**另一個**關鍵細節：由於收稅的地點是貨物最後進行銷售的國家，所以歐盟境內進口與出口都是不用繳交增值稅的。這意味著進口商買東西不用繳交增值稅，而出口商跟驢庇護所一樣，儘管需要向國內供貨商繳交增值稅，但可以申請退稅。

這再次與進口與出口商的免稅優惠有關。好吧，為了增加真實性，我們就不要說販賣什麼飾品，改成比較明確的東西。假設是行動電話SIM卡好了，這的確是移轉性逃稅案件騙徒偏好的詐騙工具，因為重量很輕，不會消耗過多載運成本。這次金鮑不是製造飾品，而是跟法國供貨商尚（Jean）進口了一百萬英鎊的SIM卡。金鮑把這批貨用一百二十萬英鎊賣給佛萊迪，也申報了自己有義務繳納二十萬增值稅給英國稅務人員。（當然，因為尚是出口商，他既不用跟金鮑收取增值稅，也不用向法國稅務人員申報納稅義務。）

接著佛萊迪把這批SIM卡轉買給一個法國客戶皮耶（Pierre）。

他以友情價一百萬英鎊賣給皮耶，而且既然他是出口商，他可以把付給金鮑的二十萬英鎊增值稅退回來，從稅務機關拿回一張支票。現在要開始「移轉」了。為了形成一個轉移的圈圈，我們可以假設金鮑的供貨商尚與佛萊迪的顧客皮耶是同一個人，真名是尚－皮耶。現在尚－皮耶已經把他原本賣出的那一批SIM卡弄回來了，這交易讓他沒有收入也沒有損失：他從金鮑那裡拿到一百萬現金，也給了佛萊迪一百萬。不過，在英國的狀況是，稅務機關已經把二十萬英鎊退給了佛萊迪，因為認定金鮑會繳交同樣金額的稅款。

現在，我們要讓整個騙局像旋轉木馬那樣動起來。假設稅務機關允許金鮑晚一點繳稅[7]，例如給他九十天的寬限期。而且我們已經知道，每次SIM卡在尚－皮耶、金鮑、佛萊迪手上轉一圈，又回到尚－皮耶手上，佛萊迪都可以拿到一張二十萬支票，金鮑則是留下同樣金額的欠稅紀錄。在九十天內，他們可以讓那一批SIM卡轉幾圈？就算雇用最懶的貨車駕駛與倉管人員，我猜答案應該是至少十次。所以到了第九十天，佛萊迪已經收到了總額兩百萬英鎊的退稅支票了，而金鮑則是欠了稅務機關兩百萬。但現在該讓稅務人員知道噩耗了──他們到處找不到金鮑，這傢伙人

---

7 在給予進出口商豁免增值稅優惠待遇的早期，由於政府還不了解這種騙局，損失的金額可說數以十億計。到現在，政府還是會給予納稅人寬限期，但也搭配了許多防範措施。現在稅務機關在把退稅款項匯給佛萊迪之前，會有更嚴格的審查程序，結果這也讓無辜的出口商遇到嚴重的現金流問題。

間蒸發了。在此同時，尚－皮耶於第九十一天來到辦公室，很高興看到有個新客戶跟他下了一張總值一百萬英鎊的 SIM 卡訂單，那客戶叫做「鮑金」。

這種騙局很難東窗事發。我可以告訴各位，在這案例中，金鮑、佛萊迪與尚－皮耶事實上是一夥的，他們把那兩百萬英鎊均分了。但如果要起訴這三人，政府只能拿出不利於金鮑的罪證[8]，因為他就是典型的長期詐欺案騙徒，只不過行騙對象是政府。他不是賒帳後不繳清，而是欠了稅款，但在寬限期後沒繳。佛萊迪完全沒有犯錯：他付錢給金鮑，申請完全合法的增值稅退稅。尚－皮耶的一切作為也是無可挑剔，他只是根據市價購買 SIM 卡。如果你想主張他知道他的英國客戶們相互勾結，你能證明嗎？

事實上，我們很容易看出，有些無辜的人就是可能會被捲入這類詐騙案，甚至有些人為此鋃鐺入獄，他們犯下的唯一罪行，就只是挑選做生意對象時不夠謹慎。由於在九十天內，光靠最初投資的一百萬英鎊，就可以獲得百分之百的報酬率，所以這夥人有很大的餘裕，可以承受 SIM 卡交易生意的損失，好處是可以

---

8 就連想要證明金鮑犯罪，也不是那麼容易，因為他可以不要選擇開溜。如果他夠聰明，可以讓公司宣告破產就好，看起來就像一般公司生意失敗，蒙受龐大損失。可悲的是，這時稅務人員也只能跟許多不幸債主一樣，徒呼負負。所以在移轉性逃稅詐騙案最盛行之際，挺常見的手法是騙徒會設法接手一些快要倒閉的公司，用它們來當犯案後脫身的工具

為這個騙局設下幾道「防火牆」，以優惠價格吸引正當的生意人來加入這像旋轉木馬的騙局。他們還可以施行「反向交易騙局」（countertrading fraud），把另一批SIM卡放進他們的騙局裡進行反向操作，這樣到了中間的某些階段就不需申報納稅義務，所以稅務人員不會自動獲得報告。而且所有參與的騙徒如果都有境外銀行帳戶，那就更有幫助了，因為境外銀行往往不太會配合稅務機關的詢問。換言之，在騙徒該有的打混仗工具一應俱全的狀況下，這想要對政府施行典型長期詐騙案的詐騙集團，得以好好掩飾自己的犯罪意圖，在積欠一堆稅金之後一走了之，完全不繳納。

不過，這增值稅騙局之所以那麼難以根除，理由是我們一開始就已經強調的：民間公司往往有一些手段可以用來防範騙徒，但稅務人員要不是完全沒有這些手段，就是手段的效用有限。任何人都會繳稅，所以稅務人員不能毫無理由，就拒絕某家公司申報返還增值稅。對於出口貿易來講，政府會退回增值稅這件事是很重要的，所以循規蹈矩的納稅人可以合理地期待，公家單位會快速處理他們的退稅案，不會時間到了，還被欺騙他們的稅務調查員扣著不辦。稅務機關已經承擔了太多民怨，如果還害得老實的生意人破產，那聲譽會更加一落千丈。此外增值稅的一個特色，就是必須事先繳納，而且繳的是淨稅，事後才能退稅。生意人雖然繳稅又收稅，但繳的二十萬稅款事後才退，他們無法負擔這時間差。難道可以要求他們只能進口貨品，賣給國內客戶（如此一來就不用繳增值稅），不可以賣東西給外國人，以免遇到退

款時間差的問題嗎？

在這裡稍稍離題一下。從這種詐騙型態看來，我們也可以清楚看出，為何詐騙案很難起訴。我嘗試了五次，才確定該怎樣向讀者們解釋移轉性逃稅案，而且為了讓我寫的東西易懂又有趣，可說使盡渾身解數。但這還是很困難，我必須時時重頭看一遍，提醒自己怎麼寫才行得通。我寫的只是簡化刪減後的版本，實際上稅務官員要費更多唇舌，才能向陪審團說清楚。更糟的是，真正的罪犯會把情況弄得更複雜，更難追查。移轉性逃稅這種犯罪手法，實在讓人費神難懂，只有真正的專家，才能夠在腦海裡把所有細節一次搞清楚。但這種詐騙的基本原則也非常簡單。騙徒主要是利用收稅的方式，創造出稅務機關必須提早給他們錢的情境，而且照理說會有人把錢繳回去，最後卻沒有。身上承擔龐大納稅義務的人還沒給錢就消失無蹤，讓先拿到錢的傢伙靠行騙詐財。這就是長期詐騙案。如果你想了解這種詐騙案，只要聚焦在三個要素上：現金在誰手上？誰負有納稅義務卻一走了之？是否有理由相信這兩者有關係，就像金鮑會設法讓政府把現金放進佛萊迪的口袋那樣？

洗錢

政府除了有權徵稅，還可以設法取得它想要的一切，為民眾服務，藉由立法執法來福國利民。守法的民眾除了避免遭受處罰，還享有很多好處，其中之一是可以利用合法的市場經濟來賺

錢、花錢、致富。然而，如果你的收入來源是犯罪活動，就某種程度來說，你的錢就跟你一樣見不得人。

犯罪的人傾向於使用現金──儘管詐騙犯不見得如此，但其他罪犯都是。理由在於，如果透過銀行交易，只要法院傳票一來，銀行交易紀錄就會曝光，非法交易的各造也就此敗露。[9]罪犯喜歡用匿名性更強的付款方式，但就是因為身懷鉅款的人往往會令人聯想到犯罪的可能，所以罪犯想用大量現金採購或投資時，必然有所不便，人們也會開始注意與調查。

與合法經濟體系相較，罪犯不能方便地使用現代的金融與付款體系，對他們來講是一大劣勢。因此政府之所以擁有全面性的執法能力，很重要的理由是：它可以把金融體系與其紀錄，當成執法工具。回到我們的主題，洗錢能力的強弱，也是檢驗犯罪組織是否能成長的重要指標：販毒集團的成長速度，不可能比集團洗錢的速度快。

破壞經濟體系，試著把髒錢變成乾淨的錢，也是侵犯政府的詐騙行為，一般稱為「洗錢」。洗錢的刑罰往往很重，因為這種犯罪活動的本質，是湮滅其他罪行的證據，而且一般的假設是，如果有人願意大費周章洗錢，那麼肯定是為了避免某件非常嚴重的事情遭到調查。會有這種假設，也是因為洗錢過程的損失率極

9 偷東西當然不是交易。但想要不留痕跡地偷竊銀行存款，是很困難的。如果你的騙術還沒那麼厲害，無法勸人自願把錢轉給你，那不如試著偷現金，或者偷竊可以直接換現的貴重財物。

高：為了把一堆現金變成看起來乾乾淨淨的銀行存款，損失最高有可能高達百分之五十。藉此我們當然也可以看出，只能使用現金有多麼不便，而電子支付系統真是妙用無窮。

跟其他很多犯罪活動一樣，洗錢的前提也是必須先滲透進入一個信任體系中，之後所受到的查核就會很少，或者根本沒有。就洗錢而言，目標是把現金轉入某個信譽卓著的銀行，變成存款。一旦這目標達到，現金也就被「洗白」了，可以拿來花用或投資。任何成功把錢洗白的罪犯，可能都必須費一番口舌向有關單位解釋：既然他的收入正正當當，那怎麼有辦法過著如此奢華的生活？但至少幫他付錢的系統那邊，不會對他的錢起戒心。

此外，洗錢的案例也讓我們看見，互信體系是怎樣崩潰的。容我借用那一部後來改編拍攝成電影，幾位海洛因毒蟲主角共用針頭後來得病的小說，姑且稱這為「猜火車問題」(Trainspotting Problem)——若要共用針頭，這些毒蟲就必須是個信任圈，但既然最後得了病，表示信任圈崩潰了。既然信任體系存在的目的是避免查核，藉此省去許多心力、時間與成本，那麼你必須明白的是，如果你讓某個新人（或新的法人）進入信任圈內，那麼你也等於隱約決定了要信任新成員信任的所有對象。信任體系的這個特色，讓洗錢專家有機可乘。一流的銀行不會接受任何人存入大批髒錢。而且如果匯款來自那些「高風險銀行」（說白一點，就是「可能涉及犯罪的銀行」），他們也會查核。但有一類銀行的等級普普通通，沒有精到會被一流銀行頻頻查核，但也沒正當到不

願意跟爛銀行做生意。洗錢術的關鍵是，在各家金融機構之間，建立一條讓錢轉來轉去的管道，先找到一家銀行願意接受你那些塞滿行李箱的錢，轉手後，最後找到一家願意讓你方便用錢的銀行。（當然也有一些捷徑，尤其是那些一流銀行也會有腐敗的分行。二〇一一年，匯豐銀行就因為沒能好好監督墨西哥分行，而遭罰十九億美金。因為一些分行經理為幾名攜帶現金的毒梟大開方便之門，把櫃檯的窗口改成方面接收他們的金屬手提箱。）

　　洗錢策略的另一個關鍵要素是，必須找出各種可以匿名持有、買賣，不會留下公開紀錄的貴重物品。如果你之所以洗錢，並非因為錢的來源有問題（錢是犯罪所得），而是因為最後錢要流入有問題的人手裡（例如恐怖份子），那這一點尤其重要。可以選擇的貴重物品，似乎每年都在減少，因為各國有關當局已經把最後僅存的祕密管轄體系都繩之以法，各家一流銀行也由於越來越害怕洗錢後遭到定罪，所以縮小了他們的信任圈。[10] 不過，還是有可能找到某些小國（還有一些不這麼小的國家），願意讓你開設空殼公司，用人頭充當董事，不用登記股東姓名，也不用登記土地所有者，諸如此類的。如果你能找到某個地方的律師願

---

10 相關的規範叫做「KYC 規則」，意思是要「了解你的客戶」（know your customer）。原則上，銀行（或律師事務所、不動產仲介公司等等）如果不清楚某一筆交易雙方的「最終受惠者」是誰（例如，如果不是某家律師事務所，或者發現受惠的公司是空殼公司），那就不該交易。這當然非常不便，但也沒辦法，因為管制人員與警察越來越不能接受銀行提出的各種藉口。

意保密，不說出誰付錢給他，法律體系又願意放過他們，那麼你就可以安心在那裡洗錢。

從許多案例看來，如果每次要查驗財物擁有者是誰，某個政府體系總是會遇上困難與不便的問題，那就跟完全沒有資訊一樣，有很多上下其手的空間。這會讓最後的犯罪調查工作慢下來，罪犯就可以爭取到時間，去做更多故布疑雲的事，直到最後有關當局揭露真相的速度，根本趕不上他們掩藏真相的快速步調。但更重要的是，查驗困難或耗時，將會導致我先前所說「均衡現象」：由於查驗困難，大家就選擇相信，而這就是詐騙犯罪會出現的重要條件。到底該不該幫忙處理某一筆交易？銀行在思考這問題時，總會同時考慮風險與回報。任何充滿耐心的洗錢專家都可以不斷尋找，直到他找到一家願意承擔風險的金融機構。一旦做到這些，他就可以開始測試各家銀行的素質好壞，從素質差的下手。

洗錢基本上是一種侵犯市場的犯罪行為。由於全球金融體系無所不在，所以把這體系拿來當執法工具，已經是各國政府的共識。做出這決策後，無可避免的後果是，會衍生一些新的犯罪行為。航空公司幫助罪犯逃逸，但並未因此遭起訴[11]；同樣的，販賣槍枝與搶劫用頭套的商家，也不須為搶劫罪負責。但金融機構就不同了：正因為它們在龐大的經濟體系中享有許多特權，所以

---

11 不過，貨運公司如果不能針對非法移民與人口販運提出預防措施，有時候是會被究責的。

也必須負擔某些調查任務，以此為回報。如果沒辦法履行這些義務，甚至還為了牟利與增加市占率，而允許罪犯使用正當經濟體系的金融系統，那等於是對政府犯下了詐欺罪。

11 要旨

The Bottomline

「我看過有人利用囚犯來做實驗……難道他們以為，監獄裡的人比監獄外的人更會說謊？我不知道這有何根據。……有些人是因為說實話才會變成囚犯啊。」

——美國演員威爾・羅傑斯（Will Rogers）。

在此我必須坦承一件事：我常覺得商業詐騙很有趣。有些詐騙案如夢如幻，對我深具吸引力。詐騙是一種創造出假象的智力遊戲，騙徒必須選擇在適當時機帶走一切，帶著熱騰騰的錢躲到某個溫暖國度。更何況，騙徒一般都是從有錢人手上騙錢，而且沒有使用暴力。這等於帶有俠盜羅賓漢的況味，但不用動刀動槍，在刀口上舐血。大騙子萊斯利・佩恩曾說，任誰如果沒有被定罪與破產的紀錄，「都大有機會可以施行長期詐騙案」。如果說我不曾做過行騙的白日夢，那我就是在說謊。

不過，我有兩個朋友耗費遠多於我的時間研究這主題，他們的看法卻與我大不相同。其中一位是避險基金經理人，他專門賣空那些詐騙公司的股票，藉此賺了很多錢；另一位是電腦專家，

他擅長寫程式入侵電子郵件帳號，找出在線上撲克牌局作弊的人。他倆的看法，其實你只要從我這本書後面的書單裡，挑某個騙子的自傳來研究，就可以確認了：花越多時間了解詐騙犯的內心世界，你就越會發現他們不怎麼迷人。他們就是騙徒而已，就像運動時作弊的人，破壞了大家的比賽。他們營造假象的手法也不是什麼藝術，就像我們在第七章看到的：所謂騙術，就只是找出管理與管控體系的弱點，趁虛而入。他們還利用了一件事：說謊比說真話簡單多了。

　　詐騙也絕對不是某種沒有受害者的罪行。長期詐騙案往往導致供貨商破產，而且他們在受傷後往往還得承受羞辱，被懷疑是詐騙共犯。在股市募資的詐騙犯，盜取了民眾的畢生積蓄與養老金。老鼠會則傷害了那些不能損失金錢的人，過程中還撕裂了社會群體與親近團體。美國運通就地倉儲公司看起來像是自作自受，遇上了沙拉油大王只是剛好而已，但這詐騙案中還有很多隱形的受害者。事發後，許許多多老實的農業商品交易商，想必都沒辦法貸得營運資金，因為放貸業者都已經像驚弓之鳥，怕遇上另一個沙拉油大王。這些如寄生蟲般的騙子多不勝數，被抓到或判刑的實在少之又少。

　　可悲的是，我那兩位朋友也認為，如果想要查緝詐騙案，最可靠的方式是找現存的詐騙犯去查。也許你已經注意到，相對來講，本書提及的詐騙犯很少是初犯。商業騙徒會不斷重複過去的行為模式，不是沒有理由。而且，現代經濟體系不斷給那些騙徒

再次下手的機會，明明知道他們會騙人，還是讓他們坐上需要承擔責任的位子，也不是沒有理由。

畢竟我們討論的都是「白領犯罪」。這種罪行的重要特色之一就在於，罪犯與那些負責決定他們是否犯罪與如何懲罰的人，都來自同一個社會階級。

但除此之外，有什麼是我們可以做的嗎？檢視這本書提及的詐騙案，尤其是仔細看看案件背後的經濟原則，我想透過律師比爾·布萊克如何識破林肯儲蓄貸款協會詐騙案，透過葡萄牙偽鈔大王亞瑟·多斯·雷斯的殞落，或透過霸菱銀行沒能阻止尼克·李森，我們或許可以建立一道黃金準則。在此，我們最後一次思考騙局背後的機制。

「詐騙三角模式」

第八章末了的某處，我們開始思考的問題是：在什麼程度上，詐騙可以當成偶發事件，只是因為騙徒剛好遇到管控體系的弱點而發生？我們可以從更偏向心理學、社會學的角度，來進行複雜思考，但也不用太複雜：唐諾·克雷西在他一九七二年出版的犯罪學經典《別人的錢》裡，提出了一個如今尚未有人超越的「詐騙三角模式」[1]，我們姑且借用一下。這「詐騙三角」與偵探小說家津津樂道的「謀殺三角」（手段、動機、機會）頗有異曲同工之妙，不過「詐騙三角」所說的是，當以下三個條件同時存在，就會發生詐騙案。

（一）**需求**。無論是銀行家或毒蟲，行騙的理由都沒兩樣，無非是他們不得不拿出大量金錢，但這些錢無法用正當手段弄到。三角模式的這一側，並未特別強調需求為何出現，有可能只是因為貪婪、遭受體制性的壓力、害怕承認失敗，或者任何潛在理由。詐騙的第一個要素，就是有人需要弄到錢。

（二）**機會**。管控與查核體系出現弱點，就會有騙局發生的機會，至於弱點的成因，有可能是有人想讓體系變得較好管理，所以減少了它本來的各種管控查核措施，也有可能因為騙徒本身就是管控者，所以能夠創造出體系的弱點。

（三）**合理化的心理機制**。白領罪犯都是獲得信賴的人，所以他們在犯案前都必須突破心防，背棄別人的信任。通常來講，這種人有了需求也有機會後，還必須設法克服心理障礙。克服的方法就是「合理化」：換個角度來描述自己即將犯下的罪，讓自己不要對詐騙那麼反感。例如，李森會對自己說，「用這88888帳號來掩蓋損失，只是暫時的做法」，或者葛雷格‧麥葛雷格爵士會說，「只要有足夠的人移民波亞斯，那裡就變成適合居住的殖民地。」一旦獲得了合理化的能力，看來就不會失去，而這也

1　儘管一般管理顧問寫的詐騙防範書籍，都會以「產權」的角度為賣點，強調從這角度去解決問題，但也有人提出各種多邊形模式來分析詐騙現象，像是「詐騙四邊形」、「雙重三角形」之類的。順帶一提，我寫這本書時，大英圖書館館藏的《別人的錢》無法在閱覽室調閱，理由是該書「不在架上」。想必是……被偷了吧。

可以解釋，為什麼騙徒會傾向於不斷重操舊業。[2]

就像我們在第八章討論風險管理與品質控管時，所用的思考方式，我們可以把詐騙的整體風氣，想像成一個個無所不在的小三角形，接著就能夠開始解釋，為什麼會發生「加拿大悖論」這種現象。以希臘為例，這國家很多人都需要錢，也有很高的合理化傾向，因此希臘是低信任度社會，沒人會跟陌生人做生意，結果詐騙就必須在機會很少的狀況下進行。加拿大則由於經濟蓬勃發展，社會主張平等主義，所以就沒那麼多人有詐騙的需要，而且在這種高信任度的經濟體系中，合理化的傾向比較低。

時間與詐騙規模

但詐騙三角的模式，只能解釋一部分詐騙現象。它是建構一個風險管理體系的良好基礎，但我們也已經注意到，風險管理的解決方案，往往會忽略幾種我們談了很多的詐騙類型。詐騙三角並未區分以下兩種詐騙：一種是針對有機會的目標進行的「偶發性」詐騙，另一種則是針對特定目標，由「詐騙企業家」設計出來的「企業式」詐騙。還有，與此相關的是詐騙**發生率**的模式，而不是**嚴重性**模式。

當你淪為詐騙受害者，你損失的金額取決於兩個因素：你花了多久才發現詐騙？還有，詐騙進行時，騙徒能從你身上詐取財

---

2 為什麼我設計的長期詐騙永遠停留在白日夢階段？我想，理由之一應該是，我沒辦法合理化我這麼做的理由。

物的速度有多快？[3]從這兩個要素我們可以看出，企業式詐騙才是困難的管理問題，並非偶發性詐騙。想要估計你需要多久時間才能發現別人在騙你，是很困難的；同樣的，我們也很難猜想到底會發生什麼事。（否則又有誰會結婚呢？）

不過，我們還是可以明確指出詐騙的一些可能特色。首先，騙局會隨著時間逐漸擴大，而且可能成長得很快，因為大多數騙局都有「滾雪球效應」。其次，如果是企業式詐騙，迄今為止為了預防詐騙而設計的所有程序與管控措施，都沒有用，這種騙局會予以迴避。

以此為基礎，在此我提出一道黃金準則：**無論是什麼，只要成長異常快速，就必須查核，而且用以前沒用過的方式去查核。**

如果我們對於「成長」這回事抱持稍多一點懷疑，這本書所提的全部詐騙案，幾乎都可能早早阻止。以儲蓄貸款銀行引發的危機為例，這案子是等到管制人員通過一體適用的規則，限制了儲蓄貸款銀行可以核發新貸款的速度，才算真正獲得重視，並且遭到阻止。至於醫療保險詐騙案終於受到抑制，則是因為有關當局開始用電腦系統管理，也才能夠發現，有哪些保險服務提供單位的理賠案件快速增長。而這可以說是非常一般性的模控學與任

---

3 如果要把這兩個要素寫成數學公式，還需要不少參數才行。極其明顯的是，即便詐騙進行得夠久，甚至讓你破產了，你的損失應該還是取決於一開始你有多少財產可詐取。從機構體制的角度去看經濟學，好處之一就是，不用耗費時間在這種賣弄學問的問題上。

務研究原則。這原則適用於引擎的溫度，適用於腫瘤的細胞分裂速度，適用於電腦程式的記憶體使用量，無論是什麼，只要成長得太快，往往表示狀況已經脫離既有管控體系的控制，必須由更高層次的組織來處理。

實際狀況比我說的更複雜

不過這並非故事的結局──還早得很。我提出的黃金準則，或許可以幫助我們避免現在正在進行的騙局，但透過第九章對於侵犯市場罪行的討論，我們也發現，透過事後回顧，可以把某些罪行定義為詐騙。就某些案例而言，我們該做的決定，並非如何透過一系列標準來查核各種交易，而是該去判斷這些標準本身應該是什麼。

而且決定必須是實用的。從維多利亞時代迄今，我們所面對的兩難跟古人沒兩樣：你想要盡可能減少詐騙，還是想要致富？如果你不想承擔波亞斯共和國的風險，你也不會變成加拿大那種繁榮的社會──別忘了加拿大當初也是殖民地。我們必須決定，哪些罪行是侵犯市場的，就像我們也必須決定，對那些模棱兩可的詐騙罪行，我們該嚴格執法到什麼程度。這兩者沒甚麼差別。如果完全禁絕各種不老實的行徑，我們要付出的代價是，有很多合法的事業就不會存在了。至於不老實行徑本身讓我們付出的代價，則是往往會導致好人無法贏過壞人，遭到淘汰。在社會的層次，我們必須根據上述兩種代價的大小，才能決定怎樣做出取

捨。也許我們能做的，最多就是接受我們的社會永遠無法擺脫詐
騙，然後把孩子養育成正直的人，但在此同時也養成一個習慣：
看到那些太過美妙而不怎麼真實的事物，就必須抱持懷疑，但又
不致太過憤世嫉俗。

書單與資料來源

Bibliography and Sources

　　我在這本書裡屢屢提及，只要排除各種自怨自艾、自我申辯的糟粕，詐騙故事讀來都很有趣。犯罪學、社會學與經濟學領域中，以金融犯罪為主題的作品往往不那麼刺激，選擇也不多，因為這是學界人士普遍迴避的主題。有鑑於白領犯罪極其重要，這實在是很可惜，反倒社會上的一些小奸小惡，變成了犯罪學研究的主流。學術作品中大概只有麥克・列維寫的長期詐騙案專論《鬼魅般的資本家》（*The Phantom Capitalists*）值得高度推崇，非讀不可，因為它是探討經濟犯罪現象的書籍中，少數令人滿意的一本。他的《管控詐騙》（*Regulating Fraud*）也值得一讀。如果你找得到，該讀的另一本書是犯罪學家唐諾・克雷西的犯罪學經典《別人的錢》，「詐騙三角」心理學模式就是在這本書裡提出的。不過這本書已經絕版，圖書館的藏書還常常遭竊，所以讀另一本比較簡單：尤金・索特斯（Eugene Soltes）寫的《他們為何犯案：白領罪犯的內心世界》（*Why They Do It: Inside the Mind of White Collar Criminal*）。經濟學家高伯瑞（J. K. Galbraith）寫的《揭開皇后的面紗：造成現代亂象的經濟學迷思》（*The Economics of Innocent*

Fraud，繁體中譯本由天下文化出版），讓我們對詐騙罪行與資本主義經濟一般運作之間的界線，得以略知一二。馬修・麥克李瑞（Matthew McCleery）的小說《船運商》（*The Shipping Man*）虛實交織，但實際成分居多，裡面描述了一群避險基金經理人試著與幾位希臘船東打交道，信任與欺騙同時是本書情節的重要元素。

關於特定的詐騙案，本書裡的案例由於都非常重要，所以都至少有一本專書討論它們。不過這類書籍的賞味期限通常很短，原因是經濟成長的腳步極快，才十年前發生的詐騙案與現今的相比，涉及的金額往往已經顯得太小家子氣。關於波亞斯國詐騙案，我讀的是大衛・辛克萊爾（David Sinclair）寫的《不曾存在的國度》（*The Land That Never Was*），還有伊恩・克勞斯的《造假的資本主義》（*Forging Capitalism*），以及法蘭克・葛瑞菲斯・道森（Frank Griffith Dawson）的《第一個拉丁美洲債務危機》（*The First Latin American Debt Crisis*）。我還在一八二二年的《評論季刊》（*Quarterly Review*）找到一篇書評，這顯示當時的人很早就注意到「湯瑪斯・史傳奇威斯」寫的《蚊子海岸寫真》一書。

萊斯利・佩恩的自傳《江湖情義：我與克雷兄弟檔的黑幫歲月》（*The Brotherhood: My Life with the Krays*），幾乎可以說是一本中型長期詐騙案的教戰手冊，內容鉅細靡遺。至於「沙拉油大王」醜聞的代表性參考讀物，則是諾曼・米勒（Norman Miller）的《沙拉油大騙局》（*The Great Salad Oil Swindle*）。透過一些報紙報導我們也可以看出，「沙拉油大王」提諾・德・安傑利斯的生平高潮迭

起，他出獄後接受《生活》雜誌（*Life*）的專訪內容更是經典。同樣值得大笑一分鐘的，是史蒂芬・芬尼契爾（Stephen Fenichell）在《其他人的錢》（*Other People's Money*）裡，對於OPM電腦租賃公司詐騙案提出的說明。羅伯・甘多西（Robert Gandossy）的《壞生意》（*Bad Business*）則比較嚴肅的說明了，莫迪與麥隆怎樣設法避開了本來會遇到的所有管制措施。關於「暗黑市場」，如果你不想在網路社交平台Reddit上耗時爬文，可以直接看米夏・葛列尼（Misha Glenny）寫的《網路黑盜》（*DarkMarket*，繁體中譯本由時報文化出版）。

馬爾坎・史派羅（Malcolm K. Sparrow）的《騙錢執照》（*License to Steal*），是關於健保詐騙案的代表性作品，我在本書第四章寫的驚人數據（一九九〇年代這類詐騙案的顛峰期，「健保制度最後有三分之一支出被虛擲在醫藥詐騙案上」），就是出自這本書。他對於醫藥詐騙手法的分析非常有價值，可以更普遍的應用在分析管控措施，以及教人避開騙徒。

關於老鼠會詐騙案，查爾斯・龐茲的自傳《龐茲先生的崛起》（*The Rise of Mr. Ponzi*）讀來雖令人稍感煩擾，但內容鉅細靡遺。看來他真的以為自己在細述種種詐騙行徑後，可以僅憑一句「我是老實人」，就化解外界的懷疑。如果想了解當時波士頓市的社會、政治背景，可以看看派崔克・海利（Patrick Halley）幫龐茲的律師寫的傳記《精幹丹尼》（*Dapper Dan*）。小金額老鼠會詐騙案的現實情況令人感到鬱結，可以參考羅伯・費茲派崔克（Robert

Fitzpatrick）與喬伊絲・雷諾茲（Joyce Reynolds）合著的《虛假獲利》
（*False Profits*），還有薛尼・史都華博士（Dr Sidney Stewart）寫的
《教堂裡的龐氏騙局》（*Ponzi Schemes in the Church*）。蓋・勞森（Guy
Lawson）幫山姆・以色列寫了《八爪章魚》（*Octopus*）一書，裡面
有許多關於巴尤資本公司的有趣細節，也提供了報章報導裡不
會看見的一些主要銀行詐騙案資料。《優質農業》（*Better Farming*）
雜誌從一開始到最後，完整追蹤報導了鴿王國際公司詐騙案的
過程，不過強恩・慕亞倫（Jon Mooallem）於二〇一五年幫《紐約
客》寫的報導比較有趣。我在第三章曾提及一些書籍以聯準會的
陰謀論為主題，包括尤斯塔斯・慕林斯（Eustace Mullins）的《聯
準會祕辛》（*The Secrets of the Federal Reserve*），以及安東尼・沙頓
（Anthony Sutton）《聯準會密謀》（*The Federal Reserve Conspiracy*）。
不過我說真的，你就別看了吧。可惜的是，雪瑞・西摩爾（Cheri
Seymour）的《最後的圈子》（*The Last Circle*）也屬於這範疇，不過
還算有點價值，因為你可以看看山姆・以色列的人生在認識勞
勃・布斯・尼可斯之後，如何逐漸瓦解。

莫瑞・泰・布魯姆（Murray Teigh Bloom）寫的《葡萄牙的竊
國賊》（*The Man Who Stole Portugal*），是英語世界中關於葡萄牙假
鈔醜聞的最佳作品，不過湯瑪斯・吉佛（Thomas Gifford）的小說
《來自里斯本的男人》（*The Man from Lisbon*）似乎已經掌握了所有
關鍵事實，因此能夠深入剖析亞瑟・多斯・雷斯的犯罪心理。
在眾多關於Bre-X公司醜聞的書裡，我最喜歡珍妮佛・威爾斯

（Jennifer Wells）寫的《Bre-X》。關於偽藥製造與偉克適醜聞，我會挑湯姆‧奈西（Tom Nesi）的《毒藥丸》（*Poison Pills*）與凱薩琳‧艾班（Katherine Eban）的《危險劑量》（*Dangerous Doses*），不過在各大醫學期刊裡，也能找到很不錯的回顧性文章，講述這事件哪裡出了錯。

對於大多數做假帳醜聞與股市詐騙案，我都曾親身觀察並自撰筆記。如果想了解二十一世紀頭幾年發生的電信公司醜聞，清楚看出為何分析師對股市沒有多少保護作用，請讀丹‧萊恩葛德（Dan Rheingold）的概述佳作《一位華爾街分析師的自白》（*Confessions of a Wall Street Analyst*），同時參考貝薩尼‧麥克林（Bethany McLean）關於安隆公司的商業經典《房間裡最聰明的人》（*The Smartest Guys in the Room*）。說真的，要推薦喬登‧貝爾佛（Jordan Belfort）的自傳《華爾街之狼》（*The Wolf of Wall Street*），我真的不情願，各位就自己斟酌吧。由筆名「亞當‧斯密」的喬治‧古曼（George Goodman）寫的《超級金錢》（*Supermoney*），對於股市運作的描述要比《華爾街之狼》好多了。

控制型詐騙案的概念，源自比爾‧布萊克（Bill Black）的作品《搶銀行的最佳方式，是當上銀行老闆》（*The Best Way to Rob a Bank is to Own One*），不過這本書大致上是布萊克在聯邦住房貸款銀行體系內任職時的觀察心得。如果想了解另一個角度的觀點，可以參考查爾斯‧波登（Charles Bowden）與麥可‧賓斯坦（Michael Binstein）幫查爾斯‧基廷寫的傳記《相信我》（*Trust Me*）。史蒂芬‧

皮佐（Stephen Pizzo）寫的《內部作業》（*Inside Job*），則對儲蓄貸款銀行風暴有非常持平的論述。

尼克·李森（Nick Leeson）的《流氓交易員》（*Rogue Trader*）真可說是典型的騙徒自傳，因此必須與比較客觀的紀實報導一起閱讀，例如約翰·蓋博（John Gapper）與尼克·丹頓（Nick Denton）合著的《那閃爍耀眼的一切》（*All That Glitters*）。至於付款保障保險（PPI）的醜聞，迄今仍未出現比較好的紀實作品，但可以參考大衛·大言（David Dayen）的《解密華爾街》（*Chain of Title*），書中描述一樁發生在美國的「借力使力型」詐騙案。

麥克·佛里曼（Mike Freeman）寫的《克萊倫斯·桑德斯與小豬連鎖商店的創建》（*Clarence Saunders & The Founding of Piggly Wiggly*），為這一起紐約股市「軋空行情」事件提供了梗概。關於奇異公司的企業聯合壟斷事件，可以參考約翰·赫林（John Herling）寫的《議價陰謀》（*The Great Price Conspiracy*）；至於奇異公司那種姑息壟斷行為的獨特管理風格，則可以參考約翰·布魯克斯的《商業冒險：華爾街的十二個經典故事》（*Business Adventures*，繁體中譯本由人塊文化出版）。約翰·佛里曼（John Freeman）的內線交易事件，很容易就可以綜合整理網路上新聞報導，藉此窺得全貌。至於羅斯·馬勒（Russ Mahler）傾倒廢油醜聞，則可以參考艾倫·布拉克（Alan Block）與湯瑪斯·伯納（Thomas Bernard）在期刊論文〈廢油產業的犯罪行為〉（*Crime in the Waste Oil Industry*）裡的簡述。

我自己曾為某家瑞士銀行工作過，所以曾接受一套完整又無聊的洗錢與稅務詐欺訓練課程（不過是訓練我們如何識破，而非如何犯罪啊！），因此也深諳這兩種詐騙的一些主要步驟。當然，你也可以參考布萊德利・柏肯菲德（Bradley Birkenfeld）的自傳《惡魔的銀行家》（*Lucifer's Banker*）──他顯然跟我上過相同的課。關於洗錢的一般性論述，傑佛瑞・羅賓森（Jeffrey Robinson）的《洗錢專家》（*The Laundrymen*）迄今仍有參考價值，不過蕾雪・艾費德（Rachel Ehrenfeld）的《洗錢》（*Evil Money*，繁體中譯本由時報文化出版）有較多更新過的訊息。

想了解古代的詐騙案，可以參考強納森・李維（Jonathan Levy）的《扭曲的財富》（*Freaks of Fortune*）；至於佛德烈克・馬丁（Frederick Martin）的《倫敦保險市場與海商保險史》（*The History of Lloyd's and of Marine Insurance*），則提供了很多背景資料，讓我們了解資本主義為什麼發展到後來，必須由非常龐大的詐騙案來支撐。大衛・凱納斯頓（David Kynaston）的《英國金融時報百年史》（*The Financial Times*）讓我們得以窺見維多利亞時代金融市場的氛圍，不過喬治・洛伯（George Robb）寫的《現代英格蘭白領犯罪》（*White-Collar Crime in Modern England*）迄今仍是無可取代。羅洛・羅伊薛爾（Rollo Reuschel）的《雞鳴狗盜之輩》（*The Knights of Industry*）在網路上仍可下載電子書。

謝辭

Acknowledgements

　　對於還想要繼續商界職涯的人來講，詐騙這個主題可說稍嫌敏感，所以我這篇謝辭的開頭必須遵守「姑隱其名，避免有人遭殃」的原則。某大會計師事務所的首席鑑識資料分析師給了我很多建議，助益甚大，還有幾名資深的銀行管控人員也是，但他們都希望我不要提及其名諱。感謝你們。

　　過去我擔任金融分析師時的同事，也提供我許多協助。我在導言已經提及湯姆・雷納（Tom Rayner），在此還要感謝安卓雅・哈坎松（Andreas Hakkansson）為我解釋瑞士的金融史，也感謝紀優・提伯吉恩（Guillaume Tiberghien）允許我上班時花許多時間研究一些奇怪的領域，從不過問研究成效，而這也讓我不至於去分析自己那些不太光彩的賺錢模式。我所懂得關於英國銀行的知識，完全來自強納森・皮爾斯（Jonathan Pierce）與休・派（Hugh Pye）兩位，但要是他們肯把他們自己所知道的一切都教給我，那我大概早就變成有錢人了。也感謝達倫・夏馬（Darren Sharma）持續鼓勵我。

　　亨利・法洛（Henry Farrell）審閱了這本書的初稿，他跟我最

棒的編輯艾德‧萊克（Ed Lake）一起，幫我重新安排整理許多引人入勝的事實和圈內人笑話，才會有這本書問世，我受惠良多。我老婆黛絲‧里德（Tess Read）幫我看過最早草稿的某些部分，讓我寫的東西稍微受控，不會離題太多、太遠。我親愛的母親希拉蕊‧戴維斯（Hilary Davies），以及我岳母葛倫卓拉‧里德（Glendra Read），都曾在我偶爾陷入低潮時給予鼓勵。

在卷首，我已經把這本書獻給黛絲，本應如此。但我也想把書獻給這些年來，千千萬萬名商業詐騙的受害者。就像我希望透過這本書說清楚的，我們都虧欠那些相信我們的人。他們的信任，可以說是這社會最初能夠邁向繁榮與文明的基礎。

FOCUS　19

商業大騙局
Lying for Money
How Legendary Frauds Reveal the Workings of Our World

作　　　者　丹·戴維斯（Dan Davies）
譯　　　者　陳榮彬
總 編 輯　林慧雯
封面設計　萬勝安

出　　　版　行路／遠足文化事業股份有限公司
發　　　行　遠足文化事業股份有限公司（讀書共和國出版集團）
　　　　　　地址：231新北市新店區民權路108之2號9樓
　　　　　　電話：（02）218-1417；客服專線：0800-221-029
　　　　　　客服信箱：service@bookrep.com.tw
　　　　　　郵撥帳號：19504465　遠足文化事業股份有限公司
法律顧問　華洋法律事務所　蘇文生律師

印　　　製　韋懋實業有限公司
二版一刷　2023年12月
定　　　價　480元
I S B N　9786267244241（紙本）
　　　　　　9786267244258（PDF）
　　　　　　9786267244265（EPUB）
有著作權，侵害必究。缺頁或破損請寄回更換。
特別聲明　本書中的言論內容不代表本公司／出版集團的立場及意見，由作者自行承擔文責。

儲值「閱讀護照」，
購書便捷又優惠。

國家圖書館預行編目資料

商業大騙局
丹·戴維斯（Dan Davies）著；陳榮彬譯
一二版 一新北市：行路，遠足文化事業股份有限公司，
2023年12月
　面；　公分
譯自：Lying for Money: How Legendary Frauds
Reveal the Workings of Our World
ISBN　978-626-7244-24-1（平裝）
1.CST：金融犯罪　2.CST：歷史
3.CST：商業　4.CST：個案研究
548.545　　　　　　　　　　112007365